나도 역술가가 될 수 있다

東洋書籍

□ 머리글

많은 선진국에서는 역술서를 인생의 보배로운 경서로 활용하는 사람들이 늘어가고 있습니다. 역술서에는 사람의 지력을 초월하여 신비로운 진리가 담겨져 있음을 알게 된 까닭이라 하겠습니다.

역술학은 고대 동방상수문화의 정수로서 여러세대에 걸쳐 완성된 인생철학의 학문입니다. 인간의 운명에 결부시켜 응용할때 그 적중은 과히 놀라움을 금치 못하게 합니다. 이러한 신비로운 역학의 세계를 역술 동호인들은 물론 모든 일반인에게 고귀한 학문을 제시하고자 역술가의 사명감을 느끼고 이 책을 펴내는 바입니다.

인류의 역사는 행복을 추구하며 살다 간 사람들의 점철된 기록이며 또 앞으로도 영원히 행복을 바라며 살아갈 것입니다. 이것은 정신적 동물인 인간이기 때문에 지극히 당연한 결과라 하겠습니다. 인간이 다만 먹고 자고 한다면 인생에 무슨 의의가 있겠습니까?

모든 동물가운데 인간만이 지니는 위대한 정신적 산물인 운명철학은 고귀한 인생의 특권이며 행복인 것입니다. 그 행복을 위해서 운명판단에 임하는 역학이론을 체계화하고 정리시켜 보았습니다.

인간운명에는 살아가는 비결이 있는 법입니다. 이 책을 통해 독자들은 참된 인생을 살아가는 비결을 발견하여 행복하게 살아가시기를 축원합니다.

1995년 새해를 맞으며
김 민 정

□추천의 글

  우리 한국역술인협회의 임원으로서 한국최고의 연구기관인 한국역리학회 중앙이사이며 중앙부회장인 역술계의 권위자인 김민정 선생이 펴내신 "나도 역술가가 될 수 있다"를 출간함에 경하해 마지 않습니다.
  김민정 선생은 일찌기 역리학술에 입문하여 20여년간 장안의 역술계를 주름잡으며 정진하여 온 학구파 역술인으로서 특히 많은 역술 애호가의 인기를 받고 있습니다.
  연일 고객상담의 바쁜 일정속에서도 이렇게 방대한 역술내용을 집필한 놀라운 정력에 높이 치하드리는 바입니다.
  김민정 선생이 펴낸 이 책은 바로 제목에서 지적한 바와 같이 한글을 아는 사람이면 누구나 이 책을 공부하기만 하면 이미 역술대가를 만드는 데 충분할 만큼 평이한 문장으로 설명되어 있어 난해하다는 역학 연구서를 완전히 부식시켰습니다.
  각 역술각론을 간단명료하게 분리하여 직접 인생운명과 결부시켜서 독자로 하여금 자신의 운명을 판단하고 개척함은 물론 실제로 고객을 상담하는 역술인일지라도 이 책을 보면 크게 도움이 되리라고 확신합니다.
  역학발전에 공헌한 김정민 선생의 노고에 심심한 사의를 표하며 많은 역학 애호가의 지침서가 되고 독자들의 인생에 행복이 가득하시길 기원합니다.

1995년 정월
사단법인 한국역술인협회
사단법인 한국역리학회
중앙회장 지 창 룡 근식

차례

나도 역술가가 될 수 있다

□머리글
□추천의글

13 관상보는법
41 수상보는법
95 해몽하는법
129 사주보는법
157 역점보는법
199 택일하는법
233 궁합보는법
247 이름짓는법
310 人名用漢字

나도 역술가가 될 수 있다

관상보는법

인상법
안면각부위의상

제 1 장 인상법(人相法)

사람의 성질이나 운명을 보는데는 제일 먼저 얼굴이나 자세의 모습에서 찾지 않으면 안된다. 형이라는 것은 체격의 살찜, 마름, 눈, 코, 입의 대소 윤곽의 어디에 특히 장점이 있으며 결점이 있는가 하는 그 눈에 띄는 형상을 말하는 것이다.

살이 있는 듯한 사람은 생명력이 있다. 이 생명력이 어떠한 상이 되어 외면에 나타나는 그 상태가 곧 활기인 것이다.

1. 얼굴의 모양(型)
(1) 여윈형의 얼굴

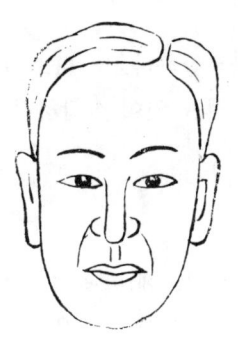

얼굴모양 : 얼굴이 길다란 것과 같이 신체의 각 부문 목, 몸뚱이, 다리 등 모두 가늘고 길어서 살이 충분히 붙지를 않고 골격도 또한 가늘어 보이며 체중이 가벼운 것이 보통이다.

성 질 : 이 형의 사람은 운동신경 보다도 지각의 신경이 미묘하여 보고 듣는것 맛을 보는 감각 등이 특히 민감하여 그것이 곧 쾌, 불쾌의 표정으로 얼굴에 나타나 신경질처럼 보이기도 한다. 이와같이 여윈사람 특히 얼굴이 긴 사람은 뛰어난 센스를 가지고 있어 음악, 그림, 문학, 무용, 옷입는 법 같은 미에 대한 동경이 강하며 재질이 뛰어난 미를 가질줄 아는 눈을 가지고 있다. 그렇지 않더라도 머리를 쓰고 새로운 것을 창조해 내는 재능이 있다.

건 강 : 이와 같이 얼굴이 긴 사람은 남녀 다같이 어려서부터 체력에 자신이 없고 지능이나 신경을 쓰는 것 또는 실내적인 일에 흥미를 가지며 그 때문에 운동부족이 되어 그것이 쌓이고 신경 쇠약이나 내장의 기능이 쇠약한 소모성 병에 걸리기 쉽다. 그러나 건강하지 못한 자기

자신을 잘 알아서 조섭을 잘하는 사람은 살이 찌고 혈기가 많은 사람보다도 오히려 착실히 일하며 버티어 낼수 있는 것이다.
직 업 : 예술, 예능과 같은 것 또는 학문이나 지식에 관계되는 일에 적당하며 창작력을 살리는 설계, 고안, 계획 등을 즐겨 할수 있으므로 어떤 조직에서 일하는 사무원 등도 적격이다.

(2) 얼굴이 모난 사람

얼굴모양 : 몸 전체의 골격이 굵고 살이 탄탄하며 얼굴이 검고 턱뼈, 광대뼈 등이 뻗쳐서 얼굴이 네모지고, 남자다운 상을 하고 있다.
성 질 : 감정이 둔하여 희노애락을 표정이나 태도에 잘 나타내지 않으며 체력에 자신이 있어 잘하는 방향으로 나간다면 상당한 생활을 이룰 수 있으나 그릇된 방향으로 돌리게 되면 폭력을 쓰는 파괴적 인물이 된다.
직 업 : 밖에서 노무적인 일에 종사함이 가장 적합하다. 또 다소 위험을 수반하는 일 사나운 기질의 사람들을 상대로 하는 일이 적합하다.

(3) 얼굴이 둥근 사람

얼굴모양 : 이 형에 속하는 사람은 살이 찐 편이며 얼굴에 윤곽이나 신체에 있어서 둥근 곡선을 이루고 있다. 남성이라도 이와 같은 형은 가슴에 살이 충분히 붙어 있고, 배가 나와서 묵직한 체격을 이루고 있다.
성 질 : 사람을 대하는데 부드럽고 몸집이 건강하여 몸을 텁텁하게 보이나 속이 피곤해 보인다. 근로정신이 결핍된 때에는 비판을 받기 쉽다.
건 강 : 단지 살이 쪄도 탄력이 없으면, 무지하고 감각이 둔하여 고생을 하게되며 알맞게 탄력이 있으면 활기가 있고 생기에 넘치는 힘이 있어 지상의 환락을 체험해 나갈수 있는 운이다.
직 업 : 오랫동안 정성을 드리는 일은 할 수 없으나 애교를 본위로 하는 장사에 종사하면 호화로운 생활을 할수 있다.

2. 얼굴의 각부위(各部位)

(1) 삼정론(三停論)

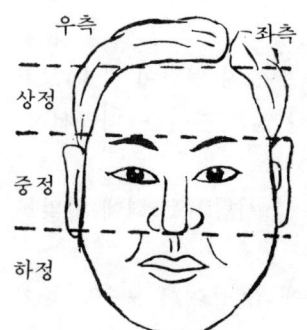

얼굴은 옆 그림과 같이 셋으로 나누어서 판단하는 것을 「삼정(三停)으로 나눈다」고 한다. (1)의 부분을 상정(上停)이라 부르고 (2)의 부분을 중정(中停)이라고 부른다. 상정은 초년운을 보고, 중정을 중년운을 보며, 하정은 만년운을 본다. 이 세가지의 보는 법을 다음에 설명한다.

상정(上停) : 상정은 하늘(天)의 일, 즉 관청 관계의 일이나 손위관계, 혹은 그 사람의 초년운(初年運)을 본다. 그러므로 상정의 살이 두툼하고 어딘지 여유있고 풍만해 보이는 사람은 운세도 강하고, 손위 사람들에게 사랑을 받을 수 있다. 또 초년운도 좋을 것이다.

그러면 상정의 살이 얇고, 뼈가 거죽에 두드러져 보이는 사람은 어쩐지 쓸쓸해 보이며 운세도 약하고 윗사람의 도움도 없고 초년운도 좋다고는 말할 수 없다.

중정(中停) : 중정은 자기의 몸과 또 자기의 세력을 의미한다. 그리고 중년운과 재운(財運)에 대한 암시도 포함되어 있다.

중정의 살이 두텁고 풍만해 보이는 사람은 재운도 있고 중년기에 발전하는 것이다. 근로자인 경우에는 상당히 성공하는 것이다. 이에 반하여 중정의 살이 얇고, 상정과 하정 쪽이 앞으로 내민 것같이 보이는 사람은 중년기에 고생할 운세이다. 재운도 별로 없고, 근로자의 경우에는 그다지 성공을 기대할 수 없다.

하정(下停) : 하정은 자기 손아래 일이나 주택에 관한것, 또 만년운(晩年運)을 의미한다.

하정의 살이 팽팽하고 탐스럽게 보이는 사람은 가정운도 좋고, 만년에 행복된 상 이다. 물론 인덕(人德)도 좋다. 그러나 하정의 살이 많다고 해도 털럭터럭하고 팽팽하게 짜임새가 없으면 만년운이 좋다고 볼

수 없다. 늙어서 고생이 많은 운세이다. 또 부하의 혜택을 못 받고 홀로 일을 하게 된다. 가정운도 좋지 않아서 쓸쓸한 일생을 마치게 될 것이다.

이   마 : 이마는 손위와의 관계를 의미한다. 또 그사람의 운이 좋고 나쁜 것도 판단한다.

이마가 좁고 살이 얇은 사람은 손윗 사람과 어쩐지 의견이 맞지 않기 때문에 손윗 사람의 아낌을 받지 못하고 고생이 많은 것이다. 따라서 운세도 좋지 못하다.

그러나 이마가 좁아도 살이 두터운 사람은 그 사람의 노력에 알맞는 성공을 이룰 수가 있다.

이마가 넓고 침착한 사람은 손윗 사람의 눈에 잘 보여서 운수도 좋아진다.

그러나 이마가 넓고 살이 두터워도 요철(凹凸)이 있는 사람은 손윗 사람과 의견이 맞지 않는다.

혹은 이마가, 깎아낸 듯이 보이는 사람이나 비뚤어지게 보이는 사람은 손윗 사람과 툭하면 의견 충돌을 일으켜 고생이 많은 것이다. 또 이마의 흠이 있거나 울퉁불퉁한 사람도 손윗 사람과 의견이 맞지 않기 때문에 직장을 옮기는 경우가 생긴다.

이마가 네모진 사람은 운세가 늦은 편이다. 평생에 한번은 큰 고생을 한다. 그러나 이러한 이마를 가진 사람은 학문을 좋아한다. 다만 윗사람과는 충돌하기 쉬운 상이므로, 충분히 주의하기 바란다.

장남(長男)은 대체로 이마가 넓은 편이고, 차남(次男)은 이마가 장남에 비해서 좁은 편이다. 그러나 이마는 좁은 편에 속해도 관록 부위(官祿部位)에 불룩하게 살이 붙어있는 사람은 비록 지차라고 하여도 장남의 지위가 되어서 어버이의 뒤를 잇게 된다. 이마가 넓어도 관록 부위에 살이 적은 사람은 장남이라도 어버이의 뒤를 이을 수가 없다. 그리고 운세도 그다지 좋은 편이 못되고 고생도 많은 것이다.

흔히 이마가 툭 불그러진 사람을 보게 된다. 이런 사람은 윗사람과 의견이 맞지 않고, 그 독특한 행동으로 재산을 잃기도 하고, 집안 식구가 산산히 흩어지는 액운을 당하기도 한다. 이와 반대로 얼른 보기에 궁상(窮相)으로 보이는 사람도, 이마의 가죽이 두꺼운 사람은 가난하게 평생을 보내는 사람이 별로 없고, 오히려 상당히 운세가 센 편이고 노력에 따르는 성공을 거둘수가 있다고 판단한다.

이마가 좁고 살이 적은 사람은 하늘의 둥글고 풍부한 것이 부족하다고 보아지는 것이다. 그러므로 윗사람과도 인연이 적고, 운세도 약하다는 판단이 나오게 된다. 이마가 넓고 살이 많은 사람은 천(天)의 혜택을 지니고 있으므로, 자연히 운세도 강하고, 윗사람의 등용도 받을 수가 있다.

이마에 흠이 있거나 비뚤어진 사람이 직장을 바꾸기 쉽다는 것은 윗사람과의 조화가 되지 않는다는 판단에서 나온 것이다. 윗사람의 등용의 기회를 얻지 못하면 고용인은 일할 흥미를 잃어 버린다. 이마가 좁아도 관록부위에 살이 있는 사람은 장남 지위가 된다는 것을 부모에게서 받은 것이고, 관록에 살이 있는 것은 부모의 관록을 이어 바았다는 것을 의미한다. 또 윗사람의 발탁을 받는 것도 물론이다.

관록부위에 불룩하게 살이 붙는 사람은 그 자체로 복받는 생(生)이라고 할 수 있다.

이마에는 세 줄의 주름이 있다. 이것을 삼문(三紋)이라고 한다.

위의 주름을 천문(天紋)이라 하고, 가운데 주름을 인문(人紋)이라 하며, 아래 주름을 지문(地紋)이라 부른다.

천문(天紋)은 그 사람의 운세를 보고, 윗사람과의 관계를 본다. 인문(人紋)은 건강 상태와 재운(財運)을 본다. 지문(地紋)은 가운(家運)이나 손아래의 일을 살핀다. 이 삼문이 잘 갖추어진 사람은 그 사람의 일생을 통하여 큰 발전을 한다. 그러나 의식주(衣食住)에 부자유한 일은 없다. 의식주에 불편이 없는 사람이라도 큰 야심을 갖거나 큰 일에 손을 대는 일은 많이 있다. 그러나 이 삼문이 갖추어지지 못한 사람은 의식주 가운데 무엇인가 부자유를 느끼는 것이다.

천문이 끊어진 사람은 윗사람과 충돌하는 일이 많고 자연 윗사람의 눈 밖에 나는 것이다. 그러므로 상당히 고생이 많다고 되어 있으며, 천문에 힘이 없는 사람은 힘이 되어 줄 윗사람이 없다는 것이다. 또 천문이 깊고 힘이 있는 것은 윗사람의 발탁도 받고, 자연 운세도 강한 것이다.

가운데 주름은 인문(人紋)이다. 인문이 끊어진 사람은 그 생애에 한번은 큰 실패를 체험하게 된다. 또 고생도 많다. 이 사람은 몸도 그다지 튼튼하지 못하다. 그러나 인문이 깊은 사람은 상당한 재운도 있고 발전도 한다. 인문이 천문이나 지문보다 깊고 힘찬 사람은 크게 성공한다. 그러나 양친 슬하에서는 떠나 살게된다. 관리를 희망하는 사람에게는 대단히 좋은 운세이다.

지문(地紋)이 끊어진 사람은 손아래 사람과의 관계가 좋지 않다. 집도 인연이 희박하고, 가정을 가지는 것도 늦는다. 지문이 없는 사람도 있는데 이런 사람도 집에 대해서는 고생이 그치지 않는다.

지문이 풍부한 사람은 주택이나 가정운이 썩 좋고, 나중에는 부하나 손아래 사람들과 뒤를 봐주는 입장에 항상 앉혀진다. 말할것도 없이 손아래 사람들의 뒤를 봐줄 정도가 못되면 인간은 좀처럼 성공할수 없다.

언제나 곧게 있던 천문이 끊어진 경우에는 그 때쯤부터 운이 나빠진다. 또 윗사람과의 사이도 원만치 못한다.

항상 곧던 인문이 끊어진 경우에는 일신상의 파탄이 있든지 큰 고생을 가져오게 된다.

건강에도 주의해야 한다. 지문이 끊어지면 그 때쯤부터 집(住宅)문제가 생긴다. 또 가독(家督)에 대해서도 번거로운 문제가 발생한다.

웬일인지 나의 천문은 얕았는데, 요사이 굵어졌다고 하는 질문을 받는데, 이것은 대단히 좋은 징후로서 천문이 얕고 힘이 없어 보이던 것이 깊게 되고, 힘이 생겼다면 그때쯤부터 운이 트일 게고 얕으면서 힘이 차게되면 신분상의 경사가 있다. 어느 정도의 연배로써 독신이라면 결혼하는 수가 많다.

천문 위에 또 천문이 생기는 경우에는 신분상의 일이나 장사의 일에 변화가 생긴다. 지문 밑에 지문이 생기는 때는 이삿수가 많다. 이마에 곤두선 주름은 그리 좋게 판단하지 않는다. 이마에 주름이 많은 사람은 천인지(天人地)의 삼문(三紋)으로 나누기 힘드는 것이다. 그런 때는 예를 들면, 열 줄이 있다고 하고, 위의 세줄을 빼고 아래의 네줄을 빼고서 가운데의 세줄만 가지고 판단한다. 반드시 윗쪽은 홀수를 빼고, 아래는 짝수를 없애도록 한다.

이마에 주름이 많은 사람은 고생이 많다고 하지만 이것은 삼문(三紋)의 천지(天地)를 부모로 하고, 인문을 나로 하고, 다시 천문을 윗사람으로 보고, 지문을 손아래로 했을 때 삼문이 혼란해서 갖추어지지 못하는 것은 자기의 친척이 맞지 않다는 생각에 의한 것이다.

제 2 장 안면 각부위(顔面 各部位)의 상(相)
1. 이마(額)

못난이마 : 남성에게서 많이 보이는 이마모양이다. 성실하고 빈틈없는 꼼꼼한 성격이다. 머리도 좋고 실천력이 있어서 적절하게 대처해 나감으로 사회의 신용을 얻어서 중년후에 기대를 걸게된다.

여성은 무엇하거나 민첩하고 활발하게 처리해 간다. 그러나 여성다운 점이 약간 모자라는것 같다.

둥근이마 : 남성은 성실하며 인품은 좋으나 소극적이라서 패기가 모자라며 솔선수범 쉴새없는 일을 해치는 편이 못되며 평범하게 지내는 편이다.

여성은 머리가 좋으며 직감이 예민하다. 이상을 추구 보다 나은 생활을 바라는 마음이 간절하다. 다만 결혼운에 혜택받지 못하는 면이 있다.

M형이마 : 우수한 창작력이 있으므로 이를 살리는 분야에서 천부의 소질을 발휘해서 성공한다. 이마의 폭이 좁으면 인품은 좋으나 창작력, 재복운이 전자에 미치지 못하는 경향이 있다.

복숭아이마 : 하트그림처럼 이마의 남성은 온순하고 우유부단 한편으로 남에게 기대려는 경향이 있다. 또 승벽이 강한 여성에게는 마음이 약해진다.

여성은 온화하고 애정이 진하고 짙으며 평화로운 가정운에 혜택받으나 사람을 잘 믿어서 또 지나치게 반해서 옳바른 판단을 못해, 속지말도록 조심해야 한다.

들쭉날쭉이마 : 이마의 털이난 언저리가 들쭉날쭉이면 머리는 나쁘지 않으나 고집이 센편으로 솔직성이 없다. 남의 말을 들으려 않는 반항적인데가 있으며 웃사람에게 대어들거나해서 운기를 잃고 고생을 사서하는 경향이 있다.

여성은 남편연이 변하는 경향을 지닌다.

2. 눈섭(眉毛)

눈섭의 장단은 눈의 길이에 비해서 긴가 짧은가를 보아서 결정한다.

눈섭이 길면 형제가 많고 부모형제와 인연이 좋고 그 은혜도 있는것으로 친다. 그래서 자기와 관계되는 사람을 특별히 편을 들기쉬워 조심하지 않은 언동때문에 이때것 사이가 좋던 관계를 꼬이게 하지 말것이다.

눈섭이 짧은것은 부모형제와의 연이 박하며 이를 믿고 의지할수가 없으므로 자력으로서 운을 열어가도록 하게 된다.

눈섭의 짙은것과 엷은것

눈섭이 짙으면 육친과의 관계가 좋고 애정에도 혜택받는 온건한 인품으로서 상속자가 되는 경우도 있다.

눈섭이 엷은것은 부모형제와의 연은 박하지만 재치가 있어서 요령도 좋으며 말솜씨도 좋다. 남에게 기대려하지 않고 자력으로 운을 열어나 간다.

너무도 엷어서 맨살이 들어날 정도인것은 소극적으로서 마음이 약한 경향이 있다. 여성은 고생이 많은 편이나 처세는 썩 잘하는 편이다.

눈섭과 눈섭사이의 넓이

눈섭과 눈섭사이가 손가락 두개폭 보다 넓은것은 명랑하고 너그러운 성품으로서 누구와도 쉽사리 사귀고 운도 트인다. 다만 너무 개방적인 반면 품행이 난잡한 경향이 있다. 눈섭과 눈섭사이가 너무 좁은것은 남에게 지기 싫어하는 기질은 강한데 마음은 여리고 또한 신경질적이며 지나치게 미리 걱정도 많아 쉽게 운이 트이기도 어렵다.

꼬리가 올라간 눈섭

눈섭꼬리가 치켜 올라간것은 요령은 별로 좋지 못하나 끈기가 있어 어디까지나 견디어 내는 의지가 굳세어 어려움을 극복, 일을 성취한다. 다만 성급하고 내멋대로라 협조성이 결여되므로 불운을 초래하기 쉽다. 여성은 성미가 과격하여 불화를 조성, 어려움이 발생하기 쉽다.

팔자 눈섭

눈꼬리가 내려간 팔자(八字)눈썹은 무관심한것 처럼 보여도 만사에 빠진데가 없이 친절하면서 요령도 좋고 사교성도 교묘하므로 매우 득을 보는 경우가 많으며 안정한 생활을 해나간다.

여성은 만혼이 된다던지 결혼후에 파탄이 오는 경우가 많은 경향이 있다.

초승달 눈썹

초승달 같은 눈썹은 부드럽고 우아한 성격을 지니며 우정이 두텁고 사람들의 은혜도 있으나 사람을 지나치게 믿어 속기도 쉽고 이용당하기도 쉬우니 조심할것이다. 적극성은 결여되어 있으나 감수성이 풍부하고 예술·예능의 재주가 풍부한 사람이 많다.

한일자 눈썹

가로 한일자 눈썹은 가식이 없는 고지식으로 정서면이 결여되고 남을 배려하는 마음도 모자란다. 그러므로 융통성이 도통없다. 그러나 일처리에 있어서만은 자기 신념을 굽히지 않고 완수하는 의지가 강고함이 있다.

짝짝이 눈썹

좌우의 눈썹이 높낮이가 다른 눈썹은 일찍 조실부모하거나 편친과 생사별 또는 한쪽 부모가 다른 형제자매가 있는 경우가 많다. 다소 성격이 비뚤어진 경우가 많은것 같은데 운기의 변동이 많고 순조롭게 운이 열리기가 어렵다.

모난 눈썹

기억자처럼 꺾인 눈썹은 한가지 재주에 뛰어난 사람이 많으며 일도 열심이고 대담스러우며 참을성이 있고 어려움을 만나도 겁도 없이 용감하게 행동하므로 성공을 거두는 일이 많다.

전택궁

눈과 눈썹사이를 전택궁이라고 하는데, 이부분에 손가락 두개를 가로 넣어 그보다 폭이넓고 풍요하게 보임은 마음이 너그럽고 온화해서 사람들의 경애를 받아서 일찍 운이 열리는 것이다. 또한 풍부한 센스를 지니며 예술·예능 방면에 진출이면 성공을 빨리 거두게 된다. 그러나 마음이 너그러워서 속아넘어가거나 남성은 여성관계가 문란한 사람이 있다.

전택이 좁은것은 내향성인 경향이 있으나 현실적인 노력가로서 혼자

힘으로써 운을 열어가는 것이다. 이 상으로서 살집이 좋지 못한것은 사람은 성실하지만 마음이 좁고 기가 약하다.
눈꺼풀
　홑꺼풀 눈 성격은 그리 밝은편이 못되 완고하나 끈기가 강한점이 장점이며 또 매사를 냉정히 생각해서 해나감으로 내향적이고 소심하게 보인다.
　쌍꺼풀 눈 성격은 밝은데 겉치레를 더 걱정한다. 매우 정열적이나 약간 경솔한 점이 있기 쉽다. 깊이 생각해서 행동하기 보다는 충동적으로 처리하기 쉬워서 간간히 실패하게도 된다.
　세겹 네겹풀인 새눈 남성은 성실성이 결여된것처럼 보이나 요령이 좋은데다 직감이 빠르고 남에게 아첨도 잘해서 장사에 알맞다. 남에게 중용되어 성공도 하지만, 호색가로서 여자를 차례로 바꾸는 경우가 있다.
　여성은 친절한 정과 애교가 있고, 직감이 예민해서 사람을 잘 다루며 남성에게도 귀여움을 받으며 또 장사에 알맞다.
　윗눈꺼풀 한가운데가 둥글어 눈이 맑고 또렷한것은 순진하고 밝으나 신경질로 기분파인 경향이 있으나 오감이 잘 발달해있어서 즉각 남의 기분을 알아 내는 통찰력이 있으며 예술·예능 방면에서 재능을 발휘해 간다.
　윗눈꺼풀이 눈을 뒤덮어 밑으로 처져 내려온것 금강산도 식후경이라더니 현실적이므로 돈벌이에 괸해서는 타산적이라 교묘하게 잘 벌어간다. 비판적인 경향이 강해서 대인관계는 좋은편이 아니다.
　여성은 기가 성해서 직업상으로는 적합하나 여자다운점이 적어서 가정운에는 혜택받기 어렵다.

3.　눈(眼)

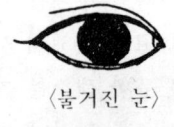
〈불거진 눈〉

〈움푹한 눈〉

좌우 눈높이가 다른것은 변동이 많고 직업이나 결혼이 한번만으로 안정되기 어려운 상태에 이르며 될수 있는 대로 노력을 해서 적응하도록 하지 않는다면 운이 열리기 어려워 진다.

좌우 눈크기가 다른것은 재치가 넘치고 처세를 썩 잘하며 요령이 좋다. 다만 진정에 안밖이 있어서 정체불명인 점이 나타나기도 한다. 한편 한쪽 부모와 연이 박하며 나이어릴때 사별한자가 많은 편이다.

눈과 눈사이 간격이 넓은것은 대범 관대하며 지식도 넓어 사람들에게 호감을 사지만, 자기의 능력을 알아서 무리하지 않으므로 실패는 적지만, 적극성이 모자라 타의 힘으로 운을 열어 나간다.

눈과 눈사이 간격이 좁은것은 처세는 교묘하며 영리하게 돌아다니나 시야가 좁아 나무는 보지만 숲은 못보는 대국적인것에는 소홀해서 실행실천력이 모자라서 좋은 기회를 놓치고 운을 못잡는 일이 많다.

커다란 눈을 가진 사람은 명랑하고 관대한 마음씨를 지니며 뛰어난 관찰력과 박식으로서 주위 사람들을 끄는 매력을 지닌다. 감수성이 강하고 예술방면에 특이한 재능을 발휘할것이다. 또 정열적인것은 좋으나 쉽게 달아오르고 쉽게 냉각하기 쉬운점이 흠이라 하겠다.

튀어나온 붕어눈 같은 사람은 직감력이 예리해서 사람을 통찰하는 재능을 갖고 있다. 눈썰미 있고 상식도 풍부한데, 끈기가 모자라는게 흠이다. 결혼운도 연분에 변동운은 없고 자녀연은 박한 사람이 많이 있다.

쑥 들어간 눈을 한사람은 명랑성이 모자라고 언제나 우울한 기분으로 지내는 사람이 많은것 같다. 입이 무겁고 어두운 느낌을 다른 사람들한테 준다. 그러나 이성적이고 인내심이 강하며 신중한 형이다. 매사 하나하나 굳고 견실하게 노력을 쌓아서 성과를 얻는다.

여성은 소극적인데다가 자신감이 없어서 만혼이 되기 쉽다.

4. 입 (口)

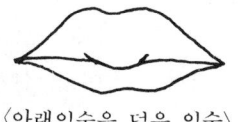
〈아랫입술을 덮은 입술〉

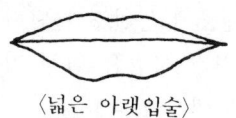
〈넓은 아랫입술〉

큰입 : 입의 대소는 두눈의 검은자와 검은자의 안쪽으로 아래로 줄을 그어 그 밖으로 나가는 것을 크다하고 그 안쪽에 해당하는 것을 작다고 한다. 입이 크면 대담해서 의지가 굳세고 기력과 수행력이 있어서 왕성한 생활력을 지니며 순차 일을 완수해 나가는 능력이 있고 재산운용의 재주도 타고나서 풍요한 생

활을 영위한다.

여성은 남성과 함께 참여해도 지지 않고 일하며 돈복도 있어서 한집 안에 번영을 갖어다 준다. 다만 승벽이 강해 남자를 이기려는 경향은 부인할수 없다.

작은 입 : 간덩이가 작아서 용기가 없으며 잔근심 시름이 많아 여러모로 신경을 씀으로써 진취적인 성미가 모자라서 뜻대로 역량을 발휘할수가 없거나 주장할수가 없었거나 하여서 알면서 손해만 보게되기 쉽다.

여성은 생활력이 약하고 자칫하면 남에게 의존하기 쉽다. 입으로는 자손의 유무 또 운기(運氣)의 강약을 판단한다.

입이 얼굴에 비하여 작은 사람은 생각하는 것도 작고, 사소한 일에도 놀라기를 잘한다. 사물에 대한 끈기가 없고 다정다감한 성격이고, 자손연(子孫緣)도 희박하다.

입 앞이 뾰족한 사람은 자손연이 희박하고, 엄격 공정하며, 사물의 구분이 분명하나 학문은 좋아하지 않는다. 언제나 입속에 침이 고이듯 물끼가 있는 사람은 편친(片親)을 일찍 여일 상이다. 더구나 끈기가 부족하고 자손연도 희박하다. 그러나 이 사람 자신이 양자로 가는 일은 있다. 입이 큰 사람은 모든 사물에 대하여 큰 희망을 가지고 있다. 그러나 일에 실패하는 일도 있다. 입술이 얇은 사람은 자손연이 희박하나, 위 입술이 조금은 얇은 사람은 이런 판단을 하지 않는다.

위 입술이 조금 앞으로 튀어나온 사람은 자손연이 희박하고, 일에 대한 끈기가 없으며, 이상이 저급하고 다감한 성격이다. 그러나 젊은 사람들에게는 자손이 없다는 판단을 안한다.

위 입술보다 아래입술이 더 나온 사람은 윗사람과 의견이 맞지않고, 그 사람의 생애를 통해 자주 직장이 바뀌겠다. 입술은 운기의 문이므로 입을 항상 벌이고 있는 사람은 운기를 자연히 잃어 버리는 것이고, 신체도 허약하여 일에 대한 끈기도 자연히 없다.

삼각형의 입술을 가진 사람은 자기가 희망하는 목적에 좀처럼 도달할 수가 없다. 자손연도 박하고 머리도 나쁘고, 그 때문에 생활도 가난하고 평생 고생이 많다. 입의 모서리가 조금 위로 올라간 사람은 일생 먹을 걱정은 없고, 직업도 안정되어서 편안한 일생을 보내게 된다.

그러면 입으로 자손의 유무를 보는 것은 무슨 이유냐하면 입은 인간이 살아가는데 가장 귀중한 부분이다. 그러므로 운기의 문이라고 보는 것이다. 더구나 남자는 양(陽)이고 언제나 입을 다물고 있으나, 여자는 음(陰)으로 입을 벌리고 있는 것이고, 이 음양이 섞여서 인간이 살아나갈 먹이를 취하는 것이며, 다시 말하면 자식을 낳는 것으로서 자손의 관(子孫의 官)이라고 보는 것이다. 이러한 까닭에 자손의 유무를 입으로써 판단한다. 즉 음양의 이치에 맞지 않는 입을 가진 사람은 자연 자손연이 희박한 상이다.

위 입술보다 아래 입술이 나온 사람이 윗 사람을 배신한다는 것은 위 입술을 하늘(天)이라 아래입술을 땅(地)으로 생각할 경우, 위 입술이 아래입술을 덮는 것은 천지의 이치에 합당한 자연이나, 반대로 아래입술이 위입술보다 튀어나왔으면 천지가 거꾸로된 이치로서, 이 사람은 무슨일이나 만사 잘되는 일이 없다고 보는 것이다. 위 입술보다 아래입술이 나와 있으면, 아래가 손위를 이기(剋)는 상태로 윗 사람에 배신할 상이다. 입 형상이 삼각적인 사람이 자기의 희망한 일이 잘 안되는 것은 입을 대해(大海)라고 하여 수기(水氣)를 의미하고, 입이 삼각형인 것은 불(火)의 형상으로 보아 수극화(水剋火)의 이치가 나오는 것이다. 이 때문에 무슨 일을 하나 잘 안되는 것이다.

입이 뾰죽한 사람이 자손도 없고 머리가 좋지 않다는 것은, 입은 말하는데 가장 중요한 것이어서, 이 말하는 것은 자기가 영리하냐 바보냐 하는 것이 상대에게 알려지고 만다. 거기서 뾰족한 사람은 말도 서투르고, 머리도 좋지 않다는 것이다. 또 입은 자손의 일을 의미하는 곳으로서, 입이 뾰족한 사람은 자손의 일을 나타내는 상(相)에 원만함을 잃고 있다. 그 때문에 자손연도 희박하다.

입이 작은 사람은 이상도 작고, 조그만한 일에도 잘 놀라는 것은 남자는 양이고, 입이 큰 것이며, 여자는 음이고, 입은 작은 것이 자연의 올바른 모습인데 남자에게 그 작은 입이 있다면 이상도 작고 조그만 일에도 놀라는 것이 당연하다고 이것은 음양 이치에 맞는 것이다. 그리고 자손연도 희박하다고 말할 수 있다.

입 속에 항상 군침같은 물기가 있는 사람이 어버이에 인연이 없다는 것은 비장(脾臟)이나 위(胃)는 이 군침과 관계가 있어, 어려서 육친과 헤어진 사람은 자기의 몸을 춘분히 어버이에게서 양육 받지 못했으므로, 비장이나 위의 활동이 자연 약하고 이 때문에 군침처럼 입속에 물끼를 담아두는 것으로 어버이의 인연이 희박한 상이다. 위 입술이 조금 말려오른 사람은 만사에 끈기가 부족하고 자손에게도 인연이 박하다는 것은 위 입술이 말려오르면 자연 입속에서 운기가 새기 때문에 끈기가 부족하다. 또 입 모서리가 조금 올라간 사람이 식복의 부자유가 없다는 것은 마치 하늘에서 필요한 것을 받는 것과 같아서, 이런 판단을 하는 것이다. 이에 반해서 입 모서리가 아래로 쳐진 사람은 하늘에서 주신것을 그대로 땅에 흘려 버리는 것같아서 산재(散財)의 상으로 판단한다.

5. 이(齒)

이가 잘고 빛이 흰 사람은 보통 우리가 생각하는 만큼 좋은 상이 아니고, 평생에 먹을 것을 남에게 비럭질할 때가 있다. 더구나 생전에 사람 위에 올라볼 수도 없고 때로는 생명의 위험도 있다.

또 치열(齒列)이 나쁜 사람은 어버이와의 인연이 희박하여, 비록 어버이와 오래 같이 살 경우에는 어버이에게 대단히 귀염을 받는 어린이지만, 건강적으로 혜택 받지 못하고, 더구나 끈기도 없다.

이 사이가 전부 벌어져 있는 사람은 만사에 끈기가 없고 형제 친척이 많은 경우에도 사이 좋게 지내지 못한다. 앞니 사이가 벌어진 사람은 만사에 참을성이 없고, 이상도 작으며 다정다감한 성격에 어버이를 계승하지 못한다.

이가 긴 사람은 비록 다른 부분이 궁상이라도 가난하지 않고, 반드시 노력한 만큼 성공할수 있다. 또 생애를 통해서 어떤 위험에 직면하여도 피할길이 있다.

웃니가 활같이 구부러진 꼴을 한 이를 가진 사람은 자기가 당한 치욕에 대하여 죽을 때까지 잊지 않을 만큼 집요성을 가지고 있다.

이런 이는 장님 여자가 많이 가지고 있으며, 자세한 것은 실제로 보고 연구할 필요가 있다.

6. 인중(人中)

　인중이란 위입술에서 코밑으로 통하고 있는 세로줄이다. ○표가 인중. 인중에는 운기의 강약, 수명의 장단, 혹은 자손운을 판단한다. 인중이 짧은 사람은 무슨일에나 참을성이 없고, 이상도 저급하며 눈물이 많고, 조그만 일에도 놀라기 잘하고 같은 사람과 오래 사귀지 못한다. 인중이 정답게 보이며 소박하게 보이는 사람은 마음도 순진하고 남에게 대하여도 상냥하고, 다정다감하고, 성격적으로 조그만 일에도 잘 놀란다. 인중이 꽉 째인 사람은 정신도 확고하고, 노력에 따라 성공한다. 이에 반하여 인중이 째이지 못한 사람은 정신도 불안정하고, 성공하기도 어렵다.
　얼굴 전체가 좋은 상을 하고 있어도 인중에 어쩐지 째인 맛이 없고 위입술이 좀 말려올라간 사람은 결코 좋은 상이라고 말할수는 없다. 사업을 하는 경우에도 자기의 뜻대로 진행이 되지 않고, 고생이 많으며, 끈기가 부족하기 때문에, 무슨일에 대해서도 참고 견디는 끈기가 없다. 그러나 이런 상을 가진 사람도 앞니가 빠질 나이가 되면 운이 점점 좋아진다. 또 젊었을 때 인중이 꽉 째인 사람은 초년운이나 중년운이나, 만년에는 문제가 달라진다.
　인중에 수염이 많이 난 사람은 성공이 빠르다고 한다. 이에 비하여 인중에 수염이 드문 사람은 성공이 더디고, 이로 말미암아 희망한 일이 만족한 결과를 가져오기 힘든다.
　인중에 가로금이 있는 사람은 자손연이 희박하고, 비록 자손이 있다 하더라도 그 자식은 그리 힘이 되지 못한다. 만약 자손이 많이 있다 하더라도 만년에 고생이 많을 상이다.
　인중에 수염이 드문 사람은 이해성이 있는 사람으로서 상식가이다. 이런 사람은 무슨일에 대해서나 어느 정도의 지식을 가지고 있다. 인중에 수염이 많은 사람은 이상이 높은 편이나, 활발히 뛰어 다니는 편은 아니다.
　인중이 길고 위입술이 위로 말려 올라가지 않는 사람은 대단히 좋은 상으로, 두령운(頭領運)을 타고 났다. 이런 사람은 남에게 고용되어도 성공한다. 만약 가난한 사람에게 이런 상이 있다면 대단히 힘이 될 사람이 붙어 있는 증거이다. 개중에는 우편배달이나 지배인으로써 생활하는 사람도 있다. 인중의 홈이 깊은 동안은 좀처럼 운이 트이지 않고, 개운할 때는 깊은 홈이 얕아진다. 이때는 자기 마음도 안정이 되고 아무 일이나 잘 된다.

인중으로 운세의 강약을 본다든지 자손운을 보는 것은 인중은 입과 같아서 운기가 나타나는 것을 알수 있는 부분이기 때문이다. 그러므로 사람이 만족하여서 기쁨을 얼굴에 나타내었을 때는 그것이 웃음이 되어 나타나고, 인중은 자연 펴진다. 즉 홈이 얕아지는 것이다. 사람이 열중하여 일할 때는 인중도 자연 째여서 정신에 흔들림이 없는 것을 보여준다. 그러므로 인중에서는 운세의 강약을 판단하고 수명의 장단을 알수 있다.

인중에 긴장미가 있는 사람의 그 정신도 확고하다는 것은 정신이 확고하면 눈, 코, 혀, 몸, 생각(이상을 六根이라 함)이 확고하여서 스스로 인중에 나타난다. 그리고 인중은 입에 따라서 있는 것으로 정신이 확고한 사람은 입에 자연 긴장미가 있다. 입이 긴장미가 없으면 눈, 코, 귀, 혀, 몸, 생각도 제각기 동떨어져 결국 자기 일을 스스로 판단못하게 된다.

인중에 수염이 많은 사람이 조그만 일에도 만족하기 쉽다는 것은 다음과 같은 점으로 말할수 있다. 인중의 좌우 부분을 식록(食祿)이라 한다.

이 식록이 꽉차 있는 것과 같아서, 만약 가난한 사람인 경우라도 정신적으로 만족한 나날을 보낸다.

이 상은 부자에게나 가난한 사람에게나 있으므로 깊이 연구하기 바란다.

인중이 길고 입술이 이에 꽉 붙어 있는 사람이 대단히 길상이라는 것은 이는 금성(金性)에 속하고 입술은 수성(水性)에 속하는 것으로 이와 입술이 착맞는다는 것은 이것은 입이 이에서 도움을 받는다는 의미이고 (전문적으로 말하면 五行의 金生水로서, 입을 돕는 뜻) 대단히 좋은 상으로 본다. 입술과 이는 말할때에 가장 귀중한 것으로서, 이들이

문(門)이 된다. 이 문이 상생(相生＝힘이 있는 뜻)이면 웅변의 상(雄辯의 相)이고, 입은 대해(大海)이며, 인중은 홈이기 때문에 수도(水道)가 된다. 그러므로 인중이 길고 착 이에 붙은 사람은 수도에서 대해에 통하는 부분이 대단히 좋다고 보이므로, 이 사람의 운세도 좋아서 사물에 주저하는 일이 없다.

 인중의 홈이 깊은 동안은 반드시 자기의 희망이 달성되지 못하고, 인중의 홈이 얕아지면서 자기의 희망하는 일이 성취되어서 개운하다는 것은, 인중은 운기가 나타나는 곳으로서, 정신이 안정되면 인중도 반드시 째이고, 인중의 홈은 자연 얕아진다. 마음이 안정되면 운이 자연 열린다는 것은 사물의 도리로서, 구태어 설명할 것까지도 없다.

 얼굴 전체는 두툼한 복상(福相)으로 생겼는데, 인중 끝이 조금 말려 오른 사람의 일이 제대로 안되는 것은, 얼굴은 몸의 부분으로서는 꽃에 해당하기 때문이다.

 입은 대해(大海)이고, 인중은 수도이며, 얼구이 안정된 것은 꽃의 왕성한 상태인데, 인중이 조금 말려 오른 것은 수도에 막힘이 있는 것 같아서, 꽃도 시들어 버린다는 뜻을 딴 것이다. 이 이치에서도 인중 끝이 말려오른 사람은 사물에 장애가 많은 상이라고 본다. 그러나 앞니가 빠지는 만년기에는 인중이 자연적으로 쳐져서 수도도 저절로 열리므로, 이때부터 운이 좋아진다고 본다.

7. 법령(法令)

 법령이란 코뿌리의 옆에서부터 입의 양쪽으로 내려진 선이다. 법령으로는 직업을 판단한다. 법령이 양쪽으로 넓게 퍼져 있는 사람은 사업이 순조롭고, 살고 있는 집도 넓다. 손아래 사람을 많이 돌봐준다. 가령 가난한 사람이 이런 상이 있는 경우라도 사람을 시켜서 일을 하는 것이고, 고용을 당해도 성공한다.

 법령이 좁은 사람은 집도 좁고, 비록 넓은 집에 살고 있는 사람이라도 이와 같은 상을 가진 사람은 남에게 방을 세주 었거나 하여서 넓은 집도 좁게 쓰는 사람이다. 상당한 부자로써 이런 상을 가진 사람은 대단한 검약가이다.

　법령이 짧은 사람은 수명도 짧고, 이와 반대로 법령이 긴사람은 수명도 길다.

　법령의 폭이 넓고 끝쪽이 볼 부분으로 흐른 사람은 근로자로써 크게 성공할 것이고, 교제가 넓고 자기를 도와줄 사람이 많은 상이고, 수명도 길고, 어떠한 처지에 있는 사람이라도 이 상이 있으면 대단히 운세가 늘어날 것을 의미한다.

　법령 끝이 입으로 들어간 사람은 평생 먹을 것에 부자유를 겪는 일은 없다.

　자기의 노력에 따르는 성공을 한다. 물건을 낭비하지 않고 대단히 규모있게 사용한다. 법령의 폭이 넓고 형상이 좋은 사람은 사업도 대규모로 하고 상당히 번창한다. 운세도 대단히 좋고, 두령운을 가지고 있다. 법령이 대단히 길고 턱(지각=地閣) 부분까지 닿고, 혹은 턱가까이까지 있으면 80까지는 확실히 살 상이다.

　이로부터 판단하여 다른 법령에 대하여 수명을 생각해 보기 바란다.

　법령으로 직업을 판단하는 것은 다음과 같은 생각에서부터 이다. 법령은 코가 있는 곳에서부터 나와 있는 것으로서, 코는 얼굴의 중앙에 있고 이것을 천자(天子)로 본다. 천자는 아래의 만백성을 사랑하고, 각자에 법령을 나리는 것으로, 아래 만백성은 그 법령을 지키며 매일 생활하고, 근로자는 근로자, 장사는 장사로서의 하는 법이 있다. 그 하는 법이 법령의 도리에 어긋나면 생활이 성립되지 않는다. 그러므로 법령으로써 직업을 판단하는 뜻이 이해될 것이다.

　법령의 폭이 넓고 긴 사람이 집도 넓고 사업도 번창한다는 것은, 법령이 넓다고 하는 것은 사업을 넓게 벌이고 있다는 뜻이고, 집(地閣)도 사용인(종, 노복)도 법령에 싸여 버린다. 지각은 집을 의미하고 노복은 손아래의 일을 본다.

　그러므로 법령의 폭이 넓고 긴 때는 지각이나 노복의 부분이 넓어지고, 그때문에 집도 넓고, 수하 사람도 많다고 판단한다. 그러나 법령이 좁은 경우에는 지각(地閣)이나 노복(奴僕) 부분도 좁아져 자연히 집도 좁고 수하(手下) 사람도 적어져서 궁상이 된다. 다시 말하면 궁상(窮相)인 사람은 법령이 좁은 것이다. 그러나 집도 넓고 수하사람도 많은데, 법령이 좁은 사람도 있지만, 이것은 참다운 훌륭한 인격자라고 할수 없다. 수하 사람이 하는일도 자기가 하고 그로 인한 정신적으로 궁상으로서 이 때문에 대단히 물건을 아낀다. 그러므로 정신적으로 만족하지 못하여도 물질운(物質運=財運)에는 혜택받는 사람이다. 또 이와는 반대로 집도 작고 수하 사람도 없는데, 법령의 폭이 넓은 사람이 있다. 이것은 그 사람의 이상이 높고 또 용기도 있어, 가난한 것을 조금도 걱정하지 않고 해나가는 정신적으로 혜택을 입은 사람이다. 이러한 사람의 운세는 다른 부분과 합쳐서 생각하여 판단한다.

법령이 긴 사람의 수명이 긴 것은, 법령은 직업을 의미하고 직업이 안정되면 생활은 보장되며, 의식주가 족하면 자연 수명이 길어진다고 하는 견해이다.

젊은 사람들은 법령이 확실치 않고, 웃을 경우나 볼수 있을 정도인데, 그러면 무엇을 법령으로 하느냐 하면, 젊었을 때는 얼굴에 살이 많기 때문에 법령이 나타나지 않는 것이고, 직업적으로도 좀처럼 안정되어 있지 않아서 법령이 뚜렷하지 않은 것이다.

그 사람의 수명의 장단을 법령으로 판단하는 경우 입을 크게 벌이게 하고, 그 때는 확실히 법령이 나타나므로 그것에 의하여 금의 깊고 얕음, 길고 짧음을 보고서 판단한다.

지차로 태어난 사람의 법령이 확실치 않은 것은 지차는 대체로 어버이를 계승하지 않는 것이고, 그 때문에 자연 법령이 얇게 된다. 장남으로 태어난 사람은 어버이의 뒤를 이을 것이므로, 법령도 깊고 바른 것이다.

법령이 입(大海)으로 들어갈 경우에는 반드시 굶어 죽는다고 옛날 책에는 써 있는데, 법령은 직업을 의미하고, 직업에 의하여 생활이 안정되는 것이다. 거기서 법령이 입으로 들어갈 때는 그 직업을 먹어버린다는 이치에서 굶어 죽을 상이라고 옛날 책에는 써 있다.

그러나 굶어 죽는다는 판단은 맞지 않는 것 같다. 즉 그 상은 가난한 상으로서, 그 때문에 이 사람은 물건을 대단히 아낀다. 자기가 먹고 싶은 것도 먹지 못하고 아껴 두는 데서 굶는 것이다. 그러나 물건을 낭비하지 않고 먹을 것을 사치하지 않으면 자연의 도리에 합당하므로, 비록 궁상이라도 일생동안 먹을 것의 보증은 받고 있다.

인간은 마음가짐이 중요한 것이어서, 그것에 의하여서만 구원되는 것이다.

8. 귀(耳)의 상

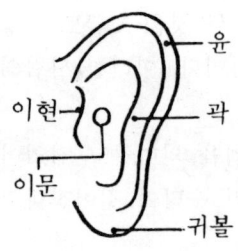

귀는 머리의 활동을 나타낸다.

귀가 윗쪽으로 뻗친 사람은 대단히 머리가 좋은 사람으로서, 재능도 있고 기억력도 있다.

귀 전체가 보드럽고 낮은 위치게 붙은 사람은 기억력도 희미하고, 무슨일에 대해서나 끈기가 없는 것으로, 귀가 낮고 제일 윗부분의 천륜(天輪)이 오그라진 것같은 꼴의 사람은 풍류에도 재능이 있고, 이 방면에서의 기억은 대단히 좋은 것이다. 귀의 인륜(人倫)이 나와 있는 사람은 스스로 집을 나가 육친과는 함께 살수 없다.

육친이 재산을 가지고 있어도 자기것이 못되고, 그 때문에 아우의 상이라고 본다.

현대의 법률로서는 재산의 분배제도가 변화하여 있으므로, 이 점을 판단하지 않는 편이 좋을 것이다.

귀 전체가 단단한 사람은 다른 부분이 궁상인 경우에도 가난한 판단을 하지 않고, 노력 여하에 따라서는 성공하는 상으로 본다. 평생 위험한 경우에 직면하여서도 거기서 피할 수가 있다.

귀가 작은 사람은 이상도 작고 조그만 일에도· 잘 놀란다. 그러나 귀가 작아도 시원시원한 귀의 사람은 지혜가 있는 사람이다.

귀가 크고 윗쪽으로 붙어 있는 사람은 반드시 자기 사업으로 성공하고, 남에게 고용되지 않고, 지혜나 재능도 있고 용기도 있어서 운세가 강하고 상당히 성공한다. 또 귀가 크고 단단한 사람은 남에게 친절하고, 자기 자신은 운세가 강하고 저명한 사람이 될 상이다.

귓밥(地輪)이 큰 사람은 비록 인격은 원만하여도 크게 발전하지 못하고 또 그다지 재능도 없다.

그러나 얼굴이 뚜렷하고 머리가 좋은 사람은 재능도 있고 크게 발전 할 수가 있다.

귓밥이 없는 것같은 사람은 재능은 갖고 있으나, 기분은 초조하기 쉽고 노하기 쉬운 사람이다. 귀를 채청관(採聽官) 이라고 하는 것은, 귀는 신장(腎臟) 활동의 강약을 나타내는 곳으로서, 모든일을 듣는 곳이므로, 청사(聽事)를 캐낸다는 뜻은 채청관(採聽官)이라 하는 것이며, 귀가 안들리면 상대의 이름을 알수도 없는 것이다. 사람이 나이 들어서 신장의 활동이 약해지면 귀도 멀어지고, 귀가 멀어지면 지혜의 활동도 둔해져서 우둔해 진다.

귀의 인륜이 나온 사람이 어버이의 계승을 못한다는 것은, 귀에 천인지(天人地)가 있어서, 천은 아버지, 지는 어머니, 인륜은 자기이다. 또 귀에는 곽륜(廓輪)이 있어서 곽은 부모이고, 중륜(中輪)을 자기로 본다. 그러므로 중륜이 나온 사람은 부모의 성곽(城郭)을 뛰어 나가므로, 어버이로 계승 되지도 않고, 어버이의 재산이 있어도 자기의 몫이 없는 상이다.

귀가 단단한 사람은 궁상이라도 노력에 따라 성공하는 것은, 귀는 신장 활동의 표현으로서, 귀가 단단하다는 것은, 신장의 활동이 강한 것을 의미한다. 신장이 충분히 활동하면 건강하고 크게 힘쓸 수 있으며, 인간이 일하고 있으면 운이 돌아오는 것은 당연하며, 그 때문에 전기와 같이 판단하는 것이다. 또 귀가 수성(水性)에 속하고 귀가 단단하다는 것은 금속(金屬)에 속하는 데서 금생수(金生水)가 되어 서로 발생하여가는 이치에서 힘차게 되는 상으로 보이며, 이것을 가지고 보아도 좋은 상이라고 할수 있다.

귓밥이 없는 것같은 사람은 초조하고 성내기 쉽고, 귓밥이 통통하게 둥근 사람이 생각하는 것도 원만한 것은, 귀는 신장의 활동을 나타내는 부분으로서 물(水)로 본다. 그러므로 귓밥이 통통하게 둥근 사람은 신(腎)의 좋은 상태를 보이는 것이므로, 그렇게되면 마음의 부풀음을 누르고 초조감을 흘려 버린다는데서 원만한 생각을 가지고 있는 사람이라고 본다.

코에 주름과 같은 가느다란 세로금이 많은 사람은 생애를 통하여 고생이 많고 자손에도 인연이 희박해서 살림을 차리는 것이나 직업의 안정을 얻는 시기가 늦는 것이다.

코가 유별나게 크고 높은 사람은 처자식에 인연이 희박하다. 비록 표면적으로 안정된 듯한 생활을 하고 있는 사람도 속으로는 의견이 맞지 않고, 또 의지할 형편도 못된다. 더구나 이 사람은 생애를 통하여 한번은 큰 실패를 할 것이다.

코의 살이 특별히 단단한 사람은 반드시 고집쟁이 이다. 그러나 수명은 길다.

코에 살이 말라서 뼈가 겉으로 튀어나온 것같이 보이고 끝이 뾰족한 사람은 어버이의 대를 잇지 못한다. 자기의 생각하는 바가 크고, 그 때문에 필요 이상으로 참아서 자기가 자신을 괴롭핀다. 때로는 커다란 실패를 초래할 것이며, 코에 살이 충분히 있고 특별히 높으며 코 끝(준두 =準頭)이 빨간 사람은 처자식에 인연이 희박하고, 비록 있다고 해도 자식에 의지가 안된다. 처와의 사이도 화목한 생활은 바랄수 없다. 고생 많은 생활을 보내기 쉽다.

코뿌리가 뚜렷한 사람은 운세가 대단히 강하고, 만약 궁지에 몰린 경우에도 대개는 구원자가 나타나 그 장면을 모면하게 된다. 가령 얼굴의 다른 부분이 궁상(窮相)인 경우에도 극빈이 되거나 하지 않고, 노력에 따른 성공을 할수 있다. 코뿌리가 없는 사람이 많이 있다. 차 안에서나 혹은 같은 직장에서 일하는 동료 가운데서도 볼수 있다. 이 사람은 운세도 약하고 자손과도 인연이 희박하여 쓸쓸한 인생을 보내기 쉽다. 코가 참으로 부드럽게 보이는 사람은 그 마음도 솔직하고 인정 많은 성격이다.

코는 잘 생겼으나, 코에 비해서 입이 작은 듯한 사람은 자손복이 적고, 생각하는 바도 소극적이어서 일도 자기가 생각하고 있는 대로 스무스하게 진행되는 일이 드물다.

코는 높으나, 얼굴 주위의 살이 엷어서 깎아낸 듯한 느낌을 주는 사람은 이상이 높은 사람이다. 그러나 남에게 호감을 못사고, 아내와의 인연도 변하기 쉽고 고독하다. 콧날이 구부러져 있는 사람은 평생 부침이 심하고, 때때로 위험한 다리를 건너는 일이 있는 사람이다.

코에 매디가 있는 사람은 어버이의 계승을 못한다.

코뿌리가 뚜렷이 패인 사람은 어버이의 계승을 못한다.

코뿌리가 뚜렷이 패인 사람은 자기의 의류(옷)에 대해서도 귀찮을 정도로 풍부하다.

이에 반하여 코뿌리가 없는 것같은 사람은 입는 것도 개의치 않는다. 따라서 옷에도 인연이 없다. 코가 또렷하고 긴 사람은 코뿌리도 거기에 알맞게 또렷이 살이 있다. 이와 같은 코에 사마귀나 흠이 없으면 근로자로써 성공한다. 또 집안에도 걱정거리나 재앙이 적어서 반드시 성공한다.

코가 작고 살이 없어서, 그 때문에 코 끝이 뾰족한 사람은 고생도 많고, 자손에도 인연이 없다.

콧등 가운데 옆으로 금이 있는 사람은 평생에 한번은 큰 실패를 할것이며, 이 옆금은 자연히 생긴것을 판단하는 것이지, 흠같은 것은 다른 판단을 한다. 코를 풀고 언제든지 위로 닦아내는 사람은 자연 이런 옆금이 생긴다.

들창코로 콧구멍이 마주보는 듯이 보이는 사람은 윗사람과 좀처럼 의견이 맞지 않는다. 이상을 가진 사람은 타향살이 하는 사람이 많고, 돈을 쓸데없이 써 버리는 습성이 있다.

코가 버젓하고 콧날이 분명한 사람은 윗사람의 신뢰도 받고 윗사람으로부터 발탁되어서 자연 많은 사람을 위에서 활약하게 된다. 이런 코라고 하더라도 얼굴 전체의 느낌이 조화를 이루지 못하면 이같은 판단을 하지 않는다. 다음에 콧구멍이 넓은 사람은 끈기가 부족하고 수명도 짧은 것이다. 사자코같은 끝만 높게 된 사람은 운세는 강하여, 노력에 부응하는 성공을 한다. 그러므로 그 성격도 선악간에 강하다.

코가 두툼하고 살이 있으며 길게 보이고 코뿌리에도 상당한 살이 붙고, 그 위에 검은 점이나 흠이 없는 사람이 근로인으로써 성공한다는 것은, 코는 자기의 몸을 대표하고, 코의 살을 자기의 운세로 보기 때문이다. 즉 살이 붙어 있는 코는 운세가 왕성한 상태를 의미하고, 점이나 흠이 없는 것은 아무런 지장이 없는 것을 나타낸다. 길다는 것은 마음도 확고하여 수명이 긴 상이다.

코뿌리가 또렷한 사람이 운세가 강하다는 것은 좌우의 코뿌리를 정위

(廷尉)라 하고, 코를 난대(蘭台)라고 부르고 있는 때문이다. 천자(天子)의 옥전(玉殿)을 난대라 하고, 정위란 난대를 수호하는 역활을 말하는 것으로서, 코뿌리가 두툼하고 뚜렷한 사람은 천자(코, 자기)를 수호하는 사람들이 갖추어져 있다는 것을 의미한다. 그 때문에 강자의 옥천은 위엄이 있는 것으로써, 인간에 맞춰 생각했을 경우에도 운세가 장하다고 판단한다.

오랜 옛날 책에는 왼편 코뿌리를 난대라 하고 오른편 코뿌리를 정위라고 써 있지만, 본서에서는 이와 같이 구별하였다. (일설에는 난대를 간대(諫台)라고도 한다)

코는 높으나, 얼굴 주의의 살이 깎아낸 듯한 사람이 자손의 인연이 희박한 것은, 코를 천자(天子)에 비유하면, 얼굴은 신하로써 코만이 높고, 얼굴의 살이 없는 느낌의 사람은 천자가 신하를 이기는 상태로 생각한다. 이렇게 되면 아무리 훌륭한 천자라도 국가를 다스려 나갈수가 없다. 그러므로 고독한 상이고, 자손(손아래)과의 인연이 희박하다고 판단한다.

코의 살이 말라서 뼈가 표면에 튀어나온 듯하고 코 밑이 뾰족하게 보이는 사람이 어버이를 계승하지 못한다는 것은 얼굴을 천지인(天地人)으로 나눌때, 코는 사람이고, 자기 자신을 대표한다.

그 사람, 즉 말라서 뾰족하게 나타나 있을 때는 마치 친지에 배신하고 부모도 배신하는 것같은 형편으로 이 때문에 어버이의 계승을 할수가 없고, 자기의 엄격한 정신이 밖에까지 나타나는 것이라고 보는 것이다.

코뿌리에 힘이 있는 사람이 의복에 인연이 있는 것은, 코는 몸이고 코뿌리는 코의 장식으로서, 의복의 관(衣服의 官)으로 본다.

코뿌리가 없는 것처럼 보이는 사람은 그 코도 자연 쓸쓸해 보이고, 코가 벌거벗은 것 같아서 입는 것에도 인연이 먼 것으로 보인다. 이에 반해서 코뿌리에 힘이 있으면 코에 장식이 있기 때문에 가난한 경우에도 입을 것은 걱정 없다.

나도 역술가가 될 수 있다

수상보는법

손모양과그판단법
손금과그판단법

제 1 장 손모양과 그 판단법

외형적 특징을 살펴보아서 선천성으로 타고난 기질 성격 적성 연애 질병 등을 판단한다.

손모양의 살이 찐 정도, 단단한 정도의 손톱 생김새 등에서 그 중 가장 기본이 되는 손 모양 7종 분류를 다음에 도면과 함께 실었다.

(1) 초보형 : 원시적인 손모양(原始的手型)

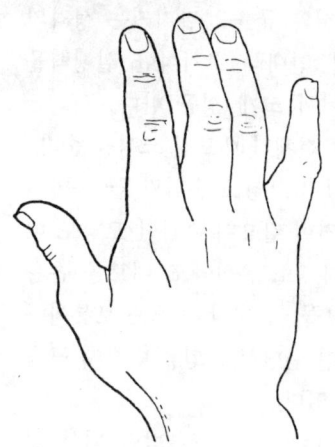

이성적(理性的)인 면이 적으며 본능적으로 행동하는 성격의 소유자. 튼튼한 체력과 참을성으로 순종하는 정신은 한발 한발 건전 착실한 생활을 쌓아간다.

손모양 : 보통 원시적인 손이라 불리어지는 손모양은 살갗이 거칠고 손을 만져보면 꺼칠꺼칠해서 손바닥 느낌도 나무토막처럼 굳고 단단하다. 손가락이 굵고 짧으며 빛갈은 검은편 그옛날의 화전민 농사꾼 손을 연상시킨다.

성격 : 매사를 깊이 생각한다는 것은 별로 잘하지 못한다. 보통 지능이 낮다고 설명하나 절대로 지능이 낮은 것이 아니라 생각한다는것 자체가 귀찮거나 흥미를 느끼지 못하는 편이다.

그러므로 이 수형인에게 사물을 생각할 기회를 충분히 주기만 한다면 보통 사람과 다름 없이 또는 그이상 자기의 재능을 나타낼 수 가 있다.

그러나 이 수형인은 남보다 꾸물대고 있는 것 처럼 보여져 성급한 사람들이 볼 때는 이 사람들을 지금부터 교육해서 보통이상의 인간으로 만들려는 정열이 생기지 않는 것이다.

사람됨이 진지하고 융통성이 다소 모자라는 등 단순하고 변화성이 없어 본능의 지배를 받기 쉽다.

연애 : 감정 표현이 서툴러 심미안이 결핍 때문에 화려한 연애나 낭만적인 사랑은 어렵다. 노골적인 질박한 연애가 되기 쉽다. 이성에 대해서 상대방의 감정을 이해 한다기 보담은 고집이 세며, 취미등이 고상치가 못해 속악하거

나 육욕적인 연애가 되기 쉽다.

그러므로 조심할것은 상대인 이성이 하자는대로 순응함이 가장 좋다. 너무 물질적인면으로 사물을 보지 말고 꿈을 갖도록 노력하는 것이 좋은 연애를 맺기위한 수단이 되리라.

직업 : 체력좋고 억센노동력이 있다. 그러므로 직업도 자연 그런 방면이 알 맞다. 근육노동 농업이나 수산업 토목·건축 관계업등이 적합 하다.

(2) 모난손 : 실제적인 손(實際的手型)

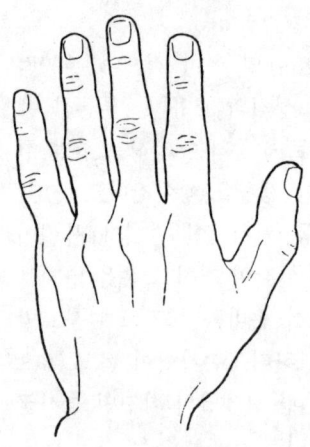

생각이 깊고 분별력을 갖추며 사회생활에 있어서 질서와 규율을 잘지키는 성격의 소유자. 강한 인내력 고지식한 실행력을 아울러 갖추어서 크게 성공 한다.

손모양 : 손 전체가 네모진 느낌을 준다. 그리고 손가락의 모양도 손가락 끝 쪽까지 굵기나 폭이 거이 같으며 손가락 모양도 네모꼴에 가깝다. 또 손바닥도 네모꼴 손톱 생김새도 네모꼴. 손바닥 두께는 보통이나 눌러 보면 약간 단단한 느낌을 받으며 근육은 탄력성이 있다.

특징은 엄지손가락이 크며 무지구(拇指球~金星丘)가 잘 발달 되어 있다.

성격 : 매사에 빈틈이 없는 꼼꼼한 성질로서 사고방식이 건실한 실행가형인 사람이다. 생각이 깊고 이지적인데다가 인내력도 대단하다. 질서와 규율 있는 생활을 하는 타입 이다.

다만 너무나도 현실주의 적인데가 있어서 다소 완고한 점이 있다. 그러나 상식적인 실천가로서 많은 이웃들의 인정을 받아 착실하게 자신의 지위를 쌓아 나가는 사람이다.

만사에 대해서 실무적이고 의무감이 강한 것도 좋은 뜻의 특징이다. 우정이 두텁고 사치하지 않으며 무슨일이나 근기가 있는 것이 이 사람의 최상의 취할 점이다.

연애 : 이형도 원시적인 손처럼 화려하고 낭만적인 연애와는 거리가 멀다. 이 수형인의 연애는 꿈이나 놀이라는 것이 조금도 느껴지지 않는 어디까지나

결혼에 의한 전제 조건으로서의 연애이며 이성교제인 것이다. 그러므로 이사람들은 공원 벤치에 단둘이 앉아 있어도, 영화·비디오나 음악·디스크에 대해서 대화를 주고 받는 일은 드물고 결혼 후의 설계등을 얘기하는 편이다. 여성은 가정 살림을 썩 잘 해내며 살림을 계획성 있게 꾸며 나간다.

물론 연애에 있어서 화려한 성격보다는 견실한 실행가인 편이 성공율이 높다는 것은 좋은 것이다. 다만 연애는 어디까지나 상대방의 장점을 존중해서 조금은 꿈을 갖도록 하는 것이 결혼후 즐거운 그리고 중용(中庸)을 얻은 가정생활을 꾸려 갈 수 있겠다.

직업 : 어디까지나 상식적이고 지식의욕도 왕성하므로 장치, 경제, 법률, 사회, 교육, 이학등의 모두 적합하다. 또 대단한 실천가이므로 어떤 직업으로 나가도 상당한 성공을 이루어 낼 수가 있다.

(3) 원추형~예술적인 손(藝術的手型)

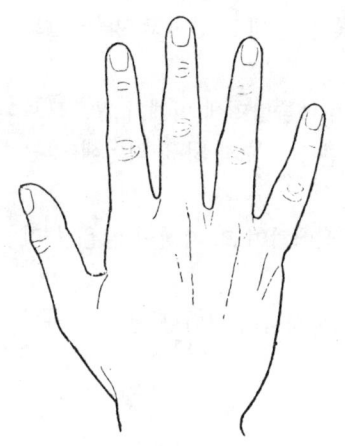

감수성이 강하고 정열적으로서 눈물도 많은 성격의 소유자. 멋진 심미적(審美的) 감각과 교묘한 사교성에 힘입어 정서적인 방면에서 이름을 떨치게 된다.

손모양 : 일반적으로 부드러운 느낌을 주는 손이다. 약간 도톰하고 손등쪽에서 보면 손가락 밑둥쪽은 굵고 끝쪽으로 갈 수록 가늘어져서 손가락 끝은 뾰죽한 원추형(圓錐形)을 한것이 이 손모양의 특징이다.

성격 : 매우 감정적이며 매사에 뜨거워지기 쉽고 차게 식기도 쉬운 타입이다. 극단에서 극단으로 움직이는 공상이 많은 낙천가라 할 수 있다.

이성보다 감정쪽이 먼저 작용하기 때문에 계획성이 희박하고 그때그때 당장 되어가는대로 형편에 따라 적당히 행동함이 많고 추리력 부족과 인내력이 결핍이 흠이다.

그러나 밝은 명랑한 성격이 사람들의 호감을 사며, 사회적으로는 매우 혜택 받은 환경에 있게 된다.

다만 본능에 지배되기 쉽고 자칫하면 놀이에 열중하고 정욕에 빠져들기 쉬운점이 있다. 또 그런 일면 미를 사랑하고 예술적 감각이 우수한 재능을 갖고 있다. 그러므로 수학이나 화학과 같은 정밀한 계산을 필요로하는 학문에는 전연 맞지 않는다.

지식은 넓고 얕기 때문에 사물의 궁극을 연구하는 일은 드물며 금전면에는 되려 담백한 편이다.

연애 : 이 수형인은 좋건 싫건 간에 가장 연애다운 화려하고도 돌발적인 연애를 하는 사람이라고 할 수 있다.

성격적으로 공상이 많은 정열가이기에 특히 이성관계에 있어서는 맹목적이 되기 쉬우며 게다가 욕정에 빠져들기 쉽다.

그러나 반면에 미적감각이 우수하고 사회성이 있으므로 이성의 기분을 빠르게 눈치채고 상대방 한테 대단히 호감을 갖게하는 사람들이다.

다만 앞뒤 재보지 않고 일을 진행시키는 좋지 못한 성격 탓으로 이성관계가 방종에 흐르기 쉬우니 특히 조심할 것이다.

또 기분에 지배되기 쉬운점 때문에 기껏 좋은 연애를 망치고 마는 일도 생긴다. 이런점은 주의 해야 하리라.

직업 : 지식이 광범위하고 사회성도 풍부하며 예술방면에 이해가 많으므로 어문학 미술 음악 배우 신문·잡지 기자 외교관등 비교적 자유 직업에 맞는다.

이 손을 갖인 사람은 남에게 지배 받는것을 싫어하며 또 자신이 남을 부려 먹는 일도 잘 못하는 편이다.

직업상 항상 새롭고 신기한 것에 눈을 돌리는 성격은 커다란 통일된 사회조직에서는 자라기가 어려우리라.

(4) 주걱형~활동적인 손(活動的手型)

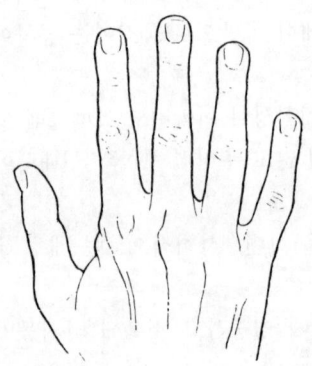

이성(理性)이 강하고 근면한 상식적인 성격의 소유자. 언제나 전진하는 활동력과 독립심, 극단적인 자신감은 사회의 최일선에 나서서 성공하게 된다.

손모양 : 이 손모양의 특징은 손가락 끝에 있다. 즉 손가락 끝이 약제사가 약을 갈 때 쓰는 절구공이 같은 모양으로 뭉툭한 주걱 같은 꼴이 해낭한다. 대체로 엄지 손가

락이 크며 손가락 전체의 뼈대가 굵직하며 튼튼한 모양새로서 손바닥도 크고 넓적하며 만져 보면 탄력성이 있고 단단하다.

성격 : 남녀를 가리지 않고 활동적이며 독립성을 지닌다. 사물에 대해 또렸하게 알려는 좋은 면을 갖고 있다. 심신이 모두 활동적이라서 집안에 조용히 앉아서 책을 읽는다거나 사색을 한다던지는 못한다. 그대신 쉬지 않고 무엇이건 일을 해서 움직여야 직성이 풀리는 대단한 활동가 이다.

비교적 감정에 지배되는 일은 적으며 이성에 따라 행동하기 때문에 매사에 실수나 크게 실패하는 일은 별로 없다.

그 반면 자신감이 강해서 극단적인 상식가로서 타인에게 머리를 눌리는 것은 매우 싫어 하는 타입으로 스스로 계획하고 한발 한발 실천해 가는 편이다.

감정적으로도 밝고 명랑하며 감정에 치우치지 않는 미점은 복잡한 사회에 있어서도 호감을 사게 되리라. 다만 자칫 자아가 강해서 배타적인데가 있는 것은 주의를 요한다. 그것은 자신은 잠시도 쉴짬이 없을 만큼인 활동가인데 비해서 남들이 너무나도 게으름뱅이로 보이기 때문이다. 내가 할 수 있는 일을 남들도 똑같이 할 수 있다고 여기고 있기 때문에 남들이 하는 일과 해놓은 것이 마음에 들지 않는 결과가 되는 것이다.

연애 : 이런 손임자의 연애는 대담하고 솔직한 성격이라서 화려한 연애나 꿈을 갖고 있지 않은 대신 비상식적인 이성관계나 욕정에 사로 잡히지 않는 솔직한 이성 관계이다. 남녀를 불구하고 이성에겐 정답고 부드러우며 친절한 상식적인 교제가이다.

7종 수형중 가장 건전 착실하므로 파탄 없는 최상의 연애라 할 수 있다. 다만 이 경우 상대가 지나친 꿈을 지녔을 때는 균형이 약간 깨진다. 그러므로 이수형의 사람은 연애를 좀더 낭만적으로 가져 갈 필요가 있다.

직업 : 매우 근면 성실한 활동적인 성격이므로 토목 건축 사업가등 견실한 활동적인 분야의 직업에 알 맞다. 특히 독창성도 있으므로 공업가로도 성공한다. 다만 활동가이긴 하나 아름다운 미적인 것이나 유행 같은 것에 별로 관심을 갖지 않는 편이므로 직업상 시대 시류에 남보다 뒤지는 경향이 있으니 이런 점에 유의 함이 좋으리라.

(5) 죽절형~철학적인 손(哲學的手型)

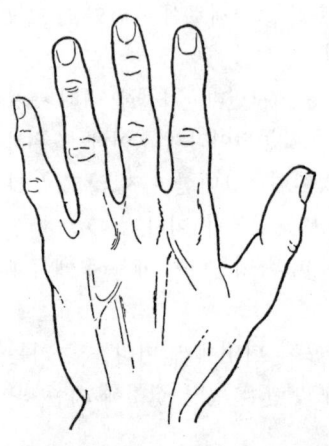

의사(意思)와 이성이 발달한 성격의 소유자. 왕성한 지식욕은 추리·판단·분석·귀납이라는 학술면에 우수하며 그로 인해서 대성하게 된다.

손모양: 이 철학적인 손이라 불리는 손모양새는 손가락이 가늘고 길며 손가락 관절 두마디가 비교적 굵어 두드러지게 불그러진 것이 특징이다.

손모양 전체는 잘 발달한 편으로 손가락 끝은 둥근모양이다. 손가락을 가지런히 붙이면 관절 마디가 대나무처럼 불그러져 손가락 새가 떠 있어서 판별이 쉽다.

성격: 이 수형인은 지식욕(知識欲)이 매우 왕성한 점과 이성(理性)이 남달리 발달하고 있다는 점이다. 그러므로 추리 판단 분석등의 지식욕이 매우 왕성한 것이다. 그 반면 자기 스스로 앞서나아가서 일을 하는 진취적인 기상은 결여되어 어느 쪽이냐 하면 학구가(學究家) 같은 타입이다.

일반적으로 물질욕이 없고 사상적 사색적이며 형식 보다는 실질을 그리고 진리와 학문을 선호하는 특성을 지닌다.

이성적이므로 일시적인 충동을 쫓아서 행동하는 일은 없으며 만사에 질박하다. 이런 뜻에서 이 수형인은 진취의 기풍을 기르도록 함이 제일이다. 그리고 이성이 지나치기 때문에 타인을 신용할 수가 없어서, 경계심이 많은 것등을 삼가할 것으로서, 좋은 벗들을 만들수가 없게 되기 때문이다.

연애: 이 수형인은 이지적(理知的)이기 때문에 이성교재에도 맹목적이 못된다. 연애에 있어서도 너무나 신중하게 대처하려 하므로 이러한 태도는 좋은 뜻으로나 나쁜 뜻으로나 문제가 있다.

이러한 연애나 이성교제는 상대방을 초조하게 만들게 될 것이며 뜨뜨미지근한 늙은이 끼리 교재 같은 연애라 할 수 있겠다. 그러나 정에 쉬 빠져들지 않는 미점은 최후에 승리를 얻었을때 좋은 가정의 좋은 남편, 좋은 아내가 되어 안태로운 결혼 생활을 보내게 된다.

그러므로 이 수형인은 조금만 더 꿈과 화려함을 갖고 연애할 것이다.

직업: 이 수형인은 학구적이므로 실사회에 들어가서 활동하는데는 맞지

않는다. 오히려 서재나 연구실에 틀어 박혀서 철학이나 종교등을 탐익함이 가장 좋다고 할 수 있다. 그러므로 교육 철학 이학(理學)과 같은 정신적 혹은 연구적인 방면에 진출함이 성공의 비결이다.

(6) 첨두형~공상적인 손(空想的手型)

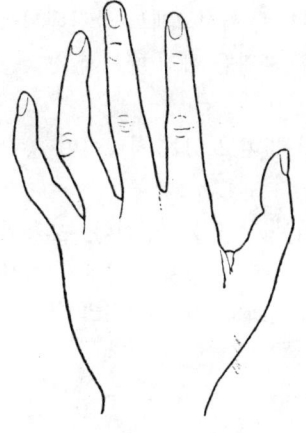

변덕스런 극단적인 성격의 소유자. 뛰어나게 우수한 미적재능과 낭만적인 감각은 예술면이나 정신적인 방면에 있어서 일약 명성을 올리게 된다.

손모양 : 이 손모양의 특징은 첫째로 손이 비교적 작고 손가락이 가늘고 부드럽고 예쁜 모양이 특징이다. 손바닥은 좁고 길죽하고 손가락도 끝쪽으로 갈수록 차츰 가늘어 연하고 부드러운 모양을 갖추며 손가락 끝은 뾰죽하고 엄지가락도 작다. 살결이 희고 매끄러워 이른바 뱅어(白魚) 같은 손가락이라 일컫는 것이 바로 이 수형이다.

성격 : 이 수형인 사람은 매우 신비적이며 감정가 이다. 아무튼 직감력이 예리하고 시적(詩的)인 정감(情感)이 풍부한 사람이라 할 수 있다.

언제나 공상을 탐익하고 아름다운 것이나 이상을 쫓고 동경해서 현실을 직시할 수가 없는 사람이 많다.

그래서 실제 생활에 등한하고 아름다운것과 사치스런것에 마음을 빼앗기고 현실사회에서의 행동에 대해서는 실행력이 거이 없다고 해도 되는 사람이다.

몹시 감정적이기 때문에 질서적인 일이나 단체 생활을 해 낼 수가 없으며 본래부터 체질이 약한 사람이 많다.

다만 이 수형이 좋은점은 매우 감각적으로 예리한 점과 신비성을 갖추고 있는 것이다. 그러므로 이런 사람은 예언자나 신앙의 세계에 들어가게 되면 그 특이한 영능(靈能)을 충분히 발휘하게 되어서 특이한 존재가 될 수 있다.

다만 자칫하면 기이한 것 만을 쫓는데에 지새다가 어느 사이엔가 세상의 낙오자 패잔자가 되는 경우도 있으니 각별 주의할 것이다. 그러므로 이 수형인은 엄연한 현실을 직시해서 한발한발 실생활을 분명한 태도로서 해나갈 것이다.

연애 : 이 수영인은 꿈과 공상을 매우 중히 여기는 사람이다. 그러므로 한번 연애에 빠져들었다하면 끝간데까지 폭빠져들고 만다. 이것은 좋은 뜻으로나 나쁜 뜻으로나 주의해야 된다.

놀기 좋아하고 향락을 탐익하기 쉬운 성격이므로 이성교재도 문란해져서 신체가 그리 튼튼치도 못함에도 불구하고 문란한 생활을 하기 때문에 건강을 해치게 되는 일도 생기기 쉽다.

이 수형인이 남자일 때는 약간 우아한 여성미를 띠고 있는 사람이며 향락만 쫓는 사랑을 하게 되므로 주의가 필요하다.

직업 : 신비적인 감각이나 공상적인 면을 살리는 직업이 제일이다. 보통의 실무적인 직업으로 나가는 것은 절대 금물이다. 가끔 세상을 비관해서 자살을 기도하는 사람들 중에 이런 딜레마에 빠진 결과에 의한 것이다.

(7) 혼합형~잡종의 손(雜種手型)

이것은 이때것 기술해온 형이 두 종류이상 섞여 있는 손을 말하는 것이다. 보통 두손가락 모양이 동일형이고 다른 두손가락이 다른 종류인 동일한 형인 경우가 많이 있다.

이러한 잡종인 손은 그 다른 모양인 손가락이 나타내는 성격과 지식을 역시 혼합해서 소유하게 된다. 즉 그만큼 인간이 복잡한 성격이나 사고방식을 갖고 있게 마련이다. 그 반면 완전히 한 종류의 틀에 밝힌 한가지 수형에만 딱 들어 맞는 사람은 성격이나 생각이 앞에 각 수형란에 적은 그대로 한 쪽으로 치우치게 되는 것이다.

요컨데 잡종형 손을 갖인 사람은 여러가지 재주가 많은 사람이다. 말재주 손재주를 모두 갖춘 타입의 사람으로서 사교성이나 붙임성이 많으며 무엇을 시켜도 대개 다 해내는 사람이 많은 것이다.

그러나 이 잡종 수형인도 뜻과 생각을 가다듬어서 사물을 꾸준히 한 길로 계속 해가도록 한다면 그 사교성과 재주 많은 것이 장점이 되어 다른 사람보다 빨리 성공의 첫발을 쌓게 될 것이다.

제 2 장 손금과 그 판단법

1. 손금의 기본선

(1) 생명선

　엄지손가락밑의 부푸름(母指球)에 붙은 듯이 집게손가락(둘째손가락) 밑에서 손목쪽으로 향해 달리는 선을 말한다.
　이 선은 엄지손가락과 밀접한 연결이 있으며 그 움직임에 의해 나타나기 쉬운 것이다.
　육체의 강약 등을 보는데 이 선이 확실히 되어 있는 사람만큼 스테미너가 있고 남성도(男性度)가 높은 사람이다. 생명선의 장단(長短)이 수명의 장단처럼 말하고 있으나 수명을 좌우하는 것은 아니다.

(2) 두뇌선

손바닥에서 옆으로 비스듬히 그어져 있는 선으로 수상학상 가장 중요한 선으로 이선이 흩어져 있으면 다 선이 조금 좋아도 성과를 올리기는 곤란하다 이 두뇌선을 주의 깊게 조사해 보면 장래를 예지할 수가 있는 것이다. 이 선은 주로 운동능력, 관심, 지적능력의 강약, 적

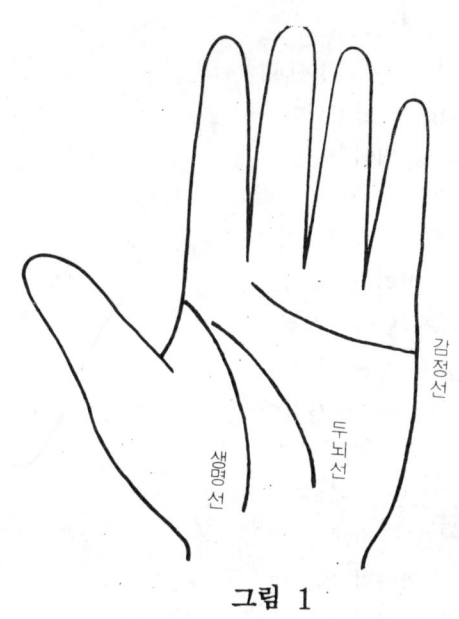

그림 1

직(適直)의 선정 등 본다. 어떤 사람에게도 있는 절대적인 선으로 길고 깊게 흩어짐이 없는 것이 이상적이다.

(3) 감정선

새끼손가락 아래쪽에서 거의 가운데손가락과 집게손가락 사이를 향해 커브하면서 흐르고 있는 긴 선을 말한다. 선 가운데에서는 비교적 움직임이 적은 새끼손가락, 약손가락의 동작과 관계가 깊은 것이다. 즉 손의 무의식적인 움직임과 연결하여 접촉한다든지 만진다든지 하는 감각적인 움직임과 연(緣)이 깊은 선이다.

그 사람의 대인관계, 감정의 표현, 부자간이나 형제 등의 육친애, 우정, 사제애, 남녀간의 연정, 휴머니즘의 정신 등도 포함되어 있다. 이 선은 어디쯤에서 시작되고 있는가에 따라서 여러가지 선의 성격이 바뀌어진다.

(4) 재물선(그림 2)

그림 2

이 선은 감정선과 두뇌선이 합치되어 하나로 되어 있는 것이다. 2백명에 한 사람이나 두 사람쯤 이런 선의 소유자가 있다. 이런 수상을 가진 사람은 상식적으로는 생각할 수 없을 만큼 집착심, 집념이 강하다 쓰러져도 절대로 그냥 일어나지 않으며 길에 떨어져 있는 것이라면 말똥이라도 붙잡으려는 성격이라 할 수 있다. 속설에 의하면 내는 것이라면 혀도 아깝는 대단한 구두쇠라고 하는데 동양 수상에서는 거부의 상이라고 한다.

그러나 이 수상의 소유자로 물욕에 담박한 사람, 학문, 예술, 예능방면으로 이름을 날린 사람도 많으므로 속설은 맞지 않는다고 할 수 있다.

2. 손의 언덕(丘)과 살붙임

보통 손가락에서 살이 붙은 곳은 볼록 부풀어 있다. 이 부분을 언덕(丘)이라고 하며 움푹한 부분을 평원이라고 한다. 언덕은 손금, 모양 등과 더불어 수상학에서는 중요시 되어 있다(그림3).

감정의 포인트는 언덕의 발달, 융기되어 있는지, 탄력이 있는지를 보는 것이다. 그 상태에 따라 그 사람의 정신적인 것이나 건강, 운세를 판단할 수가 있다. 높이는 다른 언덕과 비교할 것이다.

(1) 금성구(金星丘 = 엄지손가락에서 살이 붙은 부분)

인간의 정의 움직임을 나타내는 장소이다. 애정, 우정, 동정 등 인간적인 따뜻함이 있는지 없는지, 관용이나 화목한 마음, 또 가정이나 건강상태를 알 수 있다.

융기(隆起)해 있는 사람 — 풍부한 심정의 성격으로 넓고 밝은 마음의 소유자이다. 인간관계를 중요시하므로 많은 사람들에게 흠모를 받는다.

이성에 대한 정열이 넘쳐 있어 부부애, 육친애도 건전하다. 건강하고 스테미너도 충분히 있다. 다만 너무나 매사에 선의로 해석하므로 사람에게 속기 쉬운 성격이라 할 수 있다.

뛰어난 스포츠 선수, 특히 씨름선수나 프로레슬러로서 성공하는 사람은 이 곳과 더불어 월구(月丘)도 발달해 있다.

여성은 금성구와 월구가 스마트하고 갸름할수록 성적매력이 풍부하다.

지나치게 융기된 사람 — 정에 빠지기 쉽고 맹목적인 애정의 소유자이다. 화려하고 사치성에 치우치기 쉽고 위험하다고 알면서도 점점 진흙

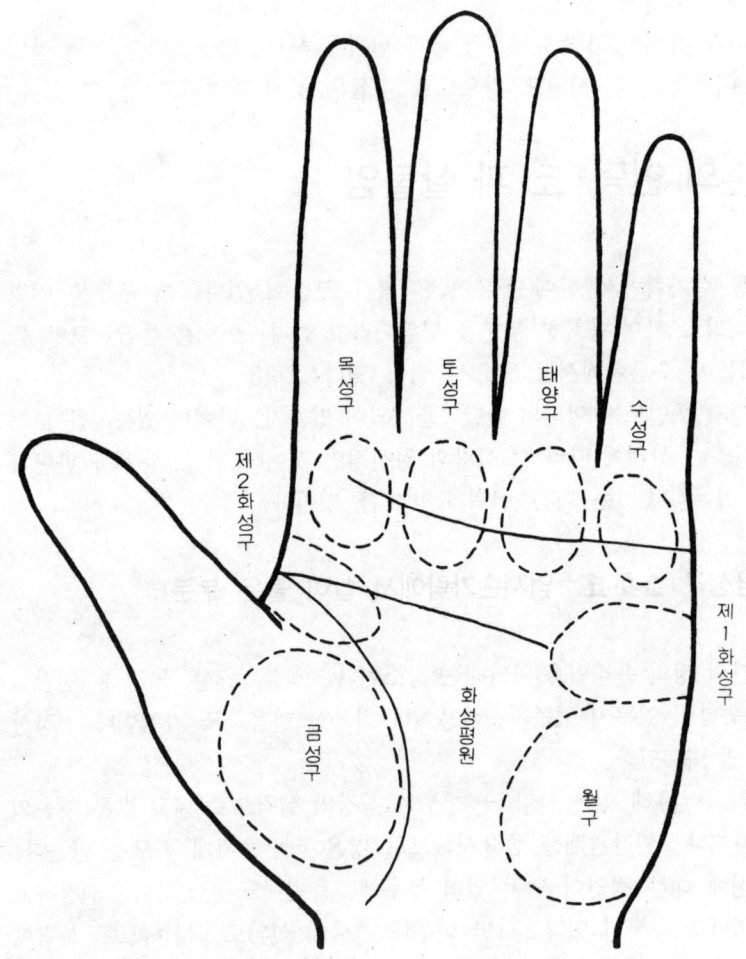

그림 3

속으로 빠져들어간다.

정욕의 포로가 되어 어쩔 수 없이 된다든가 용모에만 구애되어 불안한 결혼을 하기도 한다.

융기되지 않은 사람 – 성격은 차갑고 어두운 음기의 느낌을 사람에게 준다. 아욕(我欲)이 강하고 남의 일을 생각하지 않기 때문에 어느새 고독한 경우가 되고 만다. 건강도 별로 좋지 않은 편이다.

남성은 얼음처럼 냉혹한 성격의 소유자라고까지 말들하지만 여성은 불감증이 많다고 한다.

(2) 월구 (月丘 = 금성구와 대응하는 새끼손가락 밑부분)

공상의 신비성, 예술적 센스 등을 나타내고 있다.

융기되어 있는 사람 – 공상, 상상이 풍부하고 예민한 성격을 갖고 있으므로 문학, 예술 등의 세계로 뻗어갈 소질이 있다. (단, 이 부분만 판단해서는 안된다.)

이 부분이 발달해 있어도 금성구가 발달하지 않은 경우는 이기적이 되고 차가운 느낌의 사람이다.

지나치게 융기된 사람 – 과대망상적인 경향이 나타나 있다. 상식에서 벗어난 사고방식을 하고 허풍을 떨지만 잘 수습하지를 못한다.

어디까지나 자기 본위로 멋대로의 태도가 표면에 나타나므로 사람들한테서 경원되어 불행을 초래하는 일이 적지 않다.

융기되지 않은 사람 – 상상력이 모자라고 장래를 내다보지 못하며 사물을 표면으로 판단하기 쉽다.

판에 박은듯이 규칙적인 나머지 평범한 생활밖에 할 수 없다. 그러므로 인간미도 없고 언제까지나 진보가 없는 단순한 인간이라고 한다.

(3) 목성구 (木星丘 = 집게 손가락에서 살이 붙은 부분)

인간의 향상심을 나타내지만 특히 지배, 야심, 명예, 권세욕 등이 모양으로 나타나 있다. 신체에서는 소화기의 건강도를 나타낸다. 주름에 의해 현재의 컨디션을 알 수 있다.

융기되어 있는 사람 — 사람에 사용되는 것을 싫어하고 자기의 능력으로 인생을 개척하려고 하는 독립심이 강한 성격이다.

밝고 쾌활하며 선량한 사람이 많으며 또 경제적으로도 유복하나 비교적 외골인 데가 있다. 생활력도 왕성하며 관리를 비롯 사회인으로서 성공할 타입이라 하겠다.

그러나 신분이나 지위에 구애되는 경향이 있어 명예를 버리고 실(室)을 취하기가 어려운 성격이다. 회사원이라도 조합활동 등을 열심히 하기도 한다. 찬사와 아첨을 혼동하기 쉬운 면도 있다.

지나치게 융기된 사람 — 교만 무례한 성격으로 욕심이 많고 독점욕이 강해 적을 만들고 결국은 사람한테서 눈밖에 난다. 수입에 관계없이 허영심을 지나치게 부려 몰락해가는 경우도 많다고 한다.

융기되지 않은 사람 — 향상심도 자존심도 없이 사람에 사용되는 것을 감수하고 시종 비굴한 태도인채 일생을 보낸다. 성공을 바랄 수 없는 타입이다.

(4) 토성구(土星丘＝가운데 손가락에서 살이 붙은 부분)

사려, 분별, 근면, 연구심, 고독감 등에 관련이 있다. 신체로는 혈관, 심장, 간장의 건강도를 나타내고 있다.

잔주름이 많이 나타나 있을 때는 신중함이 지나쳐 좀처럼 생각대로 일이 진행되지 않는다던가 싫은 일이 일어나기 마련이다.

융기되어 있는 사람 — 사려, 분별이 있고, 지식욕 왕성, 인내력이 강하고, 대단한 근면가이다. 대인관계는 원만하고 순박하여 신뢰할 수 있다.

지나치게 융기된 사람 — 우울증, 노이로제 등의 경향이 강해진다. 사교성이 부족하다기 보다 시기심이나 경계심이 앞서고 흉금을 열고 사람과 대화하는 일을 꺼린다. 자연히 배타적이 되고 자폐적인 경향이 강해져 간다.

학자나 종교가 등 금전에 관계없이 학문이나 신앙에 몇 10년씩 파묻혀 있는 사람은 이 부분이 발달해 있다.

융기되지 않은 사람 — 사려가 부족하기 때문에 사물을 간단히 결론짓고, 경솔 등으로 하여 실패하는 수가 많다고 한다. 의리, 인정이 부족하고 의심이 많고 비관적인 견해를 갖고 있다. 젊은 사람은 융기되어 있지 않고 장래는 달라진다.

(5) 태양구 (太陽丘 = 약손가락에서 살이 붙은 부분)

금전운, 예술적 센스, 아이디어, 정신력 등을 나타낸다. 신체에서는 신경계통의 발달 상태를 나타내고 있다.

종의 주름이 확실하든지 살붙임이 좋을 때는 강운이라 한다.

융기되어 있는 사람 ― 개방적인 성격으로 희노애락의 감정은 확실히 얼굴에 나타낸다. 약간 감정적으로 조금 짜증내는 면도 있으나 사람에게는 친절하다.

심미안이 날카롭고 재능의 폭도 넓으며 찬스를 잘 포착하는 감각도 있고 비교적 젊었을때 명예와 부를 손에 쥔다. 예술에 대해서 뛰어난 소질, 재능이 있는 사람이 많다고 한다.

융기되지 않은 사람 ― 정열이 없고 전혀 감동하지 않는다. 미적 감각도 없이 인간적인 면이 결여되어 있다.

(6) 수성구 (水星丘 = 새끼손가락에서 살이 붙은 부분)

사교성, 기지, 연구심, 연설, 상재 등을 나타낸다. 신체에서는 흉부, 하반신의 건강도를 나타내고 있다.

융기하고 있는 사람 ― 머리의 움직임이 기민하고 회전이 빠르며 사물의 찬스를 포착하는 타입이다. 사교술이 뛰어나므로 사람과의 교섭, 임기응변도 잘한다. 달변으로 설득력이 있고 부하를 자기 생각대로 움직이는 능력을 갖고 있다.

깊고 조용한 표정의 소유자로 행복한 가정을 만든다. 법률가, 실업가, 외교관 등의 직업에 어울린다.

지나치게 융기된 사람 ― 간특한 꾀가 있어 궤변가적인 성격이다. 강욕에 기우는 편이고 사람을 잘 속이고 입발림 정도는 태연히 한다.

배우자 외에 애인을 만든다 해도 곧잘 비밀을 지킨다.

(7) 화성구(火星丘)

이 언덕에는 제1화성구(목성구와 금성구의 중간부분), 제2화성구(수성구와 월구 중간부분)가 있다. 제1을「적극」, 제2를「소극」형이라 부르고 있다. 정의감, 공격력, 반발력을 나타내고 있다.

제1, 제2화성구가 더불어 융기해 있으면 의욕과 인내력을 갖고 인생을 걸어갈 수가 있다.

제1화성구가 융기하여 제2화성구가 융기하지 않은 사람은 무작정이 되기 쉽고 견실한 인생을 살아갈 수가 없다. 제2화성구가 융기되어 있고 제1화성구가 융기되지 않은 사람은 모험적인 인생을 살 수가 없으므로 싱거운 사람이라 할 수 있다.

제1화성구가 융기된 사람 — 행동력이 풍부하며 한번 결심한 일은 곧 행동으로 옮겨 관철하는 의욕을 갖고 있다. 대단한 생활력의 소유자이다.

제1화성구가 지나치게 융기된 사람 — 기가 거칠고 폭주하기 쉬운 성격이다. 후회하는 일이 많은 듯 하다.

제1화성구가 융기되지 않은 사람 — 의지가 약한 타입이다. 출발은 좋아도 중도에서 정지하고 행동을 일으켜도 자신이 없어 중지하고 만다. 생활력이 약함으로 현대사회의 거친 파도를 이겨내기는 어렵다고 하겠다.

제2화성구가 융기된 사람 — 외부로부터의 곤란, 신고(辛苦)에 견디며 내부의 욕구나 불만을 냉정히 억제할 수 있는 타입이다. 한 번이나 두 번의 실패는 고통으로 알지 않고 이겨내고 만다.

제2화성구가 지나치게 융기된 사람 — 밟히고 밟혀도 자라는 잡초처럼 강한 생명력이 있다. 지능이 뛰어난 사람은 한가지 일에 파고들어 완성시키는 타입이다.

⑥제2화성구가 융기되지 않은 사람 — 고통을 견디지 못하는 약한 사람이다. 욕구, 소망이 실현되지 않는다고 알면 곧 비관적이 된다. 재능이 있어도 모두 중도하차로 불운한 인생을 보내는 수가 많다.

(8) 화성평원(火星平原)

언덕을 제외한 손바닥이 오목한 부분이다. 여기에는 오목하다기 보다 평탄한 것이 표준이다.

이 부분이 살찐 사람은 생활력이 왕성하다. 자아가 강하고 오만하고 강인해지는 수가 있다. 특히 오목한 사람은 생활력이 박약함을 나타낸다.

생명선(금성구) 쪽으로 오목해진 사람은 가정적인 고민이 있던가 병약하다.

감정선(태양구, 수성구) 쪽으로 오목해진 사람은 애정문제로 번민을 이르킨다.

운명선(가운데손가락을 향해 상승한 선)에 따라 특히 오목해진 사람은 금전면으로 번민한다던가 대인관계로 실패하는 등 고독한 성격이다.

3. 손금 보는 법

생명선, 두뇌선, 감정선 3대선 외에도 여러가지 선이 있다. 그러한 선을 잘 관찰하여 감정하는 것이 중요하다. 이밖에 언덕이나 손 모양 등의 관찰도 필요하고 무엇보다도 인상과의 관련을 잘 보아야 한다.

3대선 이외의 손금은 크게 나누어 운명선, 태양선, 결혼선, 희망선, 부감정선이다.

(1) 생명선 보는 법

생명선이 길고 확실한 것은 건강하고 수명이 길다 하겠으나 결코 낙관해서는 안된다. 건전하지 않다고 하여 비관할 필요는 없다. 다른 선과의 비교도 중요하며 그 사람의 생활태도에 의해 변화하여 좋게도 나쁘게도 되기 때문이다.

좋은 생명선이란 출발점이 집게손가락과 엄지손가락 중간에 있고 한 선이 되어 중도에서 급히 구부러지든가 꺾이지 않고 손목까지 담홍색으로 중도에서 다른 색이나 반점이 없는 것이다.

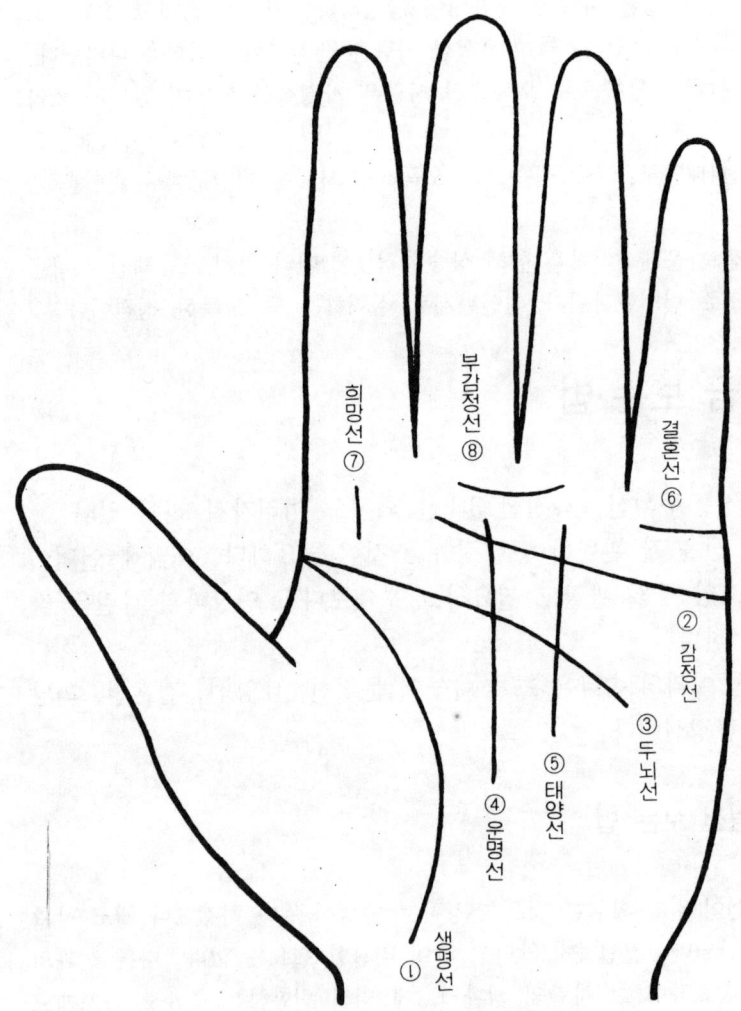

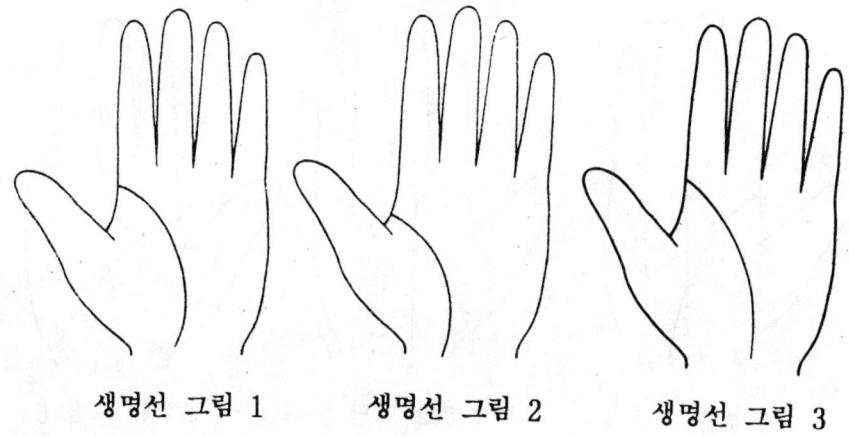

생명선 그림 1   생명선 그림 2   생명선 그림 3

①집게손가락에 가깝게 위에서 출발(생명선 그림1)
 야심만만하고 무슨 일에나 적극적으로 대처하는 성격이다. 향상심, 공명심이 있으므로 항상 전진자세로 살아가는 의욕이 있다. 대개에 있어 장수 성공적 타입이라 한다.

②엄지손가락에 가깝게 하부에서 출발(생명선 그림2)
 적극적으로 사물을 처리하는 의욕이 결여된 성격이다. 자기억제를 못하고 사람과 다툼을 한다거나 상사에 반항적이 되기 쉽다. 두뇌선이 좋지 않으면 문제는 커진다.

③집게손가락에 가장 가까운 상부에서 출발(생명선 그림3)
 야심에 넘쳐 자신만만하고 적극적으로 무슨 일이든 행동에 옮기는 성격이다. 그러면서 근면한 면이 있고 자기 규제도 되며 목적을 향해 전진하여 달성한다. 장수의 상이라 하겠다. "몇 살까지 살겠어요?"하고 묻는게 일수다. 생명선의 경우, 유년법(流年法)으로 보면 어느 정도 이해될 것이다. (생명선 그림4)
 손을 펼쳐보고 집게손가락과 가운데손가락 사이의 사타구니를 A, 그리고 B, C라는 식으로 손바닥 측면에 평행선을 긋는다. 실제로 볼펜 등으

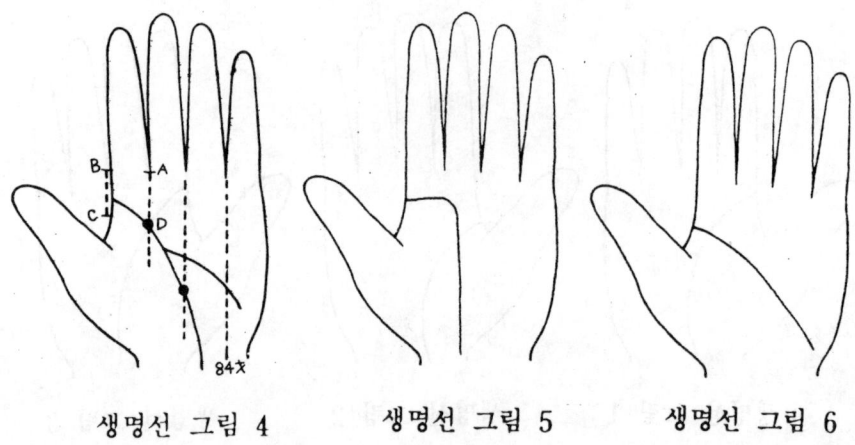

생명선 그림 4　　　생명선 그림 5　　　생명선 그림 6

로 선을 그어보면 잘 안다.
　이 가상선이 생명선과 교차된 점D를 21세로 보고, C-D의 길이를 생명선 아래로 연장해 간다. 이 경우, 위에서 아래로 흘러간다고 본다. 이 시간, 세월의 흐름에서 그 사람의 "수명"을 생각한다.
　80세 이상의 수상을 잘보면 알 수 있으나 생명선이 손목 가까이까지 뻗어있다든가 개중에는 완전히 손목까지 뻗쳐있는 예마져 있다.
　그림 생명선에 대해 더 연구해 보자.

　④급커브로 직하(생명선 그림5)
　금성구에 가깝게 커브되어 있는 사람은 정신적으로는 무슨 일도 생각하나 물질적으로는 약한 성격이다. 현실의 격한 사회의 황파로 살아갈 의욕이 부족하고 몸도 건강하다고 할 수 없다. 남성적 매력에 결핍, 성적으로도 약하다 하겠다. 여성은 자궁에 고장이 많다고 할 수 있다.

　⑤하강하여 월구로 향한다(생명선 그림6)
　물질적인 것에는 별로 관심이 없고 정신적인 면을 중시하는 성격이다. 그러므로 현실생활을 강하게 사는 능력이 결핍되고 금전면에서도 풍부치 못하다. 허약체질이라 할 수 있고 병에 걸리면 길어질 위험성이 있다.

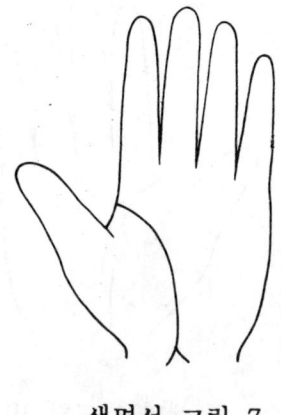
생명선 그림 7

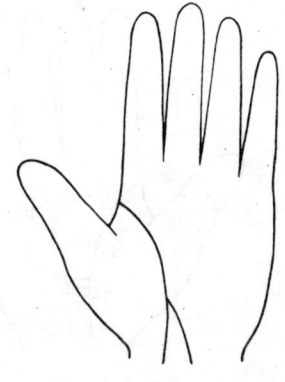
생명선 그림 8

말단이 작게 두 갈래로 갈라진 경우(생명선 그림7)

이 경우는 그 연령에 건강을 해친다든지 과로가 되기도 한다. 연령은 앞의 유년법으로 대체적인 일을 알 수 있다.

그림7은 노년기에 해당하므로 나이에 따라 과로 따위를 생각치 않고 인간 도크에 들어가서 정밀검사를 하는 등 조기 예방과 충분한 휴양이 중요하다

말단이 크게 갈라져 공간이 넓은 경우(생명선 그림8)

이 경우는 여러가지 일이 있다. 주거가 변한다든지 전직, 탈직장 등 환경의 변호를 나타내고 있다. 이런 것은 중년 이후에 일어나므로 고생, 마음고통 같은 것이다. 이 선이 있는 사람은 중년까지의 활동 중에 물질적·정신적으로도 생활을 충실하게 해둘 필요가 있다.

그러나 육체적으로도 불안이 있고 싫증이 나가 쉬운 성격이므로 중년까지 그러한 일의 실행이 어렵다고 볼 수 있다. 만약 여기에 훼손 등이 있으면 유랑생활을 보내는 것을 암시하고 있으므로 주의해야 한다.

생명선에서 갈라진 선이 수경선을 향해 직하하고 있으면 늙으면서 정력이 성하는 타입으로 만년운이라고 한다.

이 밖에 갈라진 선이 수경선을 향해 직하하고 있으면 생식기, 신장,

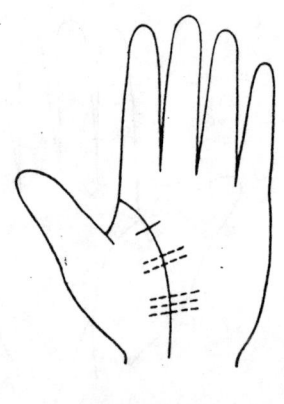 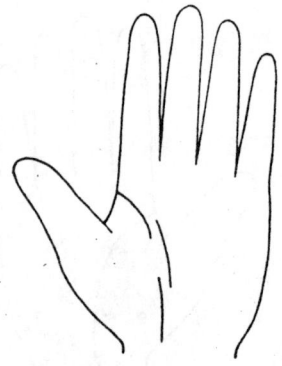

생명선 그림 9   생명선 그림 10

간장 등에 장해가 일어나기 쉽다고 한다. 갈라진 선이 구불구불한 것은 불섭생, 불양생으로 일찍 노화하고 가정적으로도 은혜롭지 못하다.

생명선을 가로지른 선(생명선 그림9)
생명선에 다른 선이 분명히 횡단해 있는 경우에는 여러가지 사건이 일어난다고 볼 수 있다.
그림9의 1선과 같이 한 가닥의 다른 선이 횡단하고 있음은 돌발적인 병, 재난이 일어나 생명의 위험성마저 있으므로 충분한 주의를 요한다.
그림9의 2선과 같이 두 가닥의 다른 선이 있는 것은 소화기 계통이 약한 사람에게 흔히 발견된다.
그림9의 3선과 같이 세 가닥이나 가로지른 경우는 그 연대에 제3자로부터 간섭 개입을 받아 정신적인 타격이 크고 실의의 밑바닥이라는 것을 나타낸다. 여성의 경우는 허약체질이기도 하다.

가지런하지 않은 생명선
생명선이 중도에서 끊긴 경우 그 연령인 때 큰 병에 걸리는 수가 있다. 그리고 끊겨 있는 간격이 길수록 나쁘다고 한다.
선이 중도에서 끊겨 있어도 생명선 그림10처럼 생명선이 끊긴 부분에

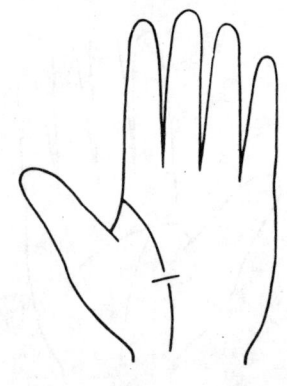
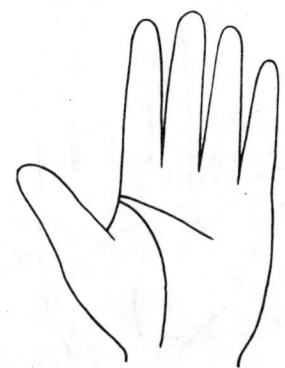

생명선 그림 11   두뇌선 그림 1

평행선이 있으면 큰 병에 걸렸어도 회복이 빠름을 나타낸다.
　생명선 그림11처럼 선이 중도에서 끊기고 횡선으로 끊겨 있을 경우, 병에 걸리기 쉽고 양 손의 선이 같으면 회복은 어렵다고 할 수 있다. 그러나 한쪽 손이 끊겨 있지 않으면 빨리 회복되므로 이 때에는 양 손을 보는 것이 필요하다.
　이 밖에 선이 끊긴 데가 어긋나 있는 것은 끊긴 데에서 큰 병을 앓는다. 작게 사행(蛇行)하여 층층으로 되어 있는 여성은 난병의 상이다. 점선처럼 갈기갈기 끊겨 있는 것은 소화기, 호흡기 계통이 나쁘고 허약체질이라 할 수 있다.

(2) 두뇌선 보는 법

　두뇌선은 그 사람 두뇌활동의 우열을 나타내는 것으로 가장 인간적 특질을 나타내고 있다.
　건전한 두뇌선이란 출발점이 집게손가락 밑의 생명선과 스칠정도로 가까이 있든가 동일하게 되어 있다. 선이 문란하지 않고 한 가닥 명료한 선으로 되어 조금 하강하면서 태양구 아래까지 뻗어 있다. 출발점에서 끝까지 담홍색으로 중도에 다른 색채나 반점이 없어야 한다.

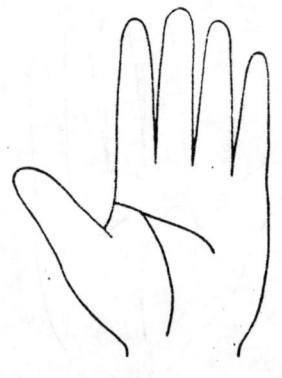

　　　　두뇌선 그림 2　　　　　　　　두뇌선 그림 3

생명선 상부에서 출발(두뇌선 그림1)
　생명선과 스칠 정도의 상부나 약간 위에서 출발하고 있는 것은 목적을 향해 전진하고 활발한 행동력을 갖고 있다. 타인의 힘에 의존하지 않고 독립독보의 정신 소유자이다. 더구나 자신에 차 있고 자기의 마음을 억제할 수 있는 전형적인 남성적 성격이라 하겠다. 조금만 파란(波難)이 있어도 극복해 나가는 타입이다.

생명선과 같은 출발(두뇌선 그림2)
　두뇌가 우수하고 델리케이트한 신경의 소유자이다. 지긋이 생각하고 신중히 행동하지만 박력부족이 있다. 돌다리를 세 번 두들겨도 다시 한번 두들기는 성격이다. 그러므로 큰 실패는 없으나 찬스를 놓치고 후회하는 수가 곧 잘 있다.

생명선 아래에서 출발(두뇌선 그림3)
　신경과민으로 작은 일로 흥분한다거나 곧 감정적으로 되기 쉽다. 그러나 상식은 풍부하고 계획성은 있으며 사람을 좋아하는 면도 있다. 적극성이 결여되고 모처럼 우수한 두뇌를 갖고 있어도 실력을 충분히 발휘하지 못한다. 사교성이 없으므로 대인관계에 문제가 있기도 한다.

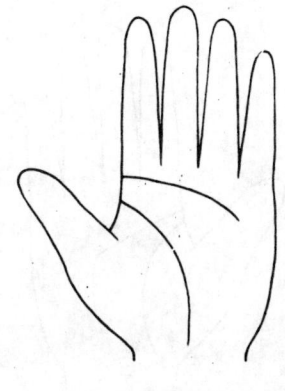
두뇌선 그림 4

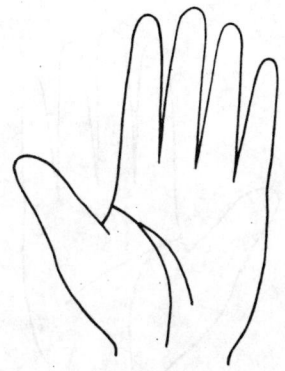
두뇌선 그림 5

생명선과 동떨어진 위에서 출발(두뇌선 그림4)
생명선과의 간격이 떨어질수록 사려의 깊음보다는 행동의 강함을 나타낸다. 계획성도 없이 생각나는 대로 행동을 하며 많이 떨어져 있는 경우는 분별없는 일을 저지르기도 한다.

생명선과 평행하고 화성평원에서 끝나는 경우(두뇌선 그림5)
이 경우는 사물을 공상적으로 생각하고 현실에 별로 맞지 않으므로 활기가 없고 행동력이 없는 성격이다. 거기에다 의뢰심이 강하므로 사회에서 살아가기에는 고생이 많다.

완만한 커브를 그리고 월구에서 끝나는 경우(두뇌선 그림6)
이 경우는 상상력이 있고 예리한 센스도 있다. 사고방식은 현실적이며 의지가 강하고 행동력도 있으므로 재능을 살려 사회에서 활약할 수 있다.

수평으로 뻗어 종점쪽에서 월구로 향해 하강한 경우(두뇌선 그림7)
이 경우는 이상적인 사고방식의 소유자인 동시에 창조력이 풍부하다. 독주를 하지 않고 치밀한 계산을 한 뒤 행동하기 때문에 지능을 모두 활

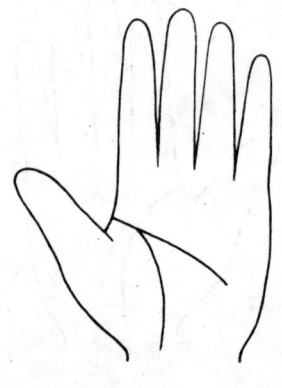
두뇌선 그림 6

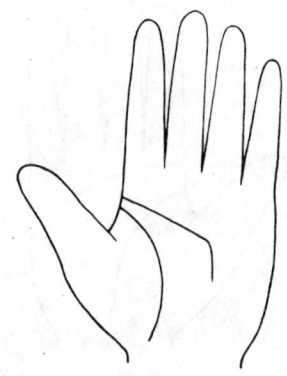
두뇌선 그림 7

용, 성공할 수 있는 타입이다.

생명선과 평행해서 하강. 생명선을 가로질러 손목으로 뻗힌 경우(두뇌선 그림8)

이 경우는 소심하고 기가 약한 면이 있으며 다분히 우울한 성격이다.

두뇌선은 말단에서 변화가 있고 그것에 의해 그 사람의 성격 등을 나타낸다고 할 수 있다.

두뇌선이 두 갈래로 갈려 있는 경우는 일면의 재능이 있다. 이것은 양친의 성격 차이를 이어받았다고 할 수 있다. 직감력이 예리하고 결단력이 있으며 사물을 잘 처리하며 사교성도 풍부하다. 두뇌선이 두 가닥으로 갈라져 위의 선이 위로 향해 있는 경우는 상상력이 풍부하여 상재(商財)에도 뛰어나다. 장사나 영리적 사업을 하면 성공할 수 있다.

두뇌선의 말미가 포크상(狀)으로 갈라져 있는 경우는 델리케이트한 신경의 성격이나 너무나 감정적이고, 변덕스러우며, 침착성이 없다고 할 수 있다. 그래서 현실적으로 어떻게 살아가느냐에 문제가 있다.

두뇌선에 확실히 횡단선이 짧게 나타나 있고 두뇌선이 월구로 흐른 경우(두뇌선 그림9)

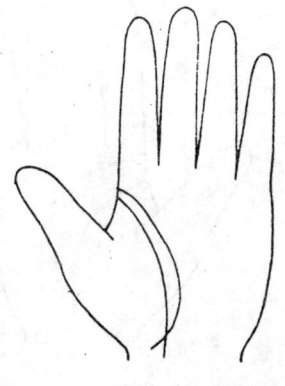
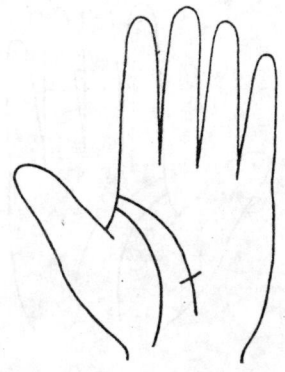

두뇌선 그림 8   두뇌선 그림 9

　무언가 한 사건에 열중하는 성격이다.
　두뇌선에 몇 가닥의 횡단선이 있는 경우에는 일에 있어서나 정신적인 충격에 의해 변화가 일어난다. 사회나 인생에 대하여 항상 회의적인 기분을 갖고 사람을 볼 수 있다. 신경질로서 보잘것 없는 일에 분노를 느끼는 성격이다.

두뇌선이 확실히 중도에서 끊긴 경우
　이 경우에는 유년법(流年法)에 의해 그 연령인 때에 생각치 않은 재난이 있거나 병에 걸릴 위험성이 있다.
　흔히 있는 것은 두뇌선이 끊겨 있고 그것이 3미리,정도 겹쳐 있는 경우(두뇌선 그림10)는 두뇌에 무슨 장해나 지장이 일어남을 의미하고 있다. 이것은 때로 사상적인 대전환이라고도 볼 수 있으나 두부의 부상 등을 나타내는 수가 많으므로 주의를 요한다.
　두뇌선이 쇠사슬처럼 되어 있는 경우 사고력이 산만하고 지능도 낮다고 한다. 발끈하기 쉬운 성격으로 한 가지 일을 끈기있게 해내는 기력은 없다.

조금 끊기고 두뇌선이 연결되어 있는 경우

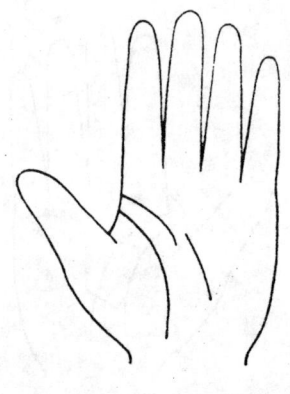 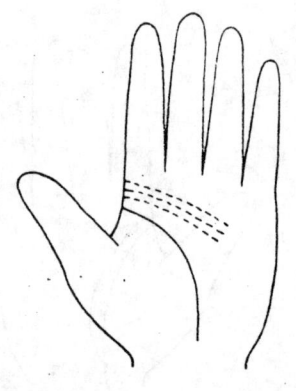

　　　　두뇌선 그림 10　　　　　　　두뇌선 그림 11

　사고력의 약함을 나타내고 있으며 앞서 한 말을 곧 바꾸는 등 정견(定見)을 갖지 못하므로 신뢰할 수 없다.

두뇌선이 점선으로 되어 있는 경우(두뇌선 그림11)
　이 경우에는 지능이 모자라고 사물의 판단이 약해 소극적인 성격이다. 또 건강을 해치고 있는 것을 나타내고 있으며 특히 두통에 괴로움을 당한다.

(3) 감정선 보는 법

　감정선은 표정선, 심정선이라고도 한다. 「인간은 감정의 동물」이라는 말이 있듯이 이 선으로 감정의 강약, 단순이나 복잡함을 보게 된다.
　건전한 감정선이란 출발점에서 종점까지 한 가닥의 선이 되어 있다던가 파상으로 되어 있는 등 도중에 끊기지 않는다. 두뇌선과 적당한 간격을 갖고 예쁜 활을 그리고 있다. 적당한 굵기로 길게 뻗어 있고 담홍색으로 반점 등이 없다.

①감정선의 길이

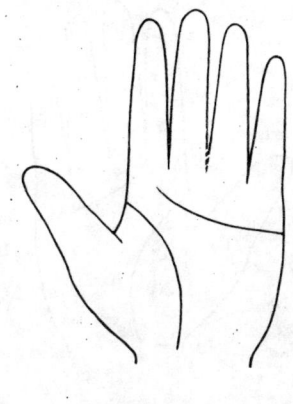 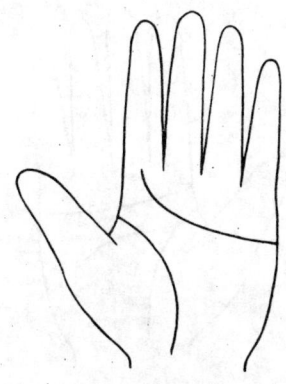

　　　　감정선 그림 1　　　　　　감정선 그림 2

　감정선의 종점은 가운데손가락 중심 바로 밑이 표준이다. 이것을 넘으면 길고 달하지 못하면 짧다고 하겠다.
　또 긴 경우, 짧을 경우, 그 종점이 어느 언덕쯤에서 끝났는지가 감정을 위해 중요하다.
　감정선이 길수록 정적인 성격이고, 정에 약하며 사물을 판단할 때 다분히 감정에 혼입되는 타입이다.
　감정선이 길고 두뇌선도 긴 경우, 정에 탐익되지 않고 적절한 판단을 할 수가 있다. 온정의 소유자로 대인관계도 좋고 가정도 원만하다. 두뇌선이 짧은 경우에는 애정문제 등으로 싸움이 일어나기도 한다.
　감정선이 짧고 두뇌선도 짧은 경우의 사람은 애정이 박하고 이기적이며 냉담한 성격이므로 대인관계가 좋지 않고 고립된다.

②감정선의 종점위치

종점이 집게손가락 하부. 목성구로 뻗어 있는 경우(감정선 그림1)
　애정이 풍부하고 동정심이 강하며 우정이 두터운 성격이다. 남성의 경우 여성에 대하여 순정이 지나쳐 혐오를 일으키므로 어떤 의미로는 여난의 상이라 하겠다.

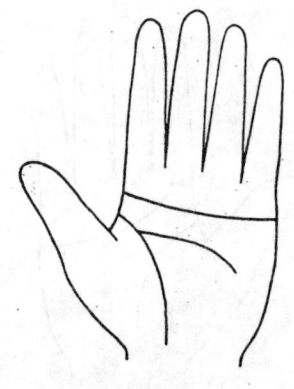

　　　　감정선 그림 3　　　　　　　　감정선 그림 4

종점이 집게손가락 밑으로 뻗은 경우(감정선 그림2)
　대단히 애정이 깊고 청순한 성격의 소유자이다. 상대를 너무 믿어 배신 당하는 수도 있다. 이런 때 정신적 쇼크는 클 것이다.

감정선이 목성구 바깥쪽으로 뻗은 경우(감정선 그림3)
　너무 긴 감정선을 갖고 있는 사람은 애정이 지나쳐 독점욕이 강하고 자기본위의 성격이다. 질투심이 강하기 때문에 사물을 왜곡해서 생각하는 면이 있다. 그 때문에 애정문제로 트러블을 일으키기 쉽다.

집게손가락과 가운데손가락 사이로 뻗어 있는 경우(감정선 그림4)
　애정은 대단히 두껍고 양식을 갖고 있어 성실히 사물에 대처해 나가는 성격이다. 육체적으로는 조숙하나 애정문제가 일어나도 착실하게 잘 처리해 나간다.

종점이 토성구와 목성구 사이에 멈춰있는 경우(감정선 그림5)
　깊고 강한 애정이 있어도 그것을 억압하려는 자제심이 강하므로 이성에 대해서는 소극적인 행동을 취한다. 그러므로 모두를 바쳐 사랑할 사람이 있어도 절대로 애정의 표현, 고백을 하지 않는다. 애정문제로 실패는 없

감정선 그림 5   감정선 그림 6

으나 고적한 인생을 보낸다.

종점이 생명선. 두뇌선 출발점에 합류한 경우(감정선 그림6)
격정적이면서 감정으로 완고하다. 더구나 사려분별이 없고 동정심이 없으므로 대인관계가 잘되지 않고 가정원만도 바랄 수 없다. 사회에 있어서는 타인에게 곧잘 이용되는 수가 많아 손해보는 성격이다.
여성이 이 수상을 가진 경우 여자다움이 결여되어 애정에 기복이 심한 성격이라 하겠다. 남성의 참된 애정을 붙잡지도 못하고 자기의 본심은 고백도 못한다. 가령 결혼해도 가정이 원만하지 못하다.
이 밖에 종점이 두뇌선으로 들어간 경우 애정보다도 일만 아는 성격이다. 그 때문에 타인에 대한 동정심이 없고 가령 상대의 기분이 어떻든 연애에 빠지는 기분은 조금도 없다. 직무 일변도라는 것은 어떤 면에서 보면 참으로 훌륭하나 애정면에서 보면 참으로 고적한 데가 있다. 이런 상을 가진 사람은 그것을 느끼지 못하는 수가 많다.

③감정선 말단의 변화
감정선 말단의 변화에 의해 그 사람의 성격, 운명을 볼 수가 있다. 육친애, 남녀의 애정만이 아니라 휴머니즘까지 나타내고 있다.

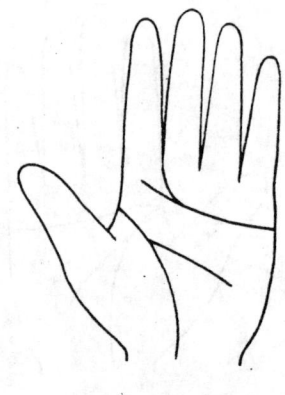
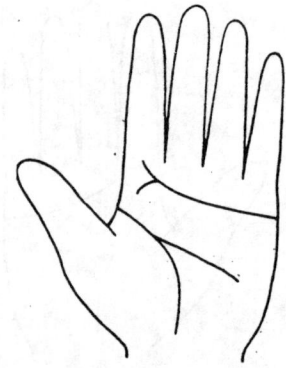

　　　　감정선 그림 7　　　　　　　감정선 그림 8

　말단이 두 가닥으로 갈라져 한 가닥이 목성구 한 가닥이 집게손가락과 가운데 손가락 사이로 들어간 경우(감정선 그림7)
　애정이 풍부한 성격을 나타내고 있다. 더구나 애정에 탐닉되지 않으므로 즐거운 애정생활을 보낼 수가 있다. 연애할 때 라이벌이 있어도 승리자가 될 수 있다.

　말단이 두 가닥으로 갈라져 한 가닥이 목성구. 한 가닥이 하강하여 화성구를 향해 있는 경우(감정선 그림8)
　쉽게 뜨겁고 쉽게 식는 성격으로 연애를 해도 곧 권태로워 길게 계속하지 못한다. 그러면서 연애에 파정을 초대하면 정신적인 타격을 받는다.
　아래를 향하고 있는 선이 엄지손가락까지 뻗어 있으면 그때의 쇼크를 강하게 나타내고 있으며 처음에는 장난끼였으나 어느새 진정한 사랑이 되었으나, 상대는 그 사람의 애정을 믿지 않고 헤어지게 되고 만다. 이 때의 마음의 고통은 깊다고 하겠다.

　말단이 세 갈래로 갈라져 있는 경우(감정선 그림9)
　팔방미인적인 애정의 소유자이다. 상태가 좋은 것은 좋으나 그 이상 진전하지 않고 진정으로 행복한 애정을 얻을 수는 없다.

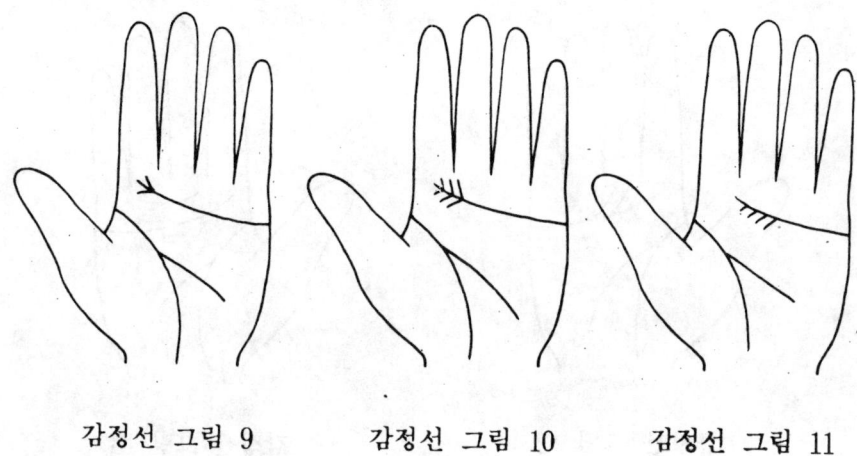

감정선 그림 9   감정선 그림 10   감정선 그림 11

④감정선의 지선(枝線)
 감정선에는 여러가지 지선(가지선)이 있다. 가는 선이므로 주의해 보아야 한다.

말단 근처에 지선이 있는 경우(감정선 그림10)
 지극히 자상한 애정의 소유자로 길상(吉相)이라 한다. 애정이 넘치는 가정을 영위할 수 있다.

감정선에서 다수가 하향하는 지선이 나와 있는 경우(감정선 그림11)
 지선의 수가 많으면 많을수록 애정관계에 문제가 생기고 때로는 비애를 느끼는 수도 있다. 연애문제에 어떤 장해, 지장이 일어나는 것을 나타내는 선이다. 이성관계가 복잡한 사람에 나타나는 선이다.
 하강선이 두뇌선에 접하고 있으면 큰 일이다. 연애문제는 생각지 않은 파국으로 치닫는다. 부부의 경우, 가정이 파괴될 만큼의 심각한 애정문제가 일어난다.
 이런 선이 나와 있으면 충분히 수의해야 한다.

지선이 몇 가닥이나 위로 향해 있는 경우(감정선 그림12)

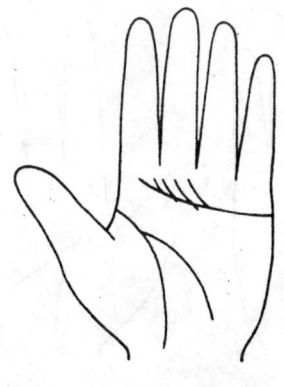 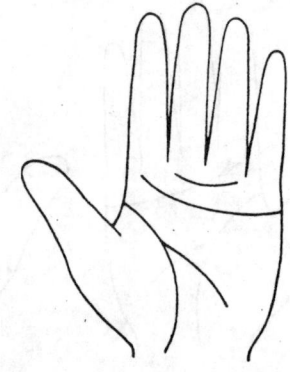

감정선 그림 12   감정선 그림 13

애정관계에 대해서는 밝고 낙관적인 사고방식을 가진 성격이다. 그러므로 행복한 애정을 얻을 수가 있고 우정도 풍부하다.

이 밖에 감정선의 출발점 가까이에서 두, 세 가닥의 지선이 상승하고 있는 경우, 위트나 유머가 풍부하고 애정표현이 교묘하므로 남성에게나 여성에게도 연애의 기쁨을 알고 가정생활도 원만하다.

출발점의 상하에 지선이 있는 경우 결혼문제에 지장이 있음을 나타내고 있다. 원인은 친형제의 반대, 경제적 지장, 동료와의 마찰 등이다.

⑤ 감정선에 평행한 선

감정선과 평행되어 있는 선이 있을 경우, 감정선이 두 가닥이란 것이 되고 이중감정선이라 하겠다.

감정선 그림13은 정이 깊고 애정표현이 교묘한데에다 사교성도 풍부하므로 소위팔방인형이다. 건강하고 정력적이라고 할 수 있다.

여성의 경우 남편생활에서는 남편에 진력하고 어린애를 사랑하며 애정이 풍부한 생활을 할 수 있는 길상이다.

감정선 그림14도 전형적인 이중감정선으로 건강하고 정력적, 강한 애정의 소유자이다 애정에 펀치를 초대해도 비관하지 않고 강인한 정신력을 갖고 있는 성격이다.

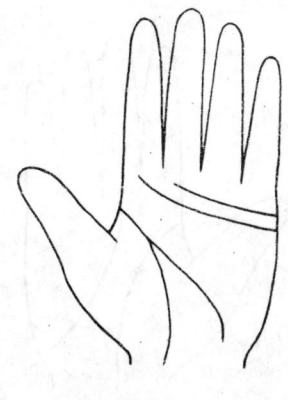
감정선 그림 14

운명선 그림 1

　여성의 경우 가정부인으로서 있기 보다 독신으로 일하는 편이 적당한 타입이다. 결혼해도 가정운이 없다. 감정선이 한 가닥 선으로 되어 있지 않고 중도에서 끊겨 있는 등 가지런하지 않는 경우 애정관계의 단절을 의미하고 즐거운 애정생활을 영속되지 않는다.

(4) 운명선 보는 법

　인생에는 여러가지 일이 있다. 「그때 그렇게 했기 때문에 이렇게 되었다.」 거기에 인간의 운, 불운이 있는 것이다. 운명선은 어디에서 출발해 있어도 가운데손가락 하부로 상승해 있는 선으로, 동양수상학에서는 천하선(天下線)이라고도 한다.
　운명선은 말할 것도 없이 그 사람의 운명을 나타내는 것이다. 운명의 세력, 운세의 강약에서 그 사람의 운명을 보는 것이다.
　그러나 운명선 만으로 운명을 판단하는 것은 조급하므로 생명선, 두뇌선, 감정선 등을 종합해 보는 것이 필요하다.

이상적인 운명선(운명선 그림1)
　운명선은 손목 중앙에서 가운데손가락 하부로 대개 똑바로 뻗어 있는

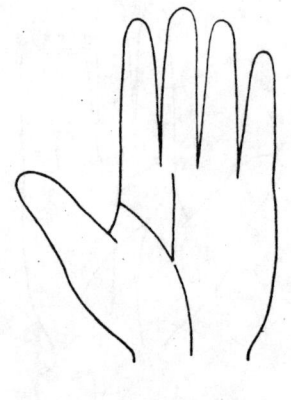
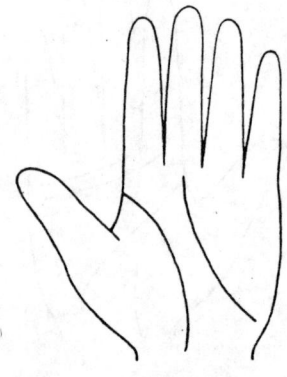

운명선 그림 2   운명선 그림 3

것이 표준으로 확실한 것이 이상적이다.
　운명선이 있는 사람은 운이 강함을 나타내고 있다. 유전적으로 보면 좋은 혈통이 나타남이라 할 수 있다. 운이 좋다고 해도 일확천금형이 아니고 일보일보 착실하게 발전해 가는 타입이다.
　노력하면 할수록 성과가 있어 생동감 있는 인생을 보낼수가 있다.
　여성의 경우 운세가 너무 강하기 때문에 일생 독신으로 보내든가 결혼해도 남편복이 없어 후처상이다.

생명선에서 상승하여 가운데손가락 하부로 이르는 경우(운명선 그림2)
　그 사람의 노력, 재능, 수완에 의해 찬스를 포착하는 운세라 하겠다. 희망에 불타고 앞으로 나아가는 성격으로 인생의 시련에 견디어 나간다. 경제적으로도 성공할 것이다.

월구에서 상승하여 가운데손가락 하부에 이르는 경우(운명선 그림3)
　본인의 노력보다도 배우자, 친구, 지인의 힘으로 행운을 붙잡는 상이다. 이 상의 사람은 고향을 떠나 타관에서 만년을 보낸다고 한다. 우수한 두뇌에 의해 인기를 얻으나 부침(浮沈)이 많은 일생을 보내게 된다. 그러나 인기업에는 최적이라 할 수 있는 상이다.

운명선 그림 4 　　　　　　　　운명선 그림 5

● **두뇌선에서 끝난 경우**(운명선 그림4)
지레짐작이나 착각, 허방 짚음이나 걸맞는 생각을 하기 쉽고 그 때문에 운세가 광난의 길을 걷기 쉽다. 두뇌선이 나쁘면 이런 경향은 한층 더하다.

● **말단에 이르러 두 갈래로 갈라진 경우**(운명선 그림5)
두 갈래로 갈라진 데에서 직업이 바뀌거나 두 가지 직업을 갖게 된다. 사업을 하고 있는 사람은 주의하지 않으면 도산하게 된다. 그렇지 않으면 주소가 바뀌게 된다.
여성의 경우 남편과 헤어지는 등, 가정운에는 혜택이 없다.

● **끊긴 운명선이 겹쳐 연결되어 있는 경우**(운명선 그림6)
끊긴 나이에 무언가 운명에 변화가 일어남을 나타내고 있다. 나이는 유년법에 의해 알 수 있을 것이다
이 변화는 나쁜 일이라고도 할 수 없다. 반대로 상승선이 약하고 구부러져 있으면 운은 약해진다.

● **중도에서 확실히 운명선이 끊겨 있는 경우**(운명선 그림7)

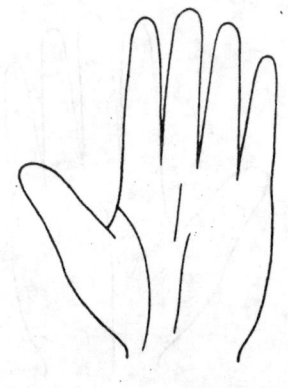 

운명선 그림 6   운명선 그림 7

　최초에는 순조로와도 유년법에 의해 그 끊긴 때에 가서 운세가 하강한다. 가정적인 불행, 사업의 실패, 돌발적인 재난 등을 맞게 된다. 즉 앞으로의 인생에 큰 지장이 초래됨을 나타내고 있다.
　끊긴 데가 크면 클수록 그 가능성이 강해진다. 이 밖에 구부러져 있는 것은 노력할 수가 없는 성격으로 운세는 약하고 행운을 포착할 수 없다.
　애정선 있는 데서 끝난 경우 이성운이 나쁜 상으로 결혼상대를 고를 때 잘 되지 않는다. 감정선의 말단과 운명선의 종점이 하나로 되어 있는 경우 애욕이 강하고 더구나 쉽게 열을 올리고 쉽게 식는 경향이 있다. 이성관계로 문제를 일으키기 쉽고 그 때문에 운명에 지장을 초래하는 수가 있다.

(5) 태양선 보는 법

　인기선이라고도 하는 약손가락 하부(태양구)로 향해 상승해 있는 선이다. 행복·재운·인기·명예 등을 본다. 운명선이 그 사람의 운명의 흐름, 세력 등을 보는데 대하여 태양선에는 그 결과가 나타난다고 말해도 좋을 것이다.
　운명선이 아무리 좋아도 태양선이 좋지 않으면 행운이 있어도 명예 있

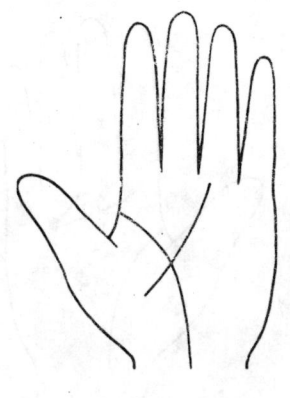 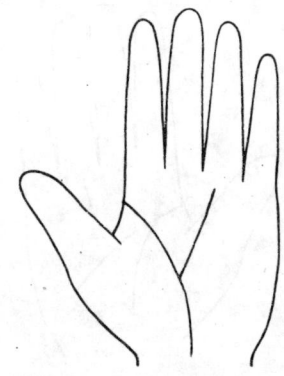

태양선 그림 1   태양선 그림 2

는 지위라든가 인기를 얻을 수는 없다. 일류실업가, 예술가, 예능인 등에 확실히 나타나 있다.

이상적인 태양선이란 손목 바로 위에서 똑바로 약손가락 하부까지 운명선과 평행하게 상승해 있다. 구부러지지 않고 확실히 아무 장해, 이상도 없이 새겨져 있을수록 좋다.

금성구에서 상승해 있는 경우(태양선 그림1)

인간의 사랑을 테마로 한 것을 그려내면 성공한다. 재운도 강하므로 명실공히 얻을 수가 있는 좋은 상이다. 작가, 예능가는 이 상이라도 인기를 얻고 좋은 것을 만들 수 있다고 한다.

생명선에서 갈라져 상승하는 경우(태양선 그림2)

의지가 대단히 강하고 근면한 노력가라 할 수 있다. 자기의 재능, 역량도 있으나 친척이라든가 제3자의 따뜻한 원조를 받아 문학, 예술방면에서 성공하는 길운을 나타내고 있다. 그러나 원조만을 기다리고 있어서는 안된다.

두뇌선에서 발하여 상승하는 경우(태양선 그림3)

 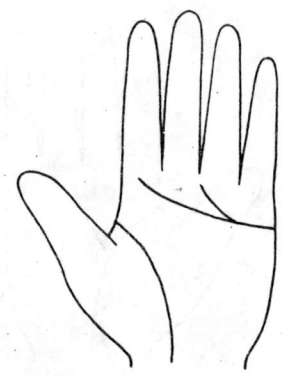

태양선 그림 3   태양선 그림 4

소위 「수완가」라는 상이다. 머리가 좋고 사교성이 풍부하여 현실사회에 잘 순응해 간다고 할 수 있다. 그 재능을 충분히 발휘하면 명실공히 얻어 성공할 수 있을 것이다. 그 때문의 노력도 필요하다.

감정선에 발하여 상승하는 경우(태양선 그림4)
청년, 장년시대에 고생한다. 50대가 되고부터 재능 수완을 발휘하는 소위 「대기만성형」이다. 부지런히 일을 해내는 성격이므로 기술, 사무계통이 적합하다. 화려한 세계를 동경해도 어쩔 수 없이 실패할 뿐이다. 그러므로 자기를 잘 아는 것이 중요하다.

제2화성구에서 발하여 상승하는 경우(태양선 그림5)
아무리 괴로운 일에도 견디어내는 인내력, 지구력을 가진 성격이다. 운명의 시련을 돌파하고 최후에는 성공하는 타입이다. 별로 멋진 활동을 하지 않고 모처럼의 찬스를 놓치는 수가 있으므로 조심할 것이다.

사선이 감정선으로 멈춰있는 경우(태양선 그림6)
감정의 기복이 심하고 정서가 불안정한 성격이다. 노력하고 있는 데도 친구, 지인으로부터 호의를 받지 못하고 모처럼의 행운의 길이 막히는

 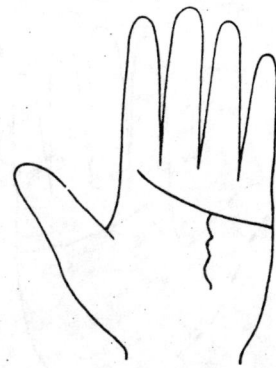

태양선 그림 5　　　　　　태양선 그림 6

수도 있다. 더구나 태양선이 구부러져 있어도 이런 일이 다시 강하게 되는 나쁜 상이다. 무리를 해도 곧 무엇이든 되지 않는 일이 많다.

　선단이 둘로 갈라져 있는 것은 한 가지 일을 철저히 해내지 못하고 이것 저것 탐내다가 하나도 얻지 못하는 수가 많다.

　작은 선으로 연결되어 있는 경우는 일정한 방침을 지켜내지 못하는 성격이다. 이것 저것에 손을 대본다거나 생각나는대로 일을 행하므로 결국은 중도하차로 끝나고 만다.

　중도에서 끊겨 있는 것은 상승해 가는 행운, 성공의 운세가 중도에서 좌절함을 나타내고 있다. 다시 상승하는 선이 강하게 확실히 나타나 있으면 한 번 실패해도 재기하여 성공을 향해 나갈 수 있다.

(6) 결혼선 보는 법

　「언제나 결혼할 수 있을까요?」「결혼 상대는 어떤 사람일까요?」젊은 사람은 수상을 감정할 경우, 반드시라 해도 좋을 만큼 이와같은 질문을 한다. 그 결혼운을 나타내는 것이 결혼선이다.

　결혼선은 새끼손가락 하부(수성구)의 측면에서 수성구 위로 뻗어 있는 선이다. 결혼 상대에 만족하느냐, 결혼에 연분이 없느냐, 결혼해서 행복

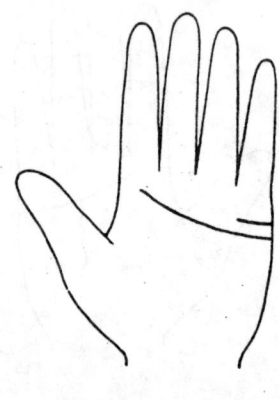 

　　　결혼선 그림 1　　　　　　결혼선 그림 2

할지 어떨지를 보는 것이다.
　결혼선은 정식 결혼 뿐만 아니라 내연, 애인관계, 동거 등 남녀관계 모두를 본다고 하겠다.

이상적인 결혼선(결혼선 그림1)
　선이 뚜렷하고 아름답게 수평으로 뻗어 있는 상은 좋은 상대를 만나 즐겁고 밝은 결혼생활을 보낼 수가 있다. 또 결혼에 의해 큰 운이 열려간다고도 하겠다. 이 선이 좌우 양손에 있는 경우가 가장 이상적인 길운이라 하겠다.

조금만 나와 있는 경우(결혼선 그림2)
　좋은 결혼 상대를 만나지 못할뿐만이 아니라 애정관계에 있어서도 불안정하다. 가령 상대가 있기는 하나 영속성이 없고 고적한 결혼운을 나타내고 있다고 하겠다. 즉 고독이라는 것이다.

같은 길이의 선이 두개 있는 경우(결혼선 그림3)
　두 개의 확실한 결혼선은 풍부하고 따뜻한 애정생활을 가질 수 있음을 나타내고 있다. 연애와 결혼은 별개라고 하는 것은 이런 점에서도 말할

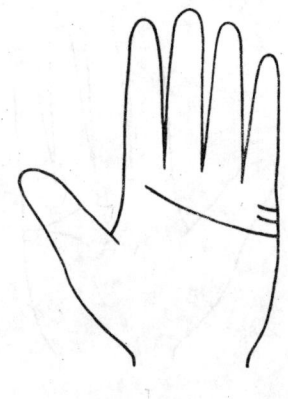
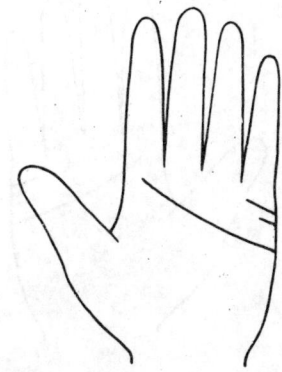

결혼선 그림 3   결혼선 그림 4

수 있을 것이다.

길이가 다른 선이 있는 경우(결혼선 그림4)
 각기 길이가 다른 결혼선이 두 개 있는 상은 애정문제로 삼각관계를 일으키기 쉽다.
 강하고 긴 선이 결혼을 나타내고 있으며 만약, 위의 선이 뚜렷하고 강할 때는 정식결혼 전에 이성과의 교제가 있겠다. 위의 선이 약하면 결혼 후에 이성관계가 생길 가능성이 강한 상이다.
 이런 경우 제2화성구, 두뇌선이 발달해 있으면 이성의 유혹에 지지 않을 의지의 강인함을 갖고 있다. 그러나 감정선이 흩어져 있다던가 금성구가 너무 융기되어 있으면 이성과의 트러블이 끊임없이 일어난다. 결혼선의 경우 다른 손금도 주의해볼 필요가 있다.

세 개 있는 경우(결혼선 그림5)
 애정에 두텁고 이성에 대해 대단히 친절한 성격이다. 그 때문에 바람을 피운다거나 다정해지는 수가 많다. 감정선이 흩어져 금성구가 지나치게 융기되어 있으면 이성관계는 다양해 진다. 두뇌선이 뛰어나면 트러블이 있어도 잘 처리하고 발전해 나가는 상이다 이 선의 경우, 이성문제가

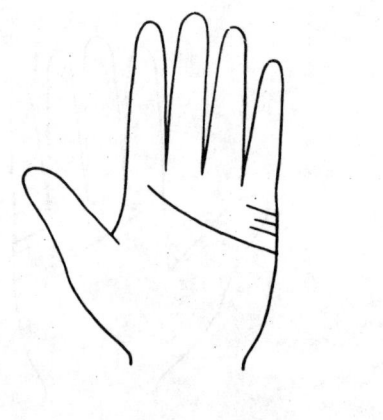
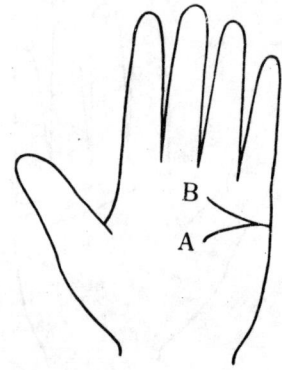

결혼선 그림 5   결혼선 그림 6

일어나도 어떻게 피해서 마음의 상처를 입지 않도록 하느냐가 중요하다.

끝이 손바닥 중앙으로 하강해 있는 경우(결혼선 그림6A)
  좋은 선이라고는 할 수 없다. 애정이 부족하다든가 냉정해서 결혼생활에 점을 찍는다고 할 수 있다. 애정이 아니면 상대에 돌연한 변화라든가 사건이 생겨 결혼생활이 끝남을 나타내고 있다. 내연, 동거도 같다고 할 수 있다.

끝이 가운데손가락 아래로 상승해 있는 경우(결혼선 그림6B)
  애정에는 참으로 민감한 신경을 갖고 있는 성격이다. 조그만 일에도 악의로 생각한다든가 의심한다든가 상대를 괴롭히고 자신도 괴로워 결국은 결혼생활의 파경을 초래한다.
  만약 금성구가 이상할만큼 융기해 있으면 애정과다가 원인으로 트러블이 일어난다.

상향의 사선이 있는 경우(결혼선 그림7A)
  자상한 애정의 소유자로 부부사이가 화목하고 경제적으로도 여유가 있

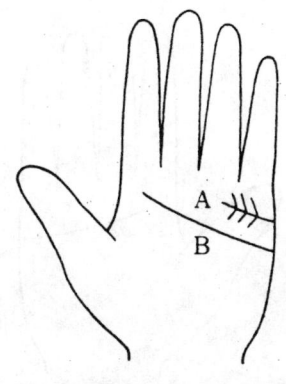 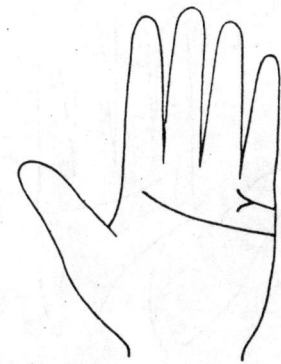

결혼선 그림 7　　　　　결혼선 그림 8

는 안정된 결혼생활을 보낸다.

하향의 사선이 있는 경우(결혼선 그림7B)
배우자가 허약하든가 큰 병을 앓는다든가 하여 쓸쓸한 결혼생활을 나타내고 있다. 그렇지 않으면 냉담하다든가 권태로운 몸이 된다.

끝이 두 가닥으로 갈라져 있는 경우(결혼선 그림8)
이혼 또는 별거생활을 하게 됨을 나타내고 있다. 끝이 두 가닥 모두 하향해 있는 경우는 더욱 강하게 나타낸다고 할 수 있다.
아래의 한 가닥이 밑으로 향해 길게 뻗고 감정선에 접하고 있는 경우에는 상대와 아무래도 헤어지지 않으면 안될 운명이 기다리고 있다.
이 밖에 끊긴 데가 있는 경우는 순조로운 결혼생활이 애정문제로 중단되고 만다. 짧은 선이 많이 있음은 대단히 다정하고 건전한 가정생활을 영위하는 것은 곤란하다. 쇠사슬처럼 되어 있는 경우는 결혼에 의해 인생이 마이너스된다고 할 수 있다. 결혼에는 어울리지 않는 상이다.

(7) 희망선 보는 법

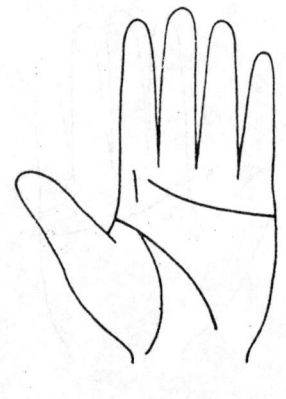
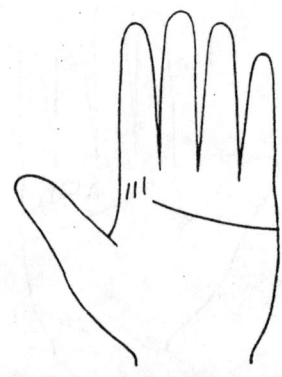

희망선 그림 1   희망선 그림 2

「이런 것을 하고 싶다」 인간은 향상심, 희망을 갖고 있는 것이다. 그것을 실현할 수 있는가 없는가를 나타내는 것이 희망선으로 집게손가락 밑의 목성구에 나타나 있는 선으로 집게손가락을 향해 상승하고 있는 강한 선이다. 남자의 경우 이 선이 없는 것은 활기, 패기가 결핍된 것임을 말한다.

이상적인 희망선(희망선 그림1)
하나의 강한 선이 뚜렷이 나타나고 흩어지지 않은 것이 이상적이다. 향상심이 강하고 언제나 큰 것을 구해 전진해 가는 길상이다.

몇 개의 장단의 선이 나와 있는 경우(희망선 그림2)
바라는 것이 많고 온 몸 가득히 야심으로 차있다. 그러나 너무나 넓게 손을 벌리기 때문에 방황이 생겨 성공하지 못하는 타입이 많은 듯 하다.
한 가닥이나 두 가닥, 길고 강한 선이 뚜렷이 나와 있는 경우는 하고 싶은 일은 스스로 나서서 그 심혈을 위해 전진하는 상으로 향상심이 강한 성격이다.

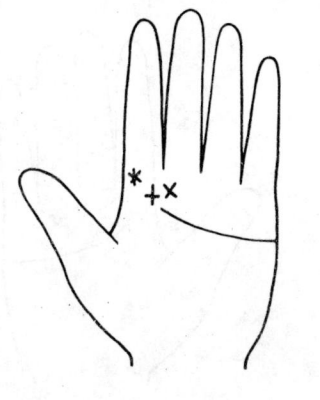 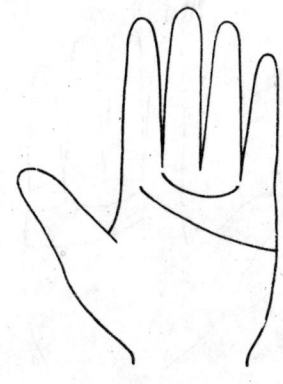

희망선 그림 3   부감정선 그림 1

희망선 위에 십자가 나와 있는 경우(희망선 그림3)
생각지 않게 소망이 달성되는 길상이다.
선 바로 곁에 십자, 또는 米표가 있는 것은 야심, 희망이 달성됨을 나타내고 있는 길상이다.
만약 선이 횡선으로 중도에 끊겨 있는 경우는 희망이 장해, 방해에 부딪혀 중절되는 수가 있음을 나타낸다.

(8) 부(副)감정선 보는 법

남녀의 애정문제를 보는 데에 대단히 중요하다. 욕정에 빠진다든가 멋지게 조절할 수 있는 성격인가 등 성적인 것을 본다. 부감정선은 감정선 위에 있으며 집게손가락과 가운데손가락 중간에서 약손가락과 새끼손가락 사이로 달하는 활묘양의 선이다.
 이 선은 다른 선과 달라서 분명하게 나와 있는 경우는 적고 대부분이 가늘고 희박한 선이다. 에로스의 선이라고 하듯이 이 선이 있는 사람은 호색, 육욕적이라 보고 있으나 행동면에서가 아니라 정신적인 면을 말한다.

 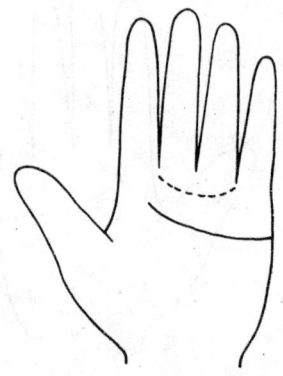

부감정선 그림 2   부감정선 그림 3

운명적으로는 다른 선만큼 중요하지는 않으나 애정문제, 남녀관계를 보는 데에 중요하며 감정선, 금성구 등과 더불어 볼 필요가 있다.

이상적인 부감정선(부감정선 그림1)
집게손가락과 가운데손가락 사이에서 약손가락과 새끼손가락 사이로 뻗는 것이 이상적이다.
금성구가 적당히 융기되어 있음은 도덕적이고 종교적 관심이 강함을 나타내고 있다.

부감정선이 결혼선과 접촉되어 있는 경우(부감정선 그림2)
불륜의 사랑에 빠지기 쉽고 트러블을 일으키기 쉬운 성격이라 할 수 있다. 또 두뇌선이 좋지 않은 경우는 상대의 입발림에 놀아난다든가 애욕에 눈이 어두워 인생의 톱니바퀴 일부가 부조화를 이룬다는 것을 나타낸다.

조각 조각으로 되어 있는 경우(부감정선 그림3)
성적으로 약간 이상하며 바람끼, 다정성 등을 나타내고 있다. 남성의 경우, 성적 트러블을 일으키는 성격이다. 여성은 신경질, 히스테리증 따위를 나타내고 있다.

여러 가닥으로 나타나 있는 것은 호색으로 정사에 의한 실패를 일으키기 쉬운 성격이다. 섬이 있는 것은 정열적인 성격으로 애정에 좌우되는 경향이 있다.

나도 역술가가 될 수 있다

해몽하는법

인간에관한꿈
자연에관한꿈
생활에관한꿈

제1장 인간(人間)에 관한 꿈

1. 신체

얼굴과 얼굴이 겹쳐지는 꿈은 — 서로 다른 상표의 선물을 받거나 집안의 가구 등을 옮기게 된다.
얼굴이 검은 아이를 본 꿈은 — 누구나 싫어하는 일을 떠맡게 된다.
얼굴 부위를 치료하거나 수술한 꿈은 — 자신의 주위에서 무언가 옮겨지는 일을 행하게 된다. 즉 문패를 새로 갈아 단다든지 방문을 다시 고쳐 단다든지 등의 일을 하게 된다.
얼굴 전체를 붕대로 감은 사람을 본 꿈은 — 누구에게 사기를 당하거나 불의의 사고를 당하게 된다.
얼굴이 거울에 맑게 비치는 꿈은 — 예기치 않았던 사람을 만나거나 소식을 전해 듣게 된다.
깨끗하게 세수를 한 꿈은 — 승진을 하거나 쌓였던 걱정거리가 없어지게 된다.
얼굴의 한 부분을 수술하는 꿈은 — 관직에 있는 사람에 의해서 심문을 받거나 고문을 받게 된다.
얼굴에 주사를 맞는 꿈은 — 직장이나 집안일에 변화가 있게 된다.
얼굴에 부스럼이나 종기가 나는 꿈은 — 자신이 한 행동이나 일들이 남의 입에 오르내려 구설수에 휘말리게 된다.
얼굴을 가린 사람을 만난 꿈은 — 전혀 신분을 모르는 사람으로부터 폭행 등의 피해를 당하게 된다.
이빨이 부러지는 꿈은 — 어떤 병에 걸리거나 하는 사업에 지장이 있을 징조이다.
앓던 이빨이 빠지는 꿈은 — 병중에 있던 환자가 사망을 하거나 자기가 부리던 직원이 사표를 내고 퇴사하게 된다.
거울을 통해서 자신의 덧니를 보게 된 꿈은 — 부인 이외의 여자와 관계를 갖거나 사업상의 동업자가 나타나게 된다.

학생이 허벅지에 총알을 맞는 꿈은 — 입학시험 등 각종 시험에 합격하게 된다.
유부녀가 허벅지에 총알을 맞는 꿈은 — 임신을 하게 된다.
어느 한쪽다리에 상처를 입은 꿈은 — 자신의 지난날을 평가받을 일이 생기거나 자기를 도와주던 사람이나 자손이 어떤 해를 당하게 된다.
발바닥에 빨간 물감이나 남이 흘린 피가 묻은 꿈은 — 남이 자기의 일거리를 빼앗거나 사업에 심한 간섭을 받게 된다.
눈이 애꾸인 사람을 본 꿈은 — 균형이 잡히지 않은 일에 부딪히거나 편파적인 사람과 만나게 된다.
자기가 봉사였는데 눈을 뜬 꿈은 — 막혔던 운세가 한꺼번에 트이게 된다.
장님이었던 사람이 눈을 뜬 것을 본 꿈은 — 무슨 일을 하든지 심한 반대에 부딪혀 어려움을 겪게 된다.
눈병을 얻는 꿈은 — 사업이 잘 풀리지 않아서 고통을 받거나 집안에 좋지 않은 일이 일어나게 된다.
눈빛이 희미하고 광채가 없는 사람을 본 꿈은 — 소견이 좁은 사람과 사귀게 된다.
사람들의 귀가 부처님처럼 크고 복스러워 보인 꿈은 — 누구에게 무슨 일을 부탁하든 선선히 승낙을 받게 된다.
갑자기 귀머거리가 돼버린 꿈은 — 기다리던 소식이 끝내 오지 않게 되고 누구에겐가 소식을 전하려 했던 일도 근기하게 된다.
상대방의 귀가 유난히 탐스러워 보인 꿈은 — 자신에게 호의를 갖고 접근하는 사람이 갑부일 가능성이 크다.
남의 귀를 잘라버린 꿈은 — 원만하던 사이의 사람과 싸울 일이 생기고 그로 인해 자신이 손해를 보게 된다.
여러 갈래로 찢어진 귀를 달고 다니는 사람을 본 꿈은 — 꿈 속에서 봤던 사람에 의해 물질적인 손해를 입거나 정신적으로 큰 피해를 입게 된다.
누구에겐가 업힌 꿈은 — 무엇이든지 믿고 맡길 수 있는 사람과 접근하게 된다.
차를 탄 사람의 등을 본 꿈은 — 자신의 뜻에 무조건 복종하는 사람을 만나게 된다.
배가 무척 부른 임산부를 본 꿈은 — 뜻하지 않게 재물이 생기거나 기발

한 아이디어가 떠올라 응용할 수 있게 된다.
교회당에 예수가 나타난 것을 본 꿈은 — 훌륭한 성직자나 어떤 단체의 우두머리를 만나게 된다.
성모마리아상이 자신에게 빛을 비추거나 후광을 나타낸 꿈은 — 자신이 신앙을 깨달음을 느끼고 어떤 위대한 사업의 업적을 보게 된다.
천당에 가서 보좌에 앉은 하느님을 본 꿈은 — 사회적으로 권위있는 사람을 만나게 되고 진리의 서적을 읽게 된다.
걸어가는 예수의 뒷모습을 본 꿈은 — 어떤 지도자가 자기의 청원을 잘 받아 드린다.
천사가 나팔을 부는 것을 본 꿈은 — 교회 성가대 음악을 연주하는 것을 보게 된다.
천당에 보내달라고 하느님께 빈 꿈은 — 자신의 지위가 높아지거나 미혼자는 결혼에 관계되는 일을 하게 된다.
불상 좌우에 늘어선 많은 여래상을 본 꿈은 — 어떤 단체의 리이더를 중심으로 서로 협력해 나간다.
교인이 하느님께 기도한 꿈은 — 진리를 깨닫게 되고 자기 양심을 호소해서 반성할 일이 생긴다.
신이 갑자기 선악과라고 알려준 과일을 따먹는 꿈은 — 어떤 일의 바른 일과 간사한 일을 구분하거나 책을 읽고 선악을 분별하게 된다.

2. 행동

시험 감독관 앞에서 답안지를 작성한 꿈은 — 신원조회를 받거나 불신검문을 받게 된다.
시험을 치러 갔는데 늦게 도착한 꿈은 — 무슨 일을 하든 남에게 인정을 받지 못한다.
구술시험을 본 꿈은 — 사업상의 일 등으로 사람을 만나 논쟁을 벌일 일이 생긴다.
시험에 떨어져서 슬퍼하거나 많은 사람들로부터 질책을 받은 꿈은 — 어떤 일이든 순조롭게 진행되며 시험칠 일이 있으면 무난히 합격한다.
시험을 치는데 남의 것을 훔쳐본 꿈은 — 시험에 떨어져 슬퍼했던 꿈과 똑같은 결과에 직면하게 한다.
시험에 떨어진 것을 확인하고 집으로 돌아오다 꿈이 깬 꿈은 — 시험을 치르면 수석을 하거나 우수한 성적으로 합격하게 된다.
시험감독관에게 작성한 답안지를 제출한 꿈은 — 전근을 가게 되거나 직장을 옮기게 된다.
시험과는 관계가 없을 사람이 시험을 치르고 있는 것을 본 꿈은 — 계획했던 일을 시작하면 쉽게 이루어지고 취직운도 트이게 된다.
합격자 발표를 하는데 자신의 이름이 유난히 돋보인 꿈은 — 수석으로 합격하게 된다.
시험을 치르는데 필기구가 없어서 마음을 졸였던 꿈은 — 시험에도 떨어지고 취직이 되지 않아 의기소침해진다.
시험을 치르는데 문제가 몹시 어려웠던 꿈은 — 해결할 수 없는 문제가 발생해 여러 방면으로 고통을 받을 일이 있다.
많은 이야기를 한 꿈은 — 실질적으로 많은 말을 해야 할 일이 생긴다.
사촌이 성혼을 했다는 소식을 들었던 꿈은 — 가까운 사람이 동거생활에 들어갔다는 사실을 알게 된다.
군중들의 앞에서 열렬하게 웅변을 토한 꿈은 — 어떤 단체에 가입해 기반을 닦게 되고 작품 등을 발표하게 된다.
연설을 하는데 군중이 꾸역꾸역 몰려든 꿈은 — 큰 사업을 시작해도 잘 풀리지 않아 도산의 위기에 처하게 된다.
하늘에서 무슨 말인가 들렸던 꿈은 — 사람의 입을 통해서나 우편물 등으로 획기적인 사실을 알게 된다.
시험 때문에 몹시 괴로워했던 꿈은 — 풀리지 않는 일을 풀려고 노력하지만 그러면 그럴수록 꼬이기만 한다.
연설을 하는 도중에 모였던 군중들이 흩어져 버린 꿈은 — 자신의 계획에 동조해 줄 사람이 많아서 무슨 일을 하든 무난히 처리된다.
아무도 없는 산꼭대기에서 연설을 한 꿈은 — 세상 사람들이 크게 놀랄만한 일을 혼자서 쉽게 처리한다.
어딘가를 가다가 생각지도 않았던 곳에서 수영을 한 꿈은 — 어느 사업장에서 임시직원으로 일해 달라는 부탁을 받는다.
보트를 타지 않고 헤엄을 쳐서 강을 건넌 꿈은 — 직장에서 진급을 하거나 작품을 심사기관에 출품한 사람은 입상했다는 통지를 받는다.
동물이 헤엄치는 것을 본 꿈은 — 정부기관의 개입에 의하여 자신이 하고 있는 일이 발전한다.

갓 태어난 아이를 안은 꿈은 ─ 자기 능력으로는 해결할 수 없는 일을 맡고 고민하게 된다.
키스를 한 꿈은 ─ 어떤 일을 하든 결실을 맺지 못하고 자신의 능력을 비관하게 된다.
이성인 상대방과 포옹을 한 꿈은 ─ 무슨 일을 하든 확실한 결과를 보게 되며 어떤 사업의 관리를 맡게 된다.
빛이 너무나 강렬해서 눈을 뜰 수 없을 정도였던 꿈은 ─ 상대하는 사람의 능력, 정열 등에 눌려 자신의 능력을 제대로 발휘하지 못하게 된다.
키스를 하는데 어느 사이에 성기가 팽창한 꿈은 ─ 자기보다 연하인 사람에게 훈계할 일이 있지만 열심히 훈계한 만큼 성과를 얻지 못한다.
상대방이 눈짓으로 무슨 지시를 한 꿈은 ─ 떳떳하지 못한 거래를 할 일이 생긴다.
상대방이 자신의 전신을 찬찬히 뜯어본 꿈은 ─ 자기에 대해서 자세히 알려고 하는 사람이 생기거나 어떤 기관으로부터 조사받을 일이 있게 된다.
어떤 형태로든 키스를 했던 꿈은 ─ 기다리던 소식이 오거나 의심 스러웠던 진상을 알게 되거나 누군가를 고소할 일이 생긴다.
반듯이 누워서 하늘을 바라본 꿈은 ─ 개인적인 일에서 벗어나 국가적인 일에 지대한 관심을 쏟을 일을 체험하게 된다.

3. 건강

음식을 먹었는데 체해서 배가 아픈 꿈은 ─ 어떤 책임있는 일을 맡았으나 그 일이 벅차게 느껴진다.
사육한 짐승이 아픈 꿈은 ─ 작품이 잘못되었거나 일거리를 처리하지 못하고 오랫동안 붙들고 있게 된다.
콧물이 자꾸 나온 꿈은 ─ 자기 주장을 남에게 강력히 내세운다.
가슴에 병이 든 꿈은 ─ 어떤 일에 대해서 사전 검토를 하고 마음에 상처를 받게 되는 일이 있다.
전신에 열이 불덩이 같이 뜨거운 꿈은 ─ 학문적인 연구에 몰두하거나 신앙생활을 충실하게 한다.
콩팥에 병이 들었으니 어떻게 하면 되느냐고 문의한 꿈은 ─ 어떤 일을 시작하는데 그 일에 대해서 상의해 올 사람이 있다.

남이 보고 있어 소변을 누지 못하거나 잘 나오지 않은 꿈은 — 어떤 일을 하든지 자기의 소원이 충족되지 않는다.
음식점 화장실에 들어간 꿈은 — 유흥업소에서 일을 하거나 사람을 찾을 일이 있게 된다.
여러 군데를 두리번거리다가 화장실을 찾는 꿈은 — 여러 기관을 물색한 다음 한 곳에서 자기 사상을 남에게 강력히 주장한다.
자기의 소변이 큰 강을 이루거나 한 마을을 덮는 꿈은 — 자기에게 큰 권세가 주어지거나 자기 사상을 남에게 강력히 주장한다.
소변이 그득한 구덩이나 비료통에 소변을 본 꿈은 — 어떤 잡지사에 문필가는 작품을 투고하고 사업가는 일의 성과를 올린다.
소변을 자기집 화장실에서 본 꿈은 — 자기 집안 일이나 직장 일과 관련이 있다.
세면장, 물이 흐르는 개천에서 소변을 본 꿈은 — 어떤 언론·출판사에서 자기와 관련있는 기사거리를 읽게 된다.
남이 소변을 보는 것을 본 꿈은 — 남이 어떤 소원을 충족시킴을 보거나 남의 작품이 지상에 발표된 것을 본다.
자기 몸에서 피가 난 것을 본 꿈은 — 여러 방면으로 자기에게 손실이 있게 된다.
사람을 칼로 찔렀는데 피가 나지 않는 꿈은 — 자기의 일이 성사되지만 웬지 모르게 불안하다.
남의 몸에서 피홀리는 것을 보고 도망친 꿈은 — 어떤 재물을 얻을 기회를 놓치거나 일이 미수에 그친다.
상대방 옷에 더러운 피가 온통 묻어 있는 것을 본 꿈은 — 상대방이 횡사한 것을 보거나 듣게 된다.
몸에 묻은 피를 닦아내거나 옷을 세탁한 꿈은 — 재물의 손실을 가져오거나 계약이 취소된다.
코피가 터져서 온통 얼굴에 묻은 꿈은 — 여러 방면으로 자기의 재물을 남에게 알려주거나 손실을 가져온다.
신령적인 존재의 손가락 피를 마신 꿈은 — 위대한 학자나 진리 탐구자가 펴는 참된 교리나 지식을 얻게 된다.
남이 코피난 것을 본 꿈은 — 상대방에게 많은 재물을 얻거나 정신적으로 도움을 받는다.

사람이 죽어 피가 낭자한 것을 본 꿈은 — 사회적으로나 집안 일로 얻어진 막대한 재물을 취급하게 된다.
가래에 피가 섞여 나온 꿈은 — 근심 걱정이 해소되거나 재물의 손실이 있게 된다.
상대방이 눈물을 흘리는 것을 본 꿈은 — 상대방으로 하여금 불만을 갖게 되고 불쾌한 감정이 생긴다.
정액이 옷에 묻어 마음이 불쾌해진 꿈은 — 자기가 소원한 일이 성사되더라도 마음 한 구석에는 불쾌한 감정을 갖게 된다.
땀을 많이 흘리는 꿈은 — 맷에 의욕을 잃거나 기력이 쇠퇴하여 근심 걱정이 생긴다.
분비된 정액을 처리하기 곤란하거나 불쾌한 기분이 된 꿈은 — 여러 방면으로 손실을 가져오게 된다.
상대방 얼굴에 침을 뱉는 꿈은 — 상대방에게 사소한 일로 마음에 상처를 입는다.
경도가 걸레에 묻은 것을 본 꿈은 — 제3자와 계약한 일이 뜻대로 이루어진다.
가래를 시원하게 뱉은 꿈은 — 오랜 소원이 순리대로 풀린다.
땀을 수건으로 닦아낸 꿈은 — 마음이 편안한 상태이고 기력이 회복된다.
정액이 많이 나와 쌓인 꿈은 — 여러 방면으로 재물이 많이 생긴다.

4. 사교

지난날 자기에게 불리하게 대했던 사람이 나타난 꿈은 — 일반적으로 비협조적이고 방해적인 인물을 만나게 된다.
삼촌집에서 친구집으로 가는 꿈은 — 직장을 다른 곳을 옮긴다.
짝사랑에 빠졌던 여자가 자기 품에 안기는 꿈은 — 동업자와 일을 착수하나 뜻대로 해결되지 않는다.
객지 생활하는 사람에게 가족이 보인 꿈은 — 가족에게 화근이 생기는 것이 아니라 직장일과 관련이 있다.
꿈 속에서 또 다른 자신의 꿈은 — 자신의 작품, 가족, 동업자 등을 일반적으로 나타낸다.
별거중인 가족과 함께 있는 꿈은 — 일반적으로 직장 또는 일을 부탁한 어떤 기관의 내부 사람들을 만나게 된다.

불경책을 노승에게 받는 꿈은 — 여러 사람에게 자신을 인정받고 출세할 방도가 생긴다.
과거의 스승과 관계한 꿈은 — 은혜로운 협조자와 관계한다.
자신 앞에 많은 학생이 줄지어 있는 꿈은 — 하고 있는 일이 쉽게 추진되지 않는다.
신도에게 설교를 하거나 성경을 읽어준 꿈은 — 자기의 작품을 발표하거나 남을 설득할 일이 있다.
수녀원에 자신이 들어간 꿈은 — 학교, 직장, 교도소, 교회 등에 일이 있어서 가게 된다.
교직자가 교장과 교감을 본 꿈은 — 실제 인물이거나 학무 과장 등과 상담할 일이 생긴다.
학생이 존경할 수 없는 선생님을 본 꿈은 — 웃사람에게 책망을 듣거나 기분 나쁜 일이 생긴다.
고승을 직접 대한 꿈은 — 연구자, 스승, 회사 사장 등을 직접 상관하게 된다.
자기 설교에 많은 사람이 죽거나 잠든 꿈은 — 많은 사람이 자기를 따르게 되고 심복을 만들 수 있다.
자신이 과거의 학창시절로 돌아간 꿈은 — 하고 있는 일이 숙달되지 않아서 남의 도움을 받는다.
교장, 교감을 현역 군인 본 꿈은 꿈은 — 사단장과 부사단장, 대대장등과 정할일이 생긴다.
스님이 문전에서 염불한 꿈은 — 이것이 태몽이라면 스님에게 시주를 해야 좋고 장차 학문 연구를 할 자손을 얻는다.
스님에게 잡곡을 시주한 꿈은 — 심사 과정에서 탈락하거나 학문 연구가 깊지 못함을 인정받는다.
파계승이라고 판단된 사람과 관계한 꿈은 — 부랑아, 천박한 사람, 신의 없는 사람 등을 나타낸다.
은사가 들판길을 걷고 있는 꿈은 — 일이 독단적으로 풀리지 않고 협조자에 의해서 풀린다.
죄수복을 입은 꿈은 — 병원 갈 일이나 자기 일거리, 자기 작품이 심사 대상이 된다.
단체 학생을 움직이게 한 꿈은 — 많은 사람이 자기 뜻대로 따라 주고 자기가 연구 과제를 발표한다.
전혀 모르는 사람이 나타나서 자신과 거래한 꿈은 — 제3자, 일거리, 실제로 만나게 될 사람, 다른 사람의 동일시 등을 나타낸다.
자신에게 충고한 친구의 꿈은 — 자기 아닌 또 하나의 자아를 발견한다.
길에서 잠깐 본 사람이 꿈 속에 자주 나타난 꿈은 — 자기와 비슷한 사람을 만나거나 현재의 주변 인물을 나타낸다.

5. 음식

떡을 먹는 꿈은 — 재물이나 그와 관계된 일거리를 받게 된다.
떡을 여러 사람들에게 나누어 준 꿈은 — 어떤 소식이나 도서 등을 남에게 들려주거나 나누어 줄 일이 생긴다.
유가증권이란 생각이 들었던 음식물에 대한 꿈은 — 혼자서 외롭게 결정해야 할 일이 생긴다.
빵에 크림종류 등을 발라서 먹은 꿈은 — 남들이 쳐다보지도 않던 일을 맡아 훌륭하게 가꾸어 놓는다.
임금님이 손수 따루어 주는 술을 받아 마신 꿈은 — 중요한 직책의 자리에 앉게 되거나 명예가 뒤따르는 일을 맡게 된다.
삶거나 굽지 않은 날음식을 맛있게 먹은 꿈은 — 경험이나 지식이 없는 일을 처리해야 할 환경에 처하게 된다.
먹음직 스러워 보이던 음식이 갑자기 똥으로 변한 꿈은 — 전혀 노력을 하지 않았는데도 돈을 얻게 된다.
배고 고파서 음식을 찾는데 끝내 찾지 못한 꿈은 — 현재 다니고 있는 회사에서 실직하여 남에게 취직을 부탁하게 된다.
남에게 빼앗길까봐 숨어서 살며시 음식물을 먹은 꿈은 — 어떤 일을 자기 혼자서 해결해야 된다.
음식물을 여러 사람과 나누어 먹은 꿈은 — 어려 사람이 협력해서 처리해야 할 일이 생긴다.
과일이나 과자 등을 바라보기만 하고 먹지 않았던 꿈은 — 임신중에 유산이 되거나 정상으로 태어나기가 어렵다.
잔치집 등에 많은 사람들이 모여 음식물을 먹는 꿈은 — 동창회 등 많은 사람들이 모이는 모임에 참석하게 된다.
누군가로부터 음식대접을 받은 꿈은 — 고용인이 되어 주인을 모실 일이 생기거나 어떤 일의 책임주로 지목을 받게 된다.
호도 등을 한입에 깨물어 먹은 꿈은 ― 어떤 일을 진행하든 큰 성과를 얻게 된다.
엽차 등의 차종류를 마신 꿈은 ― 누구에게 부탁을 받거나 반대로 부탁할 일이 생기게 된다.
남이 따라주는 술을 받아 단숨에 마셔버린 꿈은 ― 교활한 계교에 빠지거나 누가 명령한 일에 복종한 후 정신적으로 시달리게 된다.
썩어서 심한 냄새가 나는 음식물을 먹은 꿈은 ― 어떤 일을 하든 결과를 헛수고가 되어 심한 불쾌감을 경험하게 된다.
어린아이들이 좋아하는 사탕 종류를 먹은 꿈은 ― 평소에 하고 싶었던 일을 하게 되거나 작은 소원이 이루어지게 된다.
잔치집에서 음식을 맛있게 먹은 꿈은 ― 자신이 한 일에 만족을 느끼게 되고 상부나 정부당국에 부탁한 일이 잘 처리된다.
어두운 곳에서 식사를 한 꿈은 ― 혼자서만 알고 있어야 할 비밀이 생기게 되고 자신이 없는 일을 책임지게 된다.
음식을 만드는데 설탕을 사용한 꿈은 ― 작품을 만들거나 일을 해도 좋은 기분으로 하며 그 일의 결과에 많은 사람들이 감탄을 하게 된다.
집안 구석구석에서 식초냄새가 진동한 꿈은 ― 자기와 관련된 소문이 떠돌아다니게 되며 그 일로 인하여 많은 생각을 하게 된다.
우유가 들어 있는 깡통이 공중에 둥둥 떠다니는 걸 본 꿈은 ― 자신의 실력을 세상에 널리 알릴 기회가 찾아온다.
미원이나 기타의 화학조미료를 사용해서 음식을 만든 꿈은 ― 무슨 일을 하든 기분 좋게 처리가 되며 그로 말미암아 자신의 능력을 인정받게 된다.
소금이 넓은 들판에 산더미처럼 쌓여 있는 꿈은 ― 감히 상상할 수 없었던 큰 사업을 벌이게 되며 자금 사정이 원활치 않아 부채를 짊어지게 된다.
여러 가지의 과자류가 그릇에 넘치도록 들어 있는 꿈은 ― 누가 보아도 고급스럽다고 할 만한 일거리를 맡게 되거나 진행중인 혼담이 성사된다.
반찬거리가 부엌에 가득 쌓여 있는 꿈은 ― 사업을 계획해 놓고도 자금이 없어 실행에 옮기지 못했으나 사업자금이 해결되게 된다.
정육점에서 고기를 사온 꿈은 ― 많은 액수의 금전거래를 계획했으나 예상이 빗나가 적은 액수의 거래밖에 이루어지지 않는다.
파나 마늘 등을 샀는데 그것이 태몽인 꿈은 — 태어난 아이가 성장하면 성직자나 교육자 등 정신적인 지도자가 된다.
된장이나 고추장 항아리에 구더기가 득실거린 걸 본 꿈은 — 사업자금으로 마련했던 돈으로 예상 밖에 일에 투자하게 된다.
애인과 함께 빙과류를 사먹은 꿈은 — 미진하던 혼담이 급작스럽게 성사되고 상대방에 대해 갖고 있던 나쁜 감정이 해소된다.
음식을 먹는데 그 맛이 너무 신 꿈은 — 자신있게 처리했던 일의 일부분이 잘못되어 노출되게 된다.
고추를 원료로 해서 만든 음식을 먹은 꿈은 — 활동적이고 추진력이 요망되는 직업을 얻게 된다.

6. 죽음

부고를 받은 꿈은 — 서류상으로 어떤 통지나 편지를 받게 된다.
확실하지는 않지만 누군가가 죽었다는 생각이 든 꿈은 — 자신과 연결돼 있는 어떤 일이 이루어지게 된다.
막연하게 누가 죽게 될 것이라는 생각을 가졌던 꿈은 — 전혀 기대하지 않았던 일이 이루어지고 미궁에 빠졌던 일의 실마리가 풀리게 된다.
병원에서 수술을 받다가 죽은 꿈은 — 어떤 물건, 부동산 등의 매매가 이루어지고 축하할 만한 소식을 전해 듣게 된다.
부모상을 당하고 대성통곡을 한 꿈은 — 정신적인 안정과 물질적인 부를 누리게 되고 계획했던 일을 착수하게 된다.
쟈신이 아무런 고통도 느끼지 않고 안락사 한 꿈은 — 심사기관에 제출한 서류나 출품한 작품 등이 좋은 결과를 얻게 된다.
죽은 사람의 소지품이나 유서 등 그와 관련된 물건이 자기에게 배달된 꿈은 — 자신이 TV, 라디오 등에 출연하게·되거나 매스컴을 타게 된다.
자기가 죽은 사람의 영혼이란 생각이 들었던 꿈은 — 물질적인 만족감을 얻지 못하나 정신적으로 큰 만족감을 맛볼 일을 처리하게 된다.
집에 초상이 난 꿈은 — 직장이나 자기와 관련된 사업장에서 평소 생각했던 문제가 이루어 진다.
상여 앞에 수없이 많은 만장이 늘어서 있는 것을 본 꿈은 — 하는 일마다 실패를 거듭하게 되나 멀지 않은 때에 기관의 협조를 받아 세상사람들이 놀랄만한 일을 성사해 명성을 얻게 된다.
조상에게 제사를 지낸 꿈은 — 권력층 사람이나 자기보다 윗사람에게 부탁할 일이 생기게 된다.
초상집에 조의금을 낸 꿈은 — 자기의 사업과 관계된 기관에 청탁할 일이 생기게 된다.
혼사가 며칠 앞으로 다가왔는데 상대편 집에 초상이 난 꿈은 — 결혼식이 연기되거나 집안의 대사를 연기해야 할 일이 생긴다.
제사를 지내다가 자기가 퇴주를 한 꿈은 — 어느 기관에 부탁한 일이 마무리 되거나 아니면 취소되는 등 확실한 결말을 보게 된다.
상여가 나가는데 그 뒤를 따르는 조문객이 상상 외로 많은 꿈은 — 그 숫자가 많으면 많을수록 꿈 속의 망자를 숭상하거나 생전의 정신을 기리는 사람이 많아지게 된다.
조상의 묘에 성묘를 한 꿈은 — 자기를 도와주려는 사람이나 평소 가깝게 지내던 사람에게 부탁할 일이 생긴다.
제사상에 직접 술을 따루어 올린 꿈은 — 개인의 힘으로는 도저히 해결할 수 없었던 일을 정부의 도움으로 해결하게 된다.
남의 집에 초상난 것을 본 꿈은 — 꿈 속의 초상집에 애사나 경사가 일어나 많은 사람이 모이게 된다.
대통령이나 정부고관이 죽어 국장행렬을 구경한 꿈은 — 생애 최고의 명예가 될 일과 부딪히게 된다.
집에 초상이 나서 울음소리가 천지를 진동할 정도인데 상여를 들여온 꿈은 — 먼곳까지 소문이 날 정도로 사업이 번창하거나 좋은 일이 생기게 된다.
심하게 썩는 송장냄새를 맡은 꿈은 — 사람들의 입에 오르내릴 만큼 많은 재물을 얻게 된다.
싸늘하게 식은 시체를 밖으로 내다 버린 꿈은 — 힘들게 얻은 재물을 잃어버리게 되거나 명예가 땅에 떨어질 일이 생긴다.
가족이 죽었는데도 기분이 전혀 동요되지 않은 꿈은 — 획기적인 일이 일어났는데도 당연한 것처럼 행세해서 남들로부터 손가락질을 받게 된다.
죽은 사람이 다시 살아난 꿈은 — 성공 직전까지 간 일이 한순간에 수포로 돌아가고 발전하던 사업도 원점으로 돌아오게 된다.

유난히 봉긋한 묘를 본 꿈은 — 사회적인 유명인사나 손꼽히는 사업가와 인적관계를 상호간 맺게 되고 따라서 자신의 위치도 올라가게 된다.
묘자리를 선정한 꿈은 — 생활에 안정이 되는 일을 찾게 된다.

제 2 장 자연(自然)에 관한 꿈

1. 천체

공중에서 나는 큰소리를 들은 꿈은 — 국가적으로 좋지 않은 일이 일어난다.
하늘이 무너지거나 두갈래로 갈라져서 깜짝 놀랐던 꿈은 — 인연을 맺고 있었던 사람과 헤어지거나 주위에서 좋지 않은 일이 일어난다.
자신이 하늘에 오른 꿈은 — 하는 일마다 순조로워서 성공을 하게 되며 명예도 따라서 많은 사람들이 우러러본다.
하늘의 문을 통해서 하늘로 들어간 꿈은 — 생애 최고의 목적이 달성되며 명예로운 자리에 추대된다.
용이 승천한 뒤 용이 있던 자리에 교회가 생긴 꿈은 — 사회사업을 할 일이 생기고 그 일을 기꺼이 받아들이게 된다.
어떤 물체가 허공에서 완전히 분해되어 버린 것을 본 꿈은 — 형제처럼 지내던 사람이 사망 또는 행방불명 되거나 하던 사업이 큰 타격을 입게 된다.
눈에 찍힌 발자국을 그대로 따라간 꿈은 — 사회적으로 지도자격인 사람의 동상을 세우는 등 그 업적을 기리게 되고 추종할 일이 생긴다.
폭설이 쏟아져 수많은 건물이 내려 앉는 것을 목격한 꿈은 — 자기가 하고 있는 개인적인 일에 국가가 협조해서 크게 번창하게 된다.
눈 위에서 썰매나 스키를 탄 꿈은 — 사업가는 사업이 급속도로 성장하게 되고 취직, 시험 등에 좋은 소식을 듣게 된다.
함박눈을 맞으며 한없이 걸었던 꿈은 — 국가의 지원을 받게 되며 법을 지켜야 할 일과 직면하게 된다.
눈사태 등이 일어나서 건물의 일부가 부서져 나간 것을 본 꿈은 — 집안 사람 중에서 누군가가 죽게 되며 고소당할 일이 생기게 된다.
목욕을 하는데 수온이 급격히 내려가서 몸이 꽁꽁 얼어버린 꿈은 — 하는 일마다 승승장구해서 만족감을 맛보게 된다.
얼음을 깨고 그 물 속에서 목욕을 하는데 물이 따뜻했던 꿈은 — 헤어나기 어려웠던 일이 슬슬 풀려서 고민이 사라지게 된다.
우박이 눈처럼 쌓인 것을 본 꿈은 — 물질적으로나 정신적으로 큰 만족감을 얻을 일과 직면하게 된다.
싸라기 눈이 내리는 것을 본 꿈은 — 일같지도 않은 일들이 얼키고 설켜서 복잡한 마음이 사라지지 않는다.
비가 와서 말랐던 논에 물이 가득 고인 꿈은 — 재물이 생기거나 막강한 세력을 얻게 된다.
살얼음이 얼어 있는 것을 본 꿈은 — 오랜 세월이 지난 후에 결과를 보게 될일을 하게 된다.
말리기 위해 헤쳐 놓은 물건 위에 빗방울이 떨어진 꿈은 — 남의 물건을 빌려 주거나 빚을 주고 떼이게 된다.
비가 내리는데 그 속에 눈이 섞여 있는 꿈은 — 하는 일마다 두마리의 토끼를 쫓는 꼴이 되어 이루어지지 않는다.
강가에 널려 있는 조약돌 위에 비가 내리는 걸 본 꿈은 — 자기가 일에 대해 타인으로부터 칭찬을 받거나 작품전에 출품한 작품이 입상을 하게 된다.
유리창문으로 빗방울이 거세게 들이친 것을 본 꿈은 — 자신의 신분이나 실력을 많은 사람들로부터 인정받게 된다.
벼락을 맞아 죽는 꿈은 — 국가나 사회적으로 명성을 얻거나 보상을 받을 일이 생긴다.
나무가 벼락을 맞아 꺾어진 것을 본 꿈은 — 사업에 큰 타격을 입거나 추진중에 일이 잘 풀리지 않는다.
벼락이 떨어졌는데 그 벼락이 공처럼 땅위에서 굴러다니는 걸 본 꿈은 — 응시한 시험에 합격하거나 감히 상상도 할 수 없었던 일을 성사시켜 많은 사람들로부터 칭송을 듣게 된다.
길을 가는데 벼락이 등에 떨어진 꿈은 — 사업의 동업자나 자신을 협조해 주던 사람에게 좋은 일이 일어난다.
맑은 날씨인데도 천둥소리가 요란한 꿈은 — 톱뉴스를 듣게 되거나 누구로부터 경고당할 일이 생긴다.
가로등 밑에서 일을 하거나 서 있는 꿈은 — 어떤 협조자에 의해서 근심 걱정이 해소된다.
광선이 강하게 방안으로 들어온 꿈은 — 어떤 강대한 외부 세력 또는 종교적인 힘이 자기에게 영향을 미친다.
남이 횃불을 들고 가는 것을 본 꿈은 — 여러 방면으로 부족한 것이 없는데도 일을 성사시키지 못한다.
불 가운데 있으면서도 타죽지 않은 꿈은 — 여러 방면으로 부족한 것이 없는데도 일을 성사키지 못한다.
투명한 물건이 빛을 받아 광선이 반사된 꿈은 — 어떤 사람의 업적이나 일거리가 자기에게 도움을 준다.

2. 식물

꽃에 대한 꿈은 — 일반적으로 경사스러운 일, 영광, 애정, 명예 등을 나타낸다.
집마당에 꽃이 만발한 꿈은 — 여러가지로 좋은 일이 겹쳐서 경사스럽다.
만발한 꽃나무 아래를 걷는 꿈은 — 성과, 대화, 독서 등으로 자신에게 도움이 되는 일이 있다.
꽃을 씹어 먹는 꿈은 — 사람들과의 만남이 자연스럽게 맺어진다.
꽃을 꺾어 든 꿈은 — 이것이 태몽이라면 사회적으로 자수성가할 자손을 얻는다.
만발한 꽃을 한꺼번에 꺾어 놓은 꿈은 — 업적, 성과, 수집 등을 나타낸다.
꽃향기를 맡은 꿈은 — 자신을 남에게 과시하고 그리운 사람 등을 만난다.
예식장이 온통 화환으로 장식된 꿈은 — 단체나 집단에서 자신의 성실함을 인정 받는다.
꽃이 시든 꿈은 — 생명의 단절, 질병, 사업의 실패 등을 나타낸다.
들꽃이 만발한 것을 본 꿈은 — 어떤 기관, 사업장 등에서 자신을 인정해 준다.
꽃 속에 자기가 파묻혀 있는 꿈은 — 좋은 사람과 만나거나 행복한 결혼 생활을 한다.

고목에 핀 꽃 한송이를 얻은 꿈은 — 남의 사업을 인수받아 그것을 발판으로 대성한다.
꽃나무를 뿌리째 캐낸 꿈은 — 계약, 투자, 증권 등이 이루어진다.
스님이 옥반에 어사화를 담아 준 꿈은 — 사회 기관, 학원 등에서 자신을 인정해 준다.
꽃을 보거나 꺾은 장소가 유난히 돋보였던 꿈은 — 이것이 태몽이라면 사회적으로 미혼자는 결혼이 성립된다.
영적인 존재가 꽃다발을 안겨준 꿈은 — 어떤 기관에서 자신을 인정해 주거나 미혼자는 결혼이 성립된다.
꽃나무의 꽃이 떨어진 꿈은 — 단체나 개인의 세력이 몰락함을 나타낸다.
험한 산에 꽃이 만발한 꿈은 — 국가나 사회적인 일로 자신을 내세운다.
낙엽을 긁어 모으는 꿈은 — 어려운 고비를 겪고 난 다음에 일이 성사된다.
정원에 나무를 옮겨다 심은 꿈은 — 자리를 옮기거나 좋은 사람을 만난다.
낙엽이 쌓인 것을 본 꿈은 — 사업이 발전하거나 재물을 얻는다.
높은 나무에 앉아 있는 새 꿈은 — 미혼자는 혼담이 오간다.
나무에 사람이 올라가 있는 꿈은 — 어떤 기관에서 사업, 작품 등에 관해서 상의할 일이 있음을 통보해 온다.
무덤 위에 나무가 서 있는 것을 본 꿈은 — 남의 도움을 받아 어떤 기관의 지도자가 된다.
큰 나무를 자기 집에 옮겨다 심으려고 하는 꿈은 — 훌륭한 인재를 얻거나 단체에서 주도권을 잡게 된다.
고목이 부러진 것을 본 꿈은 — 주도권을 쥐고 있던 사람이 화를 입는다.
소나무가지에 무궁화 꽃이 핀 꿈은 — 사랑의 애정 문제로 번뇌하게 된다.
큰 고목 위를 자연스럽게 걷는 꿈은 — 하고 있는 일이 순조롭게 이루어진다.
강 한가운데 나무가 우뚝 서 있는 꿈은 — 중개자를 통해서 자신의 사업이 이루어진다.
쓰러지려는 나무를 비팀목으로 바쳐놓은 꿈은 — 어려운 난관에 부딪혀도 잘 참아낸다.

산 중턱에서 과일을 따온 꿈은 — 이것이 태몽이라면 운세가 서서히 호전되어 일을 성취시키는 자손을 얻는다.
붉게 익은 사과 여러개를 따온 꿈은 — 여러가지 일에 종사해서 성과를 얻는다.
과일을 통채로 삼킨 꿈은 — 권리, 명예 등을 얻는다.
여러 그루의 감나무에서 감이 떨어진 것을 주어 모은 꿈은 — 여러 기업체, 여러 작품 등에서 좋은 성과를 얻는다.
꽃이 달린 채 떨어진 풋감을 주워 담은 꿈은 — 연구 자료를 수집하거나 자본을 구하게 된다.
배나무의 꽃이 만발해서 달빛에 빛나는 것을 본 꿈은 — 좋은 작품을 써서 여러 사람에게 지식을 제공해 준다.
선악과라고 생각되는 나무 열매를 따먹는 꿈은 — 옳고 그름을 판단하고 진리를 깨닫는다.
곶감꽂이에서 곶감을 한 개씩 빼먹는 꿈은 — 마무리 단계에 있는 일을 맡게 된다.
뽕나무 열매를 따 가진 꿈은 — 성교, 입학, 계약, 잉태 등이 이루어진다.
복숭아나 살구꽃이 만발한 곳을 걷는 꿈은 — 자신을 내세우거나 남녀가 관계를 맺는다.
상수리 나무를 돌로 쳐서 상수리가 우수수 쏟아진 꿈은 — 신상문제, 체험담, 독서, 기관, 재물 등과 관계된다.
혼담이나 사업상의 일로 썩은 과일을 얻어온 꿈은 — 결혼, 사업 등이 불행을 가져온다.
배를 따온 꿈은 — 이것이 태몽이라면 대범한 자손을 얻는다.
죽순을 꺾어온 꿈은 — 사업 성과, 작품 발표 등의 일을 보게 된다.

3. 동물

돼지를 파는 꿈은 — 자기 소유의 물건을 잃어버리거나 남에게 일거리를 빼앗기게 된다.
돼지고기를 상식 이상으로 많이 사는 꿈은 — 뜻하지 않은 많은 재물을 얻게 된다.
돼지새끼를 사는 꿈은 — 적은 돈을 얻지만 그 돈을 이용하여 큰 재물을 만들 수 있다.
돼지와 방에서 싸우다 돼지의 목을 누르는 꿈은 — 사업을 일으키거나 재물을 소유하며 경쟁, 재판 등의 시비가 있으나 승리한다.
멧돼지를 막은 꿈은 — 대학입학, 고시합격, 권리확보 등이 뜻대로 성사된다.
돼지고기를 먹은 꿈은 — 따분하고 답답한 일에 종사하게 된다.
돼지새끼를 쓰다듬은 후 아이를 낳은 꿈은 — 이것이 태몽이라면 재물이 많은 자식을 낳겠지만 그 자식으로 인해서 마음 고생을 한다.
돼지 한 마리가 갑자기 여러 마리로 변하는 꿈은 — 재물이 생기며 사업이 확장된다.
유방이 드러난 그림이나 사진, 조각품 등을 본 꿈은 — 멀리 떨어져 있는 사람의 소식을 듣거나 사진, 편지 등을 받게 된다.
여자의 유방을 거칠게 애무한 꿈은 — 직계가족이나 가까운 사람과 싸울 일이 생기며 부모에게 불효한 일까지 겹친다.
유난히 큰 여자의 유방을 봤는데도 성적 충동이 전혀 일지 않았던 꿈은 — 오래 떨어져 있던 형제·자매를 만나거나 어떤 소식을 듣게 된다.
어린아이가 아닌데도 어머니의 젖을 빨아 먹은 꿈은 — 조상의 유산을 물려받거나 뜻하지 않은 금전적 도움을 받을 일이 생긴다.
어린아이가 자기의 젖을 빨아먹은 꿈은 — 자본을 투자하면 그만한 성과를 볼 일과 접하게 된다.
처음 본 여자에게 칼로 가슴을 찔린 꿈은 — 무슨 병엔가 걸려 수술할 일이 생긴다.
가슴을 풀어헤친 여자를 본 꿈은 — 가까운 사람 중 누군가가 위험에 직면하게 되고 그 위험을 처리해 준다.
가슴에 훈장을 단 자신의 사진을 본 꿈은 — 자기가 발표한 작품에 대해 좋은 평가를 받게 된다.
괴한 가슴에 압박을 가해 몹시 괴로워 했던 꿈은 — 질병에 걸리거나 가까운 사람이 괴로움에 시달리게 된다.
가슴에 훈장을 단 꿈은 — 많은 사람들에게 자신의 솜씨나 실력을 과시할 일이 생긴다.
개들끼리 서로 싸우는 꿈은 — 어떤 사람이 헐뜯고 비난하는 것을 참견하다 오해려 화를 입는다.

죽은 곰의 쓸개를 구한 꿈은 — 일이 잘 추진되고 세인의 이목을 한 몸에 받게 된다.
동물의 머리가 여러 개인 꿈은 — 자신이 가입한 단체에서 우수한 사람이 많이 있다.
타고 있는 코끼리가 움직이지 않아 채찍질을 해서 걷게 한 꿈은 — 풀리지 않은 일을 여러 각도로 구상하여 푼다.
기린의 목을 잘라 죽인 꿈은 — 기쁜 소식이 있거나 어렵던 일이 성사된다.
낙타를 끌고온 꿈은 — 가축, 부동산, 작품 등이 생긴다.
상아 종류의 제품을 구한 꿈은 — 금은 보화나 희한한 물건을 보게 된다.
낙타의 육봉이 기억 속에 남는 꿈은 — 여러 가지 특징을 가진 기업체나 작품을 접하게 된다.
여자가 코끼리를 탄 꿈은 — 부귀로운 사람을 만나거나 남에게 인정을 받는다.

4. 광물

상대방을 돌로 때린 꿈은 — 상대방에게 바른 말을 해서 깨우쳐 주거나 자기 주장을 강력히 내세운다.
암벽을 기어오르기가 무척 고통스러운 꿈은 — 어떤 일을 성사키는데 많은 어려움이 뒤따른다.
돌덩이가 변해 큰 바위가 된 꿈은 — 작은 사업이 점차 확대되어 큰 사업으로 번창된다.
벽돌을 많이 생산하거나 집으로 들여온 꿈은 — 어떤 학문적인 자료를 얻거나 훌륭한 인재를 모으게 된다.
지팡이나 주먹으로 바위를 쳐서 물을 얻어 마실 수 있는 꿈은 — 좋은 아이디어로 세상 사람들을 감동시키고 많은 재물을 얻게 된다.
돌로 쳐서 짐승을 죽인 꿈은 — 여러 방면으로 권력을 행사하여 목적을 달성시킨다.
거리에 자갈을 깔아 놓은 꿈은 — 어떤 교리를 설파하거나 여러 사람에게 일에 대한 방법과 도리를 알려 준다.
큰 바위를 자갈로 만든 꿈은 — 어떤 일을 서로 분담하여 작업을 시작하게 된다.

밑빠진 독에 자꾸 물을 붓는 꿈은 ─ 아무리 벌어도 재물이 모아지지 않고 소비되어 버린다.
뜨거운 물을 마신 꿈은 ─ 여러 방면으로 자기가 소원한 일이 성사된다.
어떤 남자와 우물에서 두레박질을 번갈아 가며 한 처녀의 꿈은 ─ 미혼자는 여러번 혼담이 오고간 후에 결혼이 성사된다.
물을 시원하게 마시지 못한 꿈은 ─ 어떤 기관에 사업 관계로 일을 부탁한 것이 뜻대로 이루어진다.
우물을 발견하거나 찾아 헤맨 꿈은 ─ 어떤 기관에 사업 관계로 일을 부탁한 것이 뜻대로 이루어진다.
우물물을 퍼서 손발을 씻은 꿈은 ─ 근심 걱정이 해소되고 미혼자는 결혼이 성사된다.
자신이 세탁한 옷을 물 그릇에 담가둔 것을 본 꿈은 ─ 자기의 직업이 바뀌고 하는 일마다 남의 이목을 받게 된다.
물이 방안에 가득 고인 꿈은 ─ 좋은 아이디어를 개발하여 사업이 번창해진다.
우물안에서 산이 보인 꿈은 ─ 뜻밖에 큰 사업체가 생기거나 배우자가 나타난다.
집안에 있는 물통에 물이 가득차 있는 것을 본 꿈은 ─ 많은 재물이 여러 곳에서 생긴다.
우물물이 흐려서 처음엔 못마셨다가 나중에 맑아져서 떠 마신 꿈은 ─ 하고 싶은 일이 어려운 난관에 부딪혔다가 성사된다.
그릇에 담긴 물이 엎질러진 꿈은 ─ 재물의 손실이 따르고 자기가 소원했던 꿈이 좌절된다.
뒤집힌 우물물이 흙탕물로 변한 꿈은 ─ 가정에 우환이 있고 사업체에서 부정한 일을 하게 된다.
수도물이 많이 쏟아지지만 받을 그릇이 없는 꿈은 ─ 사업상 빚만 잔뜩 지고 소비할 일만 생긴다.
출처가 분명하지 않은 곳에서 여러 번을 떠다 우물에 붓는 꿈은 ─ 세일즈맨이 돈을 수금할 일이 생긴다.
샘물이 산 아래에서 솟아난 꿈은 ─ 어떤 기관에서 여러 방면으로 재물을 얻게 된다.
동물이 깊은 우물에서 나온 꿈은 ─ 이것이 태몽이라면 정부기관이나 사회적으로 대성할 자손을 얻게 된다.
여러 개의 우물을 지나간 꿈은 — 여러 가지 사업 경험을 가지고 거래처를 확보하게 된다.
공중에 기둥같은 호수가 생겨 동네가 물바다를 이룬 꿈은 — 잡지에 어떤 작품이 실려 세상 사람에게 감명을 주게 된다.
빨래를 맑은 물에서 한 꿈은 — 하고 있는 일이 뜻대로 순조롭게 이루어진다.
방안에 물이 가득 고여 그 안에 목욕하거나 헤엄친 꿈은 — 생활이 윤택해지고 자본이 많은 회사를 통해 자기의 소원을 충족시킨다.
샘물이 땅에서 솟아나와 그것이 흘러 냇물이 된 꿈은 — 어떤 서적이 출판되어 베스트 셀러가 된다.
수도꼭지를 틀어도 물이 나오지 않는 꿈은 — 어떤 사업을 추진해 나가는데 뜻대로 이루어지지 않는다.
샘물에 관한 꿈은 — 이것이 태몽이라면 사업가나 문학가 될 자손을 얻게 된다.
물고기가 뜨거운 물이 끓는 우물에 우글거리는 것을 본 꿈은 — 열성적인 사람들이 교회에서 참된 신앙에 몰두하게 된다.
사람이 우물 안에서 나온 것을 본 꿈은 — 어떤 단체에서 훌륭한 인재를 배출하거나 진리가 담긴 서적을 출판한다.
불어난 우물물이 가득찬 꿈은 — 여러 방면으로 사업이 잘 풀려 재물이 생긴다.
일부러 우물에 들어가 빠지거나 나오지 못한 꿈은 — 자기 꾀에 자기가 넘어가거나 어떤 곳에 구속받게 된다.

제 3 장 생활(生活)에 관한 꿈

1. 감정

상대방의 언행으로 불쾌해진 꿈은 — 상대방으로 인해서 불쾌한 일을 당하거나 불만이 생긴다.

상대방을 위로한 꿈은 — 남에게 지배당하거나 어떤 일로 근심 걱정할 일이 생긴다.
정체 불명의 웃음소리를 들은 꿈은 — 여러 사람에게 비웃음을 당하거나 병으로 시달리게 된다.
이성에게 욕정이 생기지 않는 꿈은 — 어떤 사람에 대해서 무관심하거나 당연한 일로 생각한다.
배가 고프다고 생각한 꿈은 — 무엇인지 항상 허전하고 부족한 느낌을 갖는다.
물고기를 잡아야겠다고 생각한 꿈은 — 어떤 재물을 소유하기 위해서 일을 계획한다.
일에 대해 고통스럽게 생각한 꿈은 — 하는 일마다 장애물이 생겨 난관에 부딪힌다.
무엇을 보고 황홀한 느낌을 갖는 꿈은 — 이상적인 일로 감격하거나 자기의 욕구를 충족시킨다.
상대방이 무표정해 보인 꿈은 — 상대방으로 인해서 조금도 근심걱정할 필요가 없게 된다.
신세타령하며 슬퍼한 꿈은 — 현실에 불만을 갖게 된다.
상대방과 서로 마주보고 운 꿈은 — 사소한 일로 시비를 벌이다가 냉정을 되찾게 된다.
안면이 없는 여자가 흐느껴 운 꿈은 — 가정이나 자기 신변에 좋지 않은 일이 생긴다.
상대방이 명랑하고 활발해 보인 꿈은 — 상대방과 서로 마음이 통해서 교섭이 잘 이루어진다.
상대방이 추하다고 느낀 꿈은 — 마음에 들지 않는 사람을 만나거나 물건을 갖게 된다.
천지가 전체적으로 흐리게 보인 꿈은 — 근심 걱정할 일이 생기고 불쾌한 일을 겪게 된다.
모든 사물이 아름답다고 느낀 꿈은 — 하는 일이 만족스럽고 감동적인 일을 보게 된다.
상대방을 속여야겠다고 생각한 꿈은 — 진실이 아니거나 계교적인 일로 상대방을 유혹하게 된다.
상대방에 대해 공포감을 갖은 꿈은 — 상대방의 일로 위험에 직면하거나 불안해진다.
연약하고 부드러운 물건을 본 꿈은 — 작품이 미완성되거나 정서적으로 마음이 풍부하다.
행위나 전망에서 끝이 없다고 생각된 꿈은 — 허망하고 비현실적인 일을 접하게 된다.
헌 것을 소유한 꿈은 — 과거에 지니고 있던 물건을 발견하게 된다.

2. 건물

종탑이 높은 교회에서 울리는 종소리를 들은 꿈은 — 자기의 진심을 널리 알리거나 기쁜소식을 남에게 전할 일이 있다.
군대가 주둔한 막사나 사령부를 본 꿈은 — 관공서나 기타 단체기관과 접촉할 일이 생기게 된다.
벌레집을 발견하고 거기에 몹시 집착했던 꿈은 — 단독적인 물건을 생산할 일이 생기게 된다.
살롱이나 다방에 들어갔던 꿈은 — 개인내지는 단체와 결속할 일이 생기거나 누군가와 친교할 일이 생긴다.
과일을 파는 가게와 관계를 한 꿈은 — 금융기관에 출입하거나 그런 곳에 근무하고 있는 사람과 상담할 일이 생긴다.
호텔이나 여관 등 숙박업소와 관계한 꿈은 — 어떤 회사에 임시직으로 취직되거나 한없이 기다려야 할 일 등이 생기게 된다.
용이 승천한 자리에 작고 아담한 교회가 생긴 꿈은 — 목적했던 것을 달성하게 되고 후세에 남을 업적을 이룩하게 된다.
보석류를 취급하는 금은방과 관계한 꿈은 — 심사기관, 연구기관 등에 출입할 일이 생기거나 그 일에 직접 참여하게 된다.
식물원을 구경했던 꿈은 — 멀리 관광을 하게 되거나 등산, 산책 등을 할 일이 생긴다.
흔히 말하는 일반회사의 관계한 꿈은 — 어떤 사업장이나 교육기관으로부터 표창을 받게 되거나 공로를 치하받게 된다.
옷감이나 종이류를 구입한 꿈은 — 부동산의 서류를 꾸미게 되거나 소개업자를 통해 무슨 일인가를 소개받게 된다.
곡물가게와 거래한 꿈은 — 직접적으로 돈과 관계가 있는 일에 참여하게 된다.

집밖으로 나갔던 꿈은 — 사업을 시작하게 되거나 계획했던 일을 착수하게 된다.
움막집에 들어갔던 꿈은 — 여자와 관계된 음모에 빠지게 되고 중병에 걸릴 위험이 도사리고 있다.
가구 등의 물건을 집안으로 들여온 꿈은 — 큰 이득을 보게 되거나 돈과 관계된 사건을 떠맡게 된다.
집을 짓고 있는 공사현장을 본 꿈은 — 남의 일에 지나친 관심을 갖게 되거나 어떤 일을 감독, 책임지게 된다.
왔던 손님이 돌아간 꿈은 — 꿈 속의 사람과 인연이 끊길 사건이 생기거나 원수지간이던 관계가 원활하게 풀리지 않는다.
지붕를 수리하거나 기와를 잇는 것을 본 꿈은 — 하던 일이 완성되거나 확실하던 거래처가 거래를 옮기게 된다.
이사짐이 산더미처럼 많았던 꿈은 — 사업자금을 대줄 사람이 나타나게 되고 그만큼 근심걱정이 많아지게 된다.
환자가 새로 지은 집에 들어가서 문을 걸어 잠그고 나오지 않았던 꿈은 — 병이 최대로 악화되거나 가까운 시일 안에 사망하게 된다.
자기 집을 허물어 내렸던 꿈은 — 계획을 변경하거나, 크게는 국가적 변동사항이 있어 담화문 등을 발표하게 된다.
아파트 단지의 건물 사이로 지나간 꿈은 — 무슨 일을 하든 여러기관 등에서 사사건건 간섭하는 일이 많다.
많은 사람들이 자기 집과 그 주위에서 웅성댄 꿈은 — 일가친척 중의 누군가 사망하거나, 사람들이 많이 모일 불상사를 당하게 된다.
연립주택이나 아파트 등 현대식 건물과 관계한 꿈은 — 문화사업을 시작하게 되거나 그와 관련한 작품을 발표하게 된다.
전통적인 한옥이나 초가집과 관계한 꿈은 — 시골길을 걷게 되거나 고고학적인 일과 관계하게 된다.
변소에 들어갔던 꿈은 — 자신의 목적을 이룰 수 있는 장소를 찾게 된다.
음식점 옆에 붙어 있는 변소에서 용변을 본 꿈은 — 누군가를 접대하는 과정에서 창녀와 성관계를 하게 된다.
한쌍의 남녀가 변소로 들어간 것을 본 꿈은 — 간통소식을 듣게 되거나 자신의 이익을 가로채려는 사람이 나타난다.
철조망을 끊고 내부로 침입한 꿈은 — 상상조차 할 수 없을 정도의 능력을 발휘하여 정부기관을 술렁이게 하고 어려웠던 일을 쉽게 해결시켜 준다.
동물이 천정을 뚫고 들어온 걸 본 꿈은 — 단명하거나 일찍 양친부모를 잃게 된다.
총천연색의 기와로 지붕이 장식돼 있는 꿈은 — 사업장에서 유별난 일이 일어나게 된다.
대문을 나선 처녀가 공동묘지나 산으로 걸어간 꿈은 — 진행 중이던 혼담이 성립되거나 취직을 하게 된다.
담 위에서 고양이가 내려다본 꿈은 — 자기의 일에 간섭할 사람이 나타나거나 누군가에 의해 감시를 받게 된다.
문구멍을 통해서 안을 엿본 꿈은 — 정보수집을 하게 되거나 누군가에게 린치를 가하게 된다.
누군가가 자신의 방을 들여다본 꿈은 — 누가 자기의 모든 것을 알려 하거나 싸움을 걸어오게 된다.
천정에 붙은 불이 거세게 번진 꿈은 — 누구에겐가 은밀하게 청탁할 일이 남의 입에 오르내리게 되고 그로 인하여 타격을 입게 된다.
문턱에 있던 구렁이가 갑자기 없어진 꿈은 — 진행 중인 혼담이 성사되거나 불화로 인하여 이별을 하게 된다.
유명인사와 악수를 하거나 인사를 대신해 키스를 한 꿈은 — 명예를 얻게 되거나 자기와 관련된 일이 성공적으로 성사됐다는 소식을 듣게 된다.
어느 집 울타리 안에 있는 과일 나무에서 집주인이 과일을 따준 꿈은 — 상상하지 않았던 보너스를 받게 되거나 좋은 직장에 취직이 된다.

3. 물체

수많은 비행기가 떠서 싸움을 벌이거나 우왕좌왕 떠다닌 것을 본 꿈은 — 머리가 아프거나 복잡한 일에 얽매인다.
비행기가 착륙해서 자가용으로 변한 꿈은 — 국영기업체가 어떤 전환기에 개인 기업체로 바뀌는 것을 뜻한다.
비행접시나 인공위성을 타고 다닌 꿈은 — 좀 더 부귀로운 고급 기관에서 생활하게 된다.
우방국가 원수의 비행기를 샐러리맨이 탄 꿈은 — 근무하고 있는 거래처와 관련이 있고 같은 회사 계열로 전근하게 된다.

접대부를 손으로 더듬은 선원의 꿈은 ― 배의 기물이 파괴되거나 사소한 일로 다투게 된다.
음식을 배 안에서 먹은 꿈은 ― 다른 사람이 부탁한 일을 책임있게 해결해 준다.
수평선 너머로 배가 사라진 것을 본 꿈은 ― 자기가 시작한 일의 성과를 기다리고 있거나 외국에 갈 일을 나타내기도 한다.
배에서 목재를 내려 쌓는 것을 본 꿈은 ― 남을 통해서 많은 재물을 얻게 된다.
보우트를 저어서 가는 꿈은 ― 주어진 조건의 일을 잘 처리하게 된다.
배의 선수에 깃발이 꽂히고 자기 혼자만 탄 꿈은 ― 가까운 시일안에 불행한 일이 있게 된다.
함장이 된 자신이 적함을 공격한 꿈은 ― 경쟁 회사나 정당 등에 제재를 가하게 된다.
선장실이나 갑판에서 회의하는 것을 본 꿈은 ― 새로운 단체를 조직하거나 어떤 세미나에 참석하게 된다.
짐을 만재한 화물선이 부두에 닿은 꿈은 ― 뜻밖에 사업 자금이 생겨서 이득을 얻게 된다.
기선이 기적을 울리며 항구를 떠난 꿈은 ― 어떤 일의 성사를 위해서 나름대로 좋은 아이디어를 개발한다.
뱃길에 물이 말라버린 꿈은 ― 하고 있는 일이 도중에 포기된다.
항구 도시 술집에서 술을 많이 마신 선원의 꿈은 ― 남에게 꾸지람을 듣거나 사기당할 일이 있다.
부두가에서 자신이 아는 사람을 전송한 꿈은 ― 출세를 하거나 작품을 선전할 일이 있다.
작은 배에서 큰 기선으로 가볍게 올라가는 사람을 본 꿈은 ― 사람을 기다리게 되거나 병상에 눕게 된다.
보우트를 타고 벌판에 있는 하천에서 물고기를 많이 잡은 꿈은 ― 어떤 잡지에 작품을 연재하여 후한 원고료를 받게 된다.
하늘 높이 그네를 탄 꿈은 ― 자기의 소원을 충족시키고 세상에 과시할 만한 일이 있게 된다.
경사진 곳을 자전거를 타고 오르는 꿈은 ― 어떤 일을 추진하는데 장애물이 많이 따라 어려움을 겪게 된다.

어떤 사람이 청과물을 손수레에 가득 실어다 놓은 꿈은 — 다른 회사의 도움을 받거나 과일 선물을 받게 된다.
병자나 노인이 가마를 타고 사라져 버린 꿈은 — 가정의 화근이 생기게 된다.
마차를 타고 자신이 왕비나 왕자가 된 것처럼 호위를 받으며 거리를 달리는 꿈은 — 어떤 단체의 우두머리가 되거나 지위가 높아진다.
케이블카나 엘리베이터를 타고 오르내렸던 꿈은 — 어떤 단체에서 중개 역할을 하게 된다.
들것을 두사람이 마주 잡고 있는 꿈은 — 서로가 사소한 일로 의견충돌이 있게 된다.
들것에 시체를 싣고 집 주변에서 서성거리는 모습을 본 꿈은 — 일의 성과를 얻으려면 상당한 시일을 필요로 하게 된다.
들것을 타고 가는 꿈은 — 협조자의 도움으로 자신의 지위가 높아진다.
처녀가 고목나무가지에서 그네를 타는데 노인도 다른 가지에서 그네를 타고 있는 꿈은 — 자신이 원했던 큰 기업체에서 자기 능력을 마음껏 발휘하게 된다.
가마문을 열어놓고 가는 꿈은 — 하고 있는 일이 순리대로 잘 풀린다.

4. 물건

모자 꿈은 — 일반적으로 동업자, 지위, 신분증, 직업 등과 관련이 있다.
왕관을 쓴 꿈은 — 자기의 모습을 남에게 자신있게 과시할 일이 생긴다.
모자를 새것으로 구입해서 쓴 꿈은 — 신분증의 갱신, 입사, 입학 등을 하게 된다.
사각모를 쓴 꿈은 — 학문, 공로 등을 통해서 자신을 인정 받는다.
짚신을 신은 꿈은 — 집, 가정부, 고용인 등을 얻는다.
자기 외에 친척들이 굴건을 쓰고 있는 것을 본 꿈은 — 유산 분배, 유산 문제로 서로 시비가 생긴다.
부인이 족두리를 쓰고 거울을 들여다 보는 꿈은 — 권력을 쥔 친척을 만나거나 반가운 사람을 접대한다.
영적인 존재가 주는 신발을 받아 신는 꿈은 — 학자, 지도자, 권력자 등의 도움을 많이 받는다.
군인이 단체로 철모를 쓴 꿈은 — 하고 있는 일이 날로 번창한다.

연못 속에 꽂혀 있는 지팡이를 얻어 사용한 꿈은 — 어떤 단체에서 자신에게 임무를 부여한다.
담배를 남에게 주어 피우는 것을 본 꿈은 — 자기가 원하는 것을 남이 반드시 들어준다.
라이터를 남에게 준 꿈은 — 하고 싶은 일이 뜻대로 이루어지지 않는다.
남이 준 손수건을 받은 꿈은 — 남의 고용인이 되거나 도움을 받고 그의 뜻에 동조한다.
시계가 고장난 꿈은 — 집안 사람이 병들거나 사업이 부진해지고 교통사고를 당할 일이 있다.
승리라고 쓴 수건을 머리에 동여맨 꿈은 — 정신적으로 어려운 문제에 부딪히지만 잘 극복해 나간다.
재떨이를 얻은 꿈은 — 이것이 태몽이라면 카운셀러나 경리 등에 관계된 직업을 가진 자손을 얻는다.
담배대를 새로 산 꿈은 — 직장이 알선되거나 사업을 시작한다.
안경을 새로 구입해서 쓴 꿈은 — 주변에 있는 모든 것이 새롭게 단장된다.
망원경을 통해 먼 곳의 광경을 가깝게 본 꿈은 — 미래의 일을 알거나 먼 곳에서 소식이 온다.
신분증을 제시하고 검문소를 통과한 꿈은 — 증명서를 남에게 보여주거나 정신적, 육체적 고통에서 해방된다.
심지, 휘발유, 라이터의 둘 중에 어느 한가지라도 없어서 불을 켜지 못했던 꿈은 — 남에게 부탁을 하지만 상대방이 들어주지 않는다.
시계가 소포로 발송된 꿈은 — 주어진 임무를 성실하게 수행한다.
미혼녀가 재떨이를 얻은 꿈은 — 자신을 잘 이해해주고 어려운 일을 같이 풀어나갈 남성을 만난다.
금테안경을 쓴 꿈은 — 어떤 단체에서 자신을 인정해 준다.
지갑에 지폐가 가득 들어 있는 꿈은 — 여러 방면으로 만족할만한 재물이 생긴다.
담배를 상대방에게 준 꿈은 — 상대방의 소원을 충족시켜 주므로 자기에게 손실이 온다.
큰 시계를 팔목에 차지 못하고 배에 찬 꿈은 — 주도권, 사업체, 생활 능력 등을 소유한다.

지팡이의 형태가 갑자기 변한 꿈은 — 권력, 지휘능력 등이 확장됨을 나타낸다.
여러 사람들이 수건을 동여매고 뛰는 것을 본 꿈은 — 남의 명령에 굴복하고 자기 주장을 내세우는 사람을 접하게 된다.
가방 속에 수북이 쌓인 꿈은 — 하고 있는 일이 계획대로 잘 추진된다.
선글라스를 낀 사람을 본 꿈은 — 이중인격을 나타내는 사람과 접하게 된다.
얼굴을 접수계에 내밀고 들어가게 해달라고 한 꿈은 — 신상카드를 어느 기관에 제출하고 결과가 나오기를 기다린다.
수건을 어깨에 둘렀는데 그 자락이 손까지 처져있는 꿈은 — 많은 사람들이 자신의 직업을 인정해 준다.

5. 활동

공을 서로 주고받는 꿈은 — 어떤 시비거리로 상대편 마음과 서로 엇갈린다.
경기장에 많은 관중이 모인 꿈은 — 인원에 비례해서 자기 일은 그만큼 난관에 부딪히게 된다.
마라톤에서 꼴찌로 달리고 있는 꿈은 — 하고 있는 일이 순리대로 풀리고 안전하다.
자기 나라의 선수가 국제경기에서 승리한 꿈은 — 단체경기, 작품응모, 사업 등에서 자기편 주장이 어떤 어려움도 뚫고 나가서 목적을 달성하게 된다.
야구경기에서 자기편 선수가 홈런을 때린 꿈은 — 어떤 일을 해도 장애물 없이 잘 해결된다.
관중석에 관람자가 아무도 없는 꿈은 — 어떤 복잡한 문제라도 어려움 없이 해결하고 스스로 판단한다.
남의 노랫소리를 듣는 꿈은 — 제3자가 자기에게 호소하거나 자신의 주장이 남에게 불쾌감을 안겨준다.
피아노의 건반을 두드리자 소리가 난 꿈은 — 완고한 성격을 가진 사람의 마음을 움직여서 반응이 있게 만든다.
자신이 나팔을 분 꿈은 — 상대방의 마음을 움직여 권세나 명성을 떨친다.

그림을 다른 사람이 보내온 꿈은 — 서적, 청첩장, 편지, 경고장 등을 받게 된다.
풍경화나 사생화를 그린 꿈은 — 어떤 사람의 사적인 일을 캐묻거나 자기 소원, 사업운, 혼담 등을 결정할 일이 있다.
사진기를 새것으로 구입한 꿈은 — 동업자의 도움을 받거나 연인을 만나게 된다.
사진첩을 펼쳐본 꿈은 — 남의 사생활을 조사하거나 고전을 읽게 된다.
사진을 찍으려 했는데 필름이 없어서 찍지 못한 꿈은 — 일의 성취가 불가능해진다.
필기도구가 없어서 쩔쩔맨 꿈은 — 일의 성취가 불가능해 진다.
나체화를 보고 성충동을 일으킨 꿈은 — 어떤 사람의 신상 문제를 보게 되거나 남의 작품을 보고 마음이 불쾌해진다.
남의 그림을 감상한 꿈은 — 남의 청원, 연애편지, 신용장 등을 읽거나 검토할 일이 있다.
고적이나 풍경을 사진 찍는 꿈은 — 어떤 사건이나 업적을 기록에 의해서 남겨둔다.
상상화를 그리는 꿈은 — 현재나 미래에 전혀 예기치 못한 일을 묘사한다.
여러 가지 그림이 담긴 사진첩을 넘겨본 꿈은 — 어떤 사람을 추적하거나 도서목록, 이력서, 프로그램 등을 보게 된다.
추상화를 그린 꿈은 — 어떤 계획을 추진해 나간다.
풍경화 한 폭을 감상한 꿈은 — 자기 소원이나 계획한 일을 그 한폭의 그림 내용에서 알 수 있다.
인형이 말을 한 꿈은 — 자기의 사악한 마음을 올바르게 고쳐 사람의 도리를 행한다.
자신이 포즈를 취하고 있는데 사진을 찍은 꿈은 — 남이 자기의 신상 문제를 놓고 옳고 그름을 따진다.
그림을 새로 구입한 꿈은 — 어떤 단체에서 자신의 성실함을 많은 사람들이 인정해 준다.
나체 모델을 놓고 화가가 그리는 것을 본 꿈은 — 상대방의 심리 변화나 신상 문제에 관해서 알고 싶어 한다.
추첨기를 돌려서 추첨표를 얻은 꿈은 — 어떤 기관에 청원을 해서 자기 뜻대로 이루어지도록 부탁한다.
높고 험한 산을 정복한 꿈은 — 자신이 하고 있는 일이 사회적으로 인정을 받는다.
흰돌을 쥔 자신이 상대편의 흑돌을 하나씩 따내며 바둑을 둔 꿈은 — 처음부터 자기에게 유리한 쪽으로 치우쳐 있었으므로 쉽게 상대방을 공략할 수 있다.
시골 노인들이 한꺼번에 몰려와 화투를 치자고 한 꿈은 — 어떤 기관에 청탁한 일이 쉽게 해결되지 않는다.
어린아이와 장기를 두면서 아이의 연령을 헤아린 꿈은 — 벅차고 고통스런 일거리와 남의 간섭을 받을 일이 있다.
국수급에 속하는 윗사람과 바둑을 두어 이긴 꿈은 — 최고의 세력, 권리 등을 확보할 수 있다.
산에서 사람이 소리지르며 손을 흔들고 하늘로 올라가는 걸 본 꿈은 — 높고 험한 산에서 조난당한 기사거리를 읽게 된다.
화투장을 늘어놓고 오관을 떼어본 꿈은 — 소원 성취나 계획한 일에 대한 예지와 판단을 위해 심사숙고 하게 된다.
기계를 조작해서 노름을 한 꿈은 — 어떤 기관을 통해서 행운을 얻게 된다.
유명한 배우가 입고 있던 옷을 받아 입은 꿈은 — 유명한 사람의 지도를 받거나 협조를 얻어 비슷한 일을 하게 된다.
줄타기를 하다 떨어져 죽은 것을 본 꿈은 — 어렵고 힘든 일이 어떤 기관을 통해서 이루어진다.
유명한 탈렌트와 함께 데이트 한 꿈은 — 인기인이 되거나 자기를 과시할 일이 있다.
똑같은 화면이 영화 스크린에 여러번 비친 꿈은 — 신문, 잡지에 같은 내용 또는 비슷한 내용의 기사를 실리게 된다.
야외촬영을 하는데 많은 사람이 몰려 있는 꿈은 — 사업상 여러가지 보완 또는 고칠 일이 많거나 관심을 갖는 사람이 많다.
서커스를 구경한 꿈은 — 선전 광고, 잡지의 외설물 등을 보게 되고 사업이 위태롭게 보이지만 잘 운영해 나간다.

나도 역술가가 될 수 있다

사주보는법

음양오행법
사주와대운

제 1 장   음양 오행법(陰陽 五行法)

 사주학(四柱學)뿐 아니라 모든 운명철학서(運命哲學書)를 연구하거나 공부하려는 사람은 제일 먼저 다음에 설명하는 기초지식을 알아두어야 한다. 즉 총칭하여 육갑법(六甲法)이라 하는데 육갑법이라 하면 천간(天干) 지지(地支)의 응용(應用)방법 및 그에 따른 음양오행(陰陽五行)의 작용(作用)되는 원리(原理)를 말하는 것이다.
 이 육갑법은 비단 본 사주학인 명리학(命理學)은 물론 관상학, 성명학 택일(擇日) 복서(卜筮) 풍수지리(風水地理) 및 기타 모든 역학분야를 배우거나 응용하는데 있어 반드시 익히 알아두어야 할 초보적 지식으로써 모두 숙달이 되도록 익혀두어야 한다는 점을 강조해 두는 바이다.

1. 육갑 (六甲)

(1) 간지(干支)의 기본지식

 육갑법의 기본이 되는 것은 천간(天干)과 지지(地支)이다. 이 천간과 지지가 합성하여 六十甲子가 되는 것이며, 이 간지(干支)에서 음양(陰陽), 오행(五行), 수리(數理), 방위(方位), 색(色), 계절(季節) 등이 정해지는 것이다. 그리고 六十甲子 연(年)과 월(月)과 일(日)과 시(時)에 그 위치가 정해져 윤회(輪回)하게 되는 것으로 예를 들어 甲子年 丙寅月 戊辰日 丁巳時 등으로 年月日時에 따라 간지(干支)가 달라지는 것이다.

① 십간십이지(十干十二支)
 십간이란 즉 천간(天干)을 말하는데, 천간의 종류가 열가지가 있다

해서 十干이라 하고, **십이지**는 지지(地支)를 말하는바 그 종류가 열두 가지가 있다 해서 십이지(十二支)라 한다. 그런데 술어상으로 말할때 천간지지(天干地支) 또는 간지(干支)로 약칭한다.

十干(天干) { 갑 을 병 정 무 기 경 신 임 계
　　　　　　　 甲 乙 丙 丁 戊 己 庚 辛 壬 癸

十二支(地支) { 자 축 인 묘 진 사 오 미 신 유 술 해
　　　　　　　 子 丑 寅 卯 辰 巳 午 未 申 酉 戌 亥

② 간지(干支)의 음양(陰陽)

　천간과 지지에는 각각 음(陰)에 속하는 것과 양(陽)에 속하는 것이 있다. 이 음양(陰陽)은 오행(五行)과 더불어 가장 많이 쓰이게 되는 것이니 머리속에 익혀 두어야 역학 연구에 편리할 것이다.

甲 丙 戊 庚 壬 { 이는 천간의 양에 속하므로
　　　　　　　　 양간(陽干)이라 한다.

乙 丁 己 辛 癸 { 이는 천간의 음에 속하므로
　　　　　　　　 음간(陰干)이라 한다.

子 寅 辰 午 申 戌 { 이는 지지의 양에 속하므로
　　　　　　　　　 양지(陽支)라 한다.

丑 卯 巳 未 酉 亥 { 이는 지지의 음에 속하므로
　　　　　　　　　 음지(陰支)라 한다.

③ 육십갑자(六十甲子)

　천간의 위에 위치하고 지지는 천간의 밑에 붙여 소위 육십갑자가 구성되는데 양간(陽干)은 양지(陽支)와 음간(陰干)은 음지(陰支)와 상하로 배합(配合)된 것이 육십가지로 되어 이것을 육십갑자라 칭한다.

　그 구성과 순서는 다음 표와 같다.

甲子	乙丑	丙寅	丁卯	戊辰	己巳	庚午	辛未	壬申	癸酉
甲戌	乙亥	丙子	丁丑	戊寅	己卯	庚辰	辛巳	壬午	癸未
甲申	乙酉	丙戌	丁亥	戊子	己丑	庚寅	辛卯	壬辰	癸巳
甲午	乙未	丙申	丁酉	戊戌	己亥	庚子	辛丑	壬寅	癸卯
甲辰	乙巳	丙午	丁未	戊申	己酉	庚戌	辛亥	壬子	癸丑
甲寅	乙卯	丙辰	丁巳	戊午	己未	庚申	辛酉	壬戌	癸亥

갑자	을축	병인	정묘	무진	기사	경오	신미	임신	계유
갑술	을해	병자	정축	무인	기묘	경진	신사	임오	계미
갑신	을유	병술	정해	무자	기축	경인	신묘	임진	계사
갑오	을미	병신	정유	무술	기해	경자	신축	임인	계묘
갑진	을사	병오	정미	무신	기유	경술	신해	임자	계축
갑인	을묘	병진	정사	무오	기미	경신	신유	임술	계해

(2) 간지(干支)의 정국(定局)

① 간지(干支)의 선후천수(先後天數)

천간과 지지에는 각각 그에 따른 선천(先天)의 수와 후천(後天)의 수가 있다.

先天數 = 甲己子午九 乙庚丑未八 丙辛寅申七 丁壬卯酉六 戊癸辰戌五
　　　　　巳亥屬之四

後天數 = 甲寅三 乙卯八 丙午七 丁巳二 戊辰戌五 丑未十 己獨百 庚申
　　　　　九 辛酉四 壬子一 癸亥六

이것을 아래와 같이 조견표(早見表)로 구분하기 쉽게 표시하였다.

천 간(天 干)	甲	乙	丙	丁	戊	己	庚	辛	壬	癸
선천수(先天數)	九	八	七	六	五	九	八	七	六	五
후천수(後天數)	三	八	七	二	五	百	九	四	一	六

지 지(地 支)	子	丑	寅	卯	辰	巳	午	未	申	酉	戌	亥
선천수(先天數)	九	八	七	六	五	四	九	八	七	六	五	四
후천수(後天數)	一	十	三	八	五	二	七	十	九	四	五	六

② 간지의 오행(五行)

甲乙寅卯**木**　丙丁巳午**火**　戊己辰戌丑未**土**　庚辛申酉**金**　壬癸亥子**水**

甲과 乙과 寅과 卯는 모두 오행이 木에 속하고, 丙과 丁과 巳와 午는 오행이 火요, 戊와 己와 辰戌丑未는 오행이 土요, 庚辛과 申酉는 오행이 金이요, 壬癸와 亥子는 오행이 水에 속한다.

③ 간지의 방위(方位)

　甲乙寅卯辰－東　丙丁巳午未－南　戊己－中央　庚辛申酉戌－西 壬癸亥子丑－北

　천간 甲乙과 地支 寅卯辰은 東方에 속하고, 丙丁과 巳午未는 南方에 속하고, 戊己는 중앙(中央)이요, 庚辛과 申酉戌은 西方에 속하고, 壬癸와 亥子丑은 北方에 속한다.

④ 간지의 색(色)

　甲乙寅卯－靑　丙丁巳午－赤　戊己辰戌丑未－黃　庚辛申酉－白 壬癸亥子－黑

　甲乙과 寅卯는 그 빛이 청색(靑色)이요, 丙丁과 巳午는 적색(赤色)에 속하고, 戊己와 辰戌丑未는 황색(黃色)에 속하고, 庚辛과 申酉는 백색(白色)에 속하고, 壬癸와 亥子는 흑색(黑色)에 속한다.

⑤ 간지의 절기(節氣)

　甲乙寅卯辰－春　丙丁巳午未－夏　庚申辛酉戌－秋　壬癸亥子丑－冬
　甲乙과 寅卯辰은 봄이요, 丙丁과 巳午未는 여름이요, 庚辛과 申酉戌은 가을이요, 壬癸와 亥子丑은 겨울이다. 그런데 단, 辰戌丑未는 사계월(四季月)이니 즉, 三月·九月·十二月·六月을 말한다.

⑥ 간지의 월건(月建)

　正月－寅　二月－卯　三月－辰　四月－巳　五月－午　六月－未 七月－申　八月－酉　九月－戌　十月－亥　十一月－子　十二月－丑
　여기에서는 천간(天干)은 세간(歲干－그해 그해에 해당되는 천간)의 바뀜에 따라 月의 천간도 달라지기 때문에 찬간 붙이는 법은 아래에 쓰기로 하고, 다만 지지(地支)만은 어느해를 막론하고 月에 따라 일정하게 정해져 있으므로 지지에 속한 月의 소속을 설명한다.

　즉 正月은 寅, 二月은 卯, 三月은 辰, 四月은 巳, 五月은 午, 六月은 未, 七月은 申, 八月은 酉, 九月은 戌, 十月은 亥, 十一月은 子, 十二月은 丑月이라 한다.

● 월건 돌려 집는 法

甲己年-丙寅頭　乙庚年-戊寅頭　丙辛年-庚寅頭　丁壬年-壬寅頭
戊癸年-甲寅頭

태세(太歲 甲子年 己丑年의 보기) 천간이 甲년이나 己년이면 正月을 丙寅부터 시작해서 二月은 丁卯, 三月은 戊辰이 되는데 六十甲子 순서로 正月에서 붙여 나간다. 이하 乙庚년이나 丙辛年 등으로 위의 예와 같은 방법으로 붙여 나가면 된다.

● 월건 조견표

	正月	二月	三月	四月	五月	六月	七月	八月	九月	十月	十一月	十二月
甲己年	丙寅	丁卯	戊辰	己巳	庚午	辛未	壬申	癸酉	甲戌	乙亥	丙子	丁丑
乙庚年	戊寅	己卯	庚辰	辛巳	壬午	癸未	甲申	乙酉	丙戌	丁亥	戊子	己丑
丙辛年	庚寅	辛卯	壬辰	癸巳	甲午	乙未	丙申	丁酉	戊戌	己亥	庚子	辛丑
丁壬年	壬寅	癸卯	甲辰	乙巳	丙午	丁未	戊申	己酉	庚戌	辛亥	壬子	癸丑
戊癸年	甲寅	乙卯	丙辰	丁巳	戊午	己未	庚申	辛酉	壬戌	癸亥	甲子	乙丑

이 월건법은 만세력(萬歲曆)을 보면 짚는 법을 몰라도 직접 알수 있으나 기초법상 설명한다.

⑦ 간지의 시간

월건과 마찬가지로 시간 천간(天干)은 일진(日辰)에 따라 바뀌지만 지지(地支)는 바뀌지 않고 일정하게 정해져 있다.

子時 = 오후 11時 ～ 오전 1時,　**丑時** = 오전 1時 ～ 오전 3時,
寅時 = 오전 3時 ～ 오전 5時,　**卯時** = 오전 5時 ～ 오전 7時,
辰時 = 오전 7時 ～ 오전 9時,　**巳時** = 오전 9時 ～ 오전 11時,
午時 = 오전 11時 ～ 오후 1時,　**未時** = 오후 1時 ～ 오후 3時,
申時 = 오후 3時 ～ 오후 5時,　**酉時** = 오후 5時 ～ 오후 7時,
戌時 = 오후 7時 ～ 오후 9時,　**亥時** = 오후 9時 ～ 오후 11時.

● 시간 돌려집는 법

甲己日-甲子時, 乙庚日-丙子時, 丙辛日-戊子時, 丁壬日-庚子時,
戊癸日-壬子時

시간의 지지는 위와 같으나 천간은 그날의 일진에 따라 바뀐다. 그러므로 甲己日에는 子時를 甲子부터 시작하여 乙丑 丙寅으로 짚어나가고, 乙庚日에는 丙子시부터 시작하여 丁丑 戊寅으로 짚어나가고, 丙辛日에는 戊子시, 丁壬日에는 庚子시, 戊癸日에는 壬子시부터 시작해서 六十甲子 순위로 짚어 나가면 그날의 日辰에 맞춰 시간의 간지(干支)를 알 수 있는 것이다.

아래는 일진의 간지(天干)만 알면 직접 시간을 알수 있는 조건표이다.

	子時	丑時	寅時	卯時	辰時	巳時	午時	未時	申時	酉時	戌時	亥時
甲己日	甲子	乙丑	丙寅	丁卯	戊辰	己巳	庚午	辛未	壬申	癸酉	甲戌	乙亥
乙庚日	丙子	丁丑	戊寅	己卯	庚辰	辛巳	壬午	癸未	甲申	乙酉	丙戌	丁亥
丙辛日	戊子	己丑	庚寅	辛卯	壬辰	癸巳	甲午	乙未	丙申	丁酉	戊戌	己亥
丁壬日	庚子	辛丑	壬寅	癸卯	甲辰	乙巳	丙午	丁未	戊申	己酉	庚戌	辛亥
戊癸日	壬子	癸丑	甲寅	乙卯	丙辰	丁巳	戊午	己未	庚申	辛酉	壬戌	癸亥

⑧ 십이지(十二支)의 수명(獸名)

子-鼠(쥐) 丑-牛(소) 寅-虎(범) 卯-兎(토끼) 辰-龍(용)
巳-蛇(뱀) 午-馬(말) 未-羊(양) 申-猿(원숭이) 酉-鷄(닭)
戌-狗(개) 亥-猪(돼지)

(3) 간지의 변화(變化)

① 천간(天干)의 합충(合沖)

　干合=甲己合　乙庚合　丙辛合　丁壬合　戊癸合
　甲과 己는 합이요, 乙과 庚이 합이요, 丙과 辛이 합이요, 丁과 壬이 합이요, 戊와 癸가 합이다.
　干沖=甲庚沖　乙辛沖　丙壬沖　丁癸沖　戊己沖
　甲과 庚이 충이요, 乙과 辛이 충이요, 丙과 壬이 충이요, 丁과 癸가 충이요, 戊와 己가 충이다.

② 지지(地支)의 합충(合沖)

　支三合=申子辰合　亥卯未合　寅午戌合　巳酉丑合
　申子辰이 합이요, 亥卯未가 합이요, 寅午戌이 합이요, 巳酉丑이 합이다.

支六合＝子丑合　寅亥合　卯戌合　辰酉合　巳申合　午未合, 子丑이 합이요, 寅亥가 합이요, 卯戌이 합이요, 辰酉가 합이요, 巳申이 합이다.
支六冲＝子午冲　丑未冲　寅申冲　卯酉冲　辰戌冲　巳亥冲
子午가 상충이요, 丑未가 상충이요, 寅申이 상충이요, 卯酉가 상충이요, 辰戌이 상충이요, 巳亥가 상충이다.

③ 지지의 형파해(刑破害) 및 기타
支相刑＝寅巳申相刑　丑戌未相刑　子卯相刑　辰午酉亥自刑
寅巳申이 상형이라 하는데 寅은 巳를 刑하고 巳는 申을 刑하고 申은 寅을 刑한다.
丑戌未를 상형이라 하는데 丑은 戌을 형하고 戌은 未를 형하고 未는 丑을 형한다.
子卯가 상형인데 子는 卯를 형하고, 卯는 子를 형한다.
辰午酉亥가 각각 형인데 辰은 辰을, 午는 午를, 酉는 酉를, 亥는 亥를, 형한다.
支六破＝寅亥破　丑辰破　子酉破　午卯破　巳申破
寅은 亥를 파하고 亥는 寅을 파한다. 이하도 같은 예이다.
支六害＝子未害　丑未害　寅巳害　卯辰害　申亥害　酉戌害
子는 未를, 未는 子를 서로 해한다. 이하도 같은 예이다.
支怨嗔＝子未　丑午　寅酉　卯申　辰亥　巳戌
쥐와 양이 원진이요, 소와 말이 원진이요, 범과 닭이 원진이요, 토끼와 원숭이가 원진이요, 용과 돼지가 원진이요, 뱀과 개가 원진이다. 이것을 문구(文句)로 표시하면 다음과 같다.
鼠忌羊頭角　牛憎馬不耕　虎憎鷄嘴短
兎怨猿不平　龍嫌猪面黑　蛇驚犬吠聲
쥐(子)는 양(未)의 뿔을 싫어하고, 소는 말이 밭갈지 않음을 미워하고, 범은 닭의 부리가 짧음을 미워하고, 토끼는 원숭이의 불평을 원망하고, 용은 돼지의 얼굴이 검은 것을 싫어하고, 뱀은 개짖는 소리를 싫어한다.

2. 음양(陰陽)

천지만물에는 모두 음양의 조화로 인하여 이루어 졌다. 즉 양성(陽性)하나만으로 존재할 수 없고 또 음성(陰性) 하나만으로도 모든 것이 존재할 수 없는 것이니, 이 음양이야 말로 우주(宇宙)가 존재하는한 절대적인 요소(要素)임은 두말할 나위가 없다. 그러므로 음양의 조화는 비단 만물의 생성(生成)하는데만 그 조화력(造化力)이 미치는 것이 아니라 세상만사(世上萬事)에 있어서도 절대적인 영향력을 지닌 까닭에 음양은 어떤 물체나 형태 여하를 막론하고 음양으로 구분되어 있지 않은 것이 없다.

하늘은 양이요, 땅은 음이다(乾陽坤陰). 그러므로 양은 건도(乾道)요, 부도(父道)요, 태양(太陽)이요, 동(動)이요, 강(剛)이요, 급(急)이며, 음은 곤도(坤道)요, 모도(母道)요, 태음(太陰)이요, 정(靜)이요, 유(柔), 완(緩)이다.

음양이란 쉽게 말해서 상대성원리(相對性原理)와 부합되는 것이니, 밝은 것을 양, 어두운 것을 음이라 하고 (明陽暗陰) 흰 것을 양, 검은 것을 음(白陽陰黑)이라 하며, 남자(男子-숫컷)는 양, 여자(女子-암컷)는 음이라 한다.

더운것을 양이라 하고, 추운 것을 음이라 하니 여름을 양, 겨울을 음이라 한다. (暑陽寒陰) 낮을 양, 밤을 음(晝陽夜陰)이라 하며, 불을 양이라 하고, 물을 음(火陽水陰)이라 한다.

또는 높은 것은 양이요, 낮은 것은 음이며(高低), 솟은 것은 양(凸)이요, 오목한 것을 음(凹)이요, 긴 것을 양, 짧은 것은 음이며(長短), 마른 것(유)을 양, 살찐 것(肥)은 음이라 한다. 그밖에 원근(遠近), 대소(大小) 등 상대적인 것이 모두 음양의 구분이며, 심지어는 부귀빈천(富貴貧賤), 길흉화복(吉凶禍福), 선악(善惡)에 이르기까지 음양 구분으로 되어 있지 않은 것이 없다.

그런데 여기에서 한가지 참고로 말해 둘것은 양(陽)의 속에도 음성(陰性)이 섞여 있으며, 음(陰)의 속에도 양성(陽性)이 섞여 있는 것이 있으며, 음도 아니요, 양도 아닌 반음반양(半陰半陽)의 성격을 띠운 것도 있다는 것을 기억에 두어야 할 것이다.

(1) 간지(干支)의 음양

① 천간(天干)의 음양

天干陽＝甲·丙·戊·庚·壬

天干陰＝乙·丁·己·辛·癸

甲과 丙과 戊와 庚과 壬은 천간의 양(陽干)이라 하고, 乙과 丁과 己와 辛과 癸는 천간의 음(陰干)이라 한다.

② 지지(地支)의 음양

地支陽＝子·寅·辰·午·申·戌

地支陰＝丑·卯·巳·未·酉·亥

子와 寅과 辰과 午와 申과 戌는 지지의 양(陽支)에 속하고, 丑과 卯와 巳와 未와 酉와 亥는 지지의 음(陰支)에 속한다.

(2) 숫자(數)의 음양

陽數＝1·3·5·7·9

陰數＝2·4·6·8·10

숫자가 1·3·5·7·9 등 기수(寄數－홀수)에 속하는 것은 모두 양수라 하고, 2·4·6·8·10의 우수(偶數－짝수)에 속하는 것은 모두 음수(陰數)라 한다.

(3) 오행(五行)의 음양

甲寅**陽木**　乙卯**陰木**　丙午**陽火**　丁巳**陰火**　戊辰戌**陽土**　己丑未**陰土**
庚申**陽金**　辛酉**陰金**　壬子**陽水**　癸亥**陰水**

甲木과 寅木은 양이요, 乙木과 卯木은 음이다. 丙火와 午火는 양이요, 丁火와 巳火는 음이다. 戊土와 辰戌土는 양이요, 己土와 丑未土는 음이다. 庚金과 申金은 양이요, 辛金과 酉金은 음이다. 壬水와 子水는 양이요, 癸水와 亥水는 음이다.

「참고」 위의 음양구분중 단 巳午火와 亥子水는 음양이 육친법(六親法)으로는 바뀐다. 즉 巳는 陽火요, 午는 陰火이며, 亥는 陽水요, 子는 陰水가 된다.

六甲法상 양간은 양지와 음간은 음지와 짝이 되는고로 巳陰 午陽 亥陰 子陽이 되지만 사주학상 육친을 정하는데는 지지(地支)속에 암장된 천간을 출현시켜 육친을 정하는 까닭에 巳中에 천간 丙火(陽干)가 있고 午中에 천간 丁火가 있으며 亥中에 壬水(陽干)가 있고, 子中에 癸水(陰水)가 있으므로 巳午亥子는 음양이 바뀌게 됨을 알아 두어야 한다. 그러므로 다음장에 나오는 사주추명(四柱推命)에 있어서는 巳陽 午陰 亥陽 子陰으로 된다는 점을 참고로 말해 둔다.

3. 오행(五行)

오행이란 金 木 水 火 土의 다섯가지를 말한다. 천지만물은 대개 이 오행의 성분으로 이루어진 것이니 음양과 오행은 만물의 생성사멸(生成死滅)하는 근본인 것이다. 그러므로 인간의 부귀빈천(富貴貧賤)과 수요장단(壽夭長短)도 이 음양오행의 원리에서 기인(起因)되는 까닭에 사주판단이나 기타 길흉화복을 예지하는 학술에 있어서는 음양 오행의 이치를 잘 알아야 하는 것은 두말할 나위도 없다.

(1) 오행의 구분

金 · 木 · 水 · 火 · 土

金은 쇠를 말함이요, 木은 나무요, 水는 물이요, 火는 불이요, 土는 흙이다.

(2) 오행의 상생상극(相生相剋)

오행에는 서로 생하여 주는 것과 서로 극하는 것이 있다.

① 오행상생(五行相生)

金生水 · 水生木 · 木生火 · 火生土 · 土生金

금은 물을 생하고, 물은 나무를 생하고, 나무는 불을 생하고, 불은 흙을 생하고, 흙은 금을 생한다.

② 오행상극(五行相剋)

金剋木・木剋土・土剋水・水剋火・火剋金

금은 나무를 극하고, 나무는 흙을 극하고, 흙은 물을 극하고, 물은 불을 극하고, 불은 금을 극한다.

(3) 오행의 속궁(屬宮)

① 간지 오행(干支五行)

간지 오행은 정오행(正五行)이라고도 한다.

甲乙寅卯**木**　丙丁巳午**火**　戊己辰戌丑未**土**　庚辛申酉**金**　壬癸亥子**水**

甲乙과 寅卯는 木이요, 丙丁과 巳午는 火요, 戊己와 辰戌丑未는 土요, 庚辛과 申酉는 金이요, 壬癸와 亥子는 水가 된다.

② 간지합(干支合)의 오행

천간은 천간끼리 지지는 지지끼리 서로 합하여 본질적인 오행이 다른 오행으로 변화되는 것을 간합오행(干合五行) 또는 적합오행이라 한다.

干合＝甲己合土　乙庚合金　丙辛合水　丁壬合木　戊癸合火

천간 甲己가 합하면 오행이 土가 되고, 乙庚이 합하면 金이 되고, 丙辛이 합하면 水가 되고, 丁壬이 합하면 木이 되고, 戊癸가 합하면 火가 된다.

支三合＝申子辰**水**　巳酉丑**金**　寅午戌**火**　亥卯未**木**

申子辰이 삼합하여 오행은 水요, 巳酉丑이 삼합하여 金이 되고, 寅午戌이 삼합하여 火가 되고, 亥卯未가 삼합하여 木이 된다. 그런데 이 삼합오행은 반드시 申子辰이 같이 있어야만 합이 되는 것이 아니라 申辰 申子 子辰 등 두개의 지지만 있어도 합이 되는 것이며 따라서 오행도 두가지 만으로도 성립되는 것이다.

支六合＝子丑合**土**　寅亥合**木**　卯戌合**火**　辰酉合**金**　巳申合**水**
午未合(五行不變)

子丑이 합하면 土요, 寅亥가 합하면 木이요, 卯戌이 합하면 火요, 辰酉가 합하면 金이요, 巳申이 합하면 水이다. 오직 午未는 합이나 오행은 변하지 않는다.

③ 수(數)의 오행

一六水　二七火　三八木　四九金　五十土

숫자가 一이나 六은 오행이 水요, 二와 七은 火요, 三과 八은 木이요, 四와 九는 金이요, 五와 十은 土에 속한다. (一・三・五・七・九는 陽數요 二・四・六・八・十은 陰數이다. 그러므로 가령 一이라면 陽水요, 六이라면 陰水라 한다.)

④ 오행의 방위(方位)

木－東方　火－南方　土－中央　金－西方　水－北方

木은 동방이요, 火는 남방이요, 土는 중앙이요, 金은 서방이요, 水는 북방이다.

⑤ 오행의 색(色)

木－靑色　火－赤色　土－黃色　金－白色　水－黑色

木은 청색이요, 火는 적색이요, 土는 황색이요, 金은 백색이요, 水는 흑색이다.

⑥ 오행의 절기(節氣)

木－春　火－夏　土－四季　金－秋　水－冬

木은 봄(正・二月)이요, 火는 여름(四・五月)이요, 土는 三・六・九・十二月이요, 金은 가을(七・八月)이요, 水는 겨울(十・十一月)이다.

● 오행 속궁 일람표

五行	天干	地支	數	方位	色	節氣	備　　考
木	甲乙	寅卯	三八	東	靑	春	
火	丙丁	巳午	二七	南	赤	夏	
土	戊己	辰戌丑未	五十	中央	黃	四季	四季月은 단 辰戌丑未 임
金	庚辛	申酉	四九	西	白	秋	
水	壬癸	亥子	一六	北	黑	冬	

⑦ 팔괘오행(八卦五行)

乾金　兌金　離火　震木　巽木　坎水　艮土　坤土

건(乾)은 金이요, 태(兌)도 金이요, 이(離)는 火요, 진(震)은 목이요, 손(巽)도 木이요, 감(坎)은 水요, 간(艮)은 土이요, 곤(坤)도 土에 속한다.

⑧ 납음오행(納音五行)

甲子乙丑	海中金	丙寅丁卯	爐中火	戊辰己巳	大林木	庚午辛未	路傍土	壬申癸酉	劍鋒金
甲戌乙亥	山頭火	丙子丁丑	澗下水	戊寅己卯	城頭土	庚辰辛巳	白鑞金	壬午癸未	楊柳木
甲申乙酉	泉中水	丙戌丁亥	屋上土	戊子己丑	霹靂火	庚寅辛卯	松栢木	壬辰癸巳	長流水
甲午乙未	沙中金	丙申丁酉	山下火	戊戌己亥	平地木	庚子辛丑	壁上土	壬寅癸卯	金箔金
甲辰乙巳	覆燈火	丙午丁未	天河水	戊甲己酉	大驛土	庚戌辛亥	釵釧金	壬子癸丑	桑柘木
甲寅乙卯	大溪水	丙辰丁巳	沙中土	戊午己未	天上火	庚申辛酉	石榴木	壬戌癸亥	大海水

(4) 오행의 왕쇠(旺衰)

木은 寅卯辰月 즉 봄에 가장 왕성하고 亥子丑月인 겨울에는 水生木이 되어 역시 성한다. 巳午未月인 여름에는 木生火로 火에게 木의 기운을 빼앗기므로 쇠약해지고, 申酉戌月 가을에는 金의 극(剋)을 받으므로 가장 쇠약해진다.

火는 巳午未月인 여름에 득령(得令)이 되어 가장 왕하고 寅卯辰月인 봄에는 木生火로 木의 生을 받아 성(盛)하게되며, 申酉戌月인 겨울에는 그 기운이 빠지므로 쇠한다하고, 亥子丑月인 겨울에는 水의 극을 받게 되므로 극히 쇠약해진다.

土는 辰戌丑未月(三・六・九・十二)인 사계월(四季月)에 가장 왕하고, 寅卯月을 만나면 木의 극을 받아 가장 쇠약해지며, 申酉月인 가을에는 土生金으로 土의 정(精)이 金에 설기(泄氣)되어 쇠약해지며, 亥子月인 겨울에도 역시 기운이 빠지게 되므로 쇠약하다.

金은 申酉月인 가을에 가장 왕성하는 것인데 辰戌丑未月에도 土의 生을 받으므로 성한다. 巳午月인 여름에는 火의 극을 받으므로 가장 쇠약해지고 寅卯月인 봄에는 木에게 힘이 빠져 쇠하는 때이며, 亥子月인 겨울에도 金이 水에게 정(精)을 설(泄)하여 쇠해 진다.

水는 亥子月인 겨울을 만나면 수왕지절(水旺之節)이라 한다. 七八月인 申酉月에도 金의 生을 받으므로 성(盛)하는 때인데 寅卯月인 봄과 巳午月인 여름에는 水의 기운이 누설(漏泄)되어 쇠하며, 辰戌丑未月인 토왕절(土旺節)을 만나면 土의 剋을 받아 가장 쇠해진다.

● 오행의 왕상사휴수(旺相死休囚)

이 표는 위에서 설명한 木 火 土 金 水 오행의 왕쇠를 알기 쉽게 표시한 정국표이다. 오행에는 크게 나누어 왕쇠(旺衰)로 구별하나 왕(旺)하고, 상(相-生)하고, 사(死-剋)하고, 휴(休-衰)하고 수(囚-藏)하는 다섯가지의 종류로 구분해서 그 성쇠의 원리를 구체적으로 표시한 것이다.

	旺	相	死	休	囚
木	正·二 月	十·十一月	七·八 月	三·六 九·十二 月	四·五 月
火	四·五 月	正·二 月	十·十一月	七·八 月	三·六 九·十二 月
土	三·六 九·十二 月	四·五 月	正·二 月	十·十一月	七·八 月
金	七·八 月	三·六 九·十二 月	四·五 月	正·二 月	十·十一月
水	十·十二月	七·八 月	三·六 九·十二 月	四·五 月	正·二 月

(5) 오행의 성질

木의 기(氣)는 생기(生氣)라 하고, 인(仁)을 주재(主宰)하며, 火는 왕기(旺氣)라 하고, 예(禮)를 주재하며, 土는 돈기(頓氣)라 하고 신(信)을 주재하며, 金은 숙살지기(肅殺之氣)라 하고 의(義)를 주재하며, 水는 사기(死氣)라 하고, 지(智)를 주재한다.

제 2 장 사주(四柱)와 대운(大運)

앞의 장에서는 명리학(命理學)의 근본원리와 육갑법(六甲法) 및 음양·오행(陰陽五行)에 대하여 기초적인 지식을 습득할 수 있도록 자세히 설명하였다. 그러므로 천간지지(天干地支)란 무엇이며, 음양오행이 무엇이며, 어떻게 작용하는가를 확실히 연구 했으리라 믿는다.

그런데 위에서 논술한 음양 오행이 어떻게 해서 사람의 생년·월·일·시와 밀접한 관계가 있으며 무엇때문에 길흉화목의 관건(關鍵)이 되는가를 알아보려면 우선적으로 생년·월·일·시에 따른 사주(四柱) 정하는 요령을 알아야 할 것이다.

사주를 정한다 함은 그 사람의 생년·월·일·시 마다 육갑법상(六甲法上)의 천간지지(天干地支)를 붙이는 법이다. 그래야만 그 사주에서 음양 오행의 분포상태를 보아 생극지원리(生剋之原理)로 길흉을 추명(推命) 할수 있으며 또는 신살(神殺)의 소재처(所在處)를 밝혀서 운명상 미치는 영양력을 추리해 낼 수 있을 것이다.

다음에는 대운(大運)을 정해야 한다. 대운이란 十年간씩 운이 바뀌는 과정을 말하는데 또 대운이 정해져야만 그 사람 그 사람의 유년(流年)에 대한 운수를 정확하게 판단할 수 있기 때문이다.

1. 사주(四柱)를 정하는 법

사람의 생년, 생월, 생일, 생시를 합칭 사주(四柱)라 하고, 년, 월, 일, 시 마다 천간과 지지가 있으므로 상하를 합하여 팔자(八字)라 한다는 것은 제一장 서론(序論)에서도 밝힌바 있다. 그리고 생년을 연주(年柱) 또는 근(根) 이라 하고, 생월을 월주(月柱) 또는 묘(苗)라 하고 생일을 일주(日柱-日主) 또는 화(花)라하고, 생시를 시주(時柱)

또는 실(實)이라 해서 년, 월, 일, 시 를 근묘화실(根苗花實)이라고도 칭한다.

(1) 연주(年柱)를 정하는 법

연주를 정하려면 우선 만세력(萬歲曆)을 준비하면 가장 쉬울 것이다. 만세력이 없이도 당년 태세(太歲)의 간지(干支)에서 六十갑자를 거꾸로 나이까지 집어나가다가 나이에 마주치는 곳이 그 사람의 생년 즉 년주(年柱)가 된다.

예를 들어 三十三세의 연령을 가진 사람이 서기 一九七七년 丁巳년을 기준으로 연주를 알고져 한다면 一세를 丁巳에 붙여 二세가 丙辰 三세가 乙卯 四세가 甲寅으로, 이렇게 三十三세가 닿는곳 까지 거꾸로 따져 나가면 서기 一九四五년의 乙酉년에 닿는다. 그러므로 이 사람의 연주의 간지는 乙酉이다. 그런데 이것은 어디까지나 연주를 정하는 법이지만 월주(月柱) 일주(日柱)를 정하려면 반드시 만세력이 있어야 할 것이다. 만세력만 있으면 자기가 출생한 서기 년대로 그 해의 간지(干支)를 알수 있고, 또 그 해의 간지만 알면 서기 및 단기의 연대를 알수 있다.

연주를 정할때 반드시 알아 두어야 할 점이 있는데 그것은 절기(節氣)에 대한 상식이 있어야 한다. 사주법에는 일년이 바뀌거나 달이 바뀔때는 음력의 초하루 그믐으로 기준하는 것이 아니라 절기를 기준한다.

예를 들어 서기 一九四一 辛巳년 正月 초五일 출생이라면, 당년 태세는 비록 辛巳년이나 이해의 입춘(立春-입춘은 한해가 바뀌는 기준이다)이 정월 초 九일 오후 一시 四十분에 들으므로 아직 해가 바뀌었다고 볼수 없기 때문에 전년인 庚辰년이 연주가 된다. (입춘과 같은 날짜는 시간까지 참고하라) 반대의 경우 같은해(辛巳) 十二월 二十일 출생이라면 사실상으로는 辛巳년 十二월이나 이미 다음해에 해당되는 입춘이 하루전 十二월 十九일이므로 입춘이 지난 까닭에 다음해인 壬午년이 연주가 되는 것이다. 따라서 월건(月建)도 다음해 正月의 월건으로 바뀐다.

● 辛巳年 正月 初五日生 = 연주는 庚辰이고 월주도 전년 十二月인 己丑月.
● 辛巳年 十二月 二十日生 = 연주는 壬午이고 월주도 다음해 正月인 壬寅月.

이상과 같은 요령으로 연주를 정하는데 만세력과 비교하여 연구하기 바란다.

절기표 (節氣表)

正月節-立春　二月節-驚蟄　三月節-淸明　四月節-立夏　五月節-芒種　六月節-小暑　七月節-立秋　八月節-白露　九月節-寒露　十月節-立冬　十一月節-大雪　十二月節-小寒

한해가 바뀌는 것이나 十二月과 正月의 구분은 입춘으로 기준하고, 正月에서 二月 사이는 경칩, 二月에서 三月 사이는 청명, 三月에서 四月 사이는 입하, 四月에서 五月사이는 망종, 五月에서 六月사이는 소서, 六月에서 七月사이는 입추, 七月에서 八月사이는 백로, 八月에서 九月사이는 한로, 九月에서 十月사이는 입동, 十月에서 十一月사이는 대설, 十一月에서 十二月사이는 소한으로 기준한다. 생일 절입일이면 반드시 출생한 시간과 절기가 드는 시간을 살펴야 한다.

(2) 월주(月柱)를 정하는 법

월주(月柱)란 출생한 달의 월건(月建)을 말한다. 역시 만세력이 있으면 正月小 二月大등의 옆에 쓰인 것이 바로 월건(月柱)이므로 따지지 않고 직접 알수 있으나, 만세력을 보지 않고 월주를 아는 법은 다음 요령에 의한다.

먼저 그 해의 연주(年柱-年의 干支)를 알았으면 년의 천간을 기준하여 생월의 월건을 아는데 예를 들어 태세(太歲)의 천간(天干)이 甲년이나 己년이면, 正月을 丙寅에 붙여 二月이 丁卯, 三月이 戊辰으로 짚어 나가다가 생월에 닿는 곳이 월의 간지 즉 월주(月柱-月建)이다.

월주도 연주와 마찬가지로 절기를 기준해야 되는 것이니 十二月과 正月의 경우는 입춘을 기준하여 월주가 정해지는데 년주에 따라서 월주도 정해진다는 것은 위 년주 정하는 법에서 이미 설명한바 있다. 기타 二月 三月 四月 등의 월주도 절기를 기준한다는 것은 재언할 필요가 없다.
　예를 들어 서기 一九七七, 丁巳年 五月二十三日에 출생한 사람의 월주를 정한다면 丁壬之年 壬寅頭로 正月이 壬寅, 二月이 癸卯, 三月이 甲辰, 四月이 乙巳, 五月이 丙午, 六月이 丁未月인데 비록 五月中에 출생이라도 이미 六月의 절기인 소서(小暑)가 五月 二十一日 오후 二時四十八분(같은 날짜의 시간도 계산하라)에 들었으므로 六月이 월건인 丁未月이 월주(月柱)가 된다. 반대의 예로 서기 一九七六 丙辰年 三月 初三日에 출생하였다면 월주가 二月인 辛卯月인데 그 이유는 三月의 절기인 청명(淸明)이 三月 초六일에야 들게 되므로 아직 三月의 절기에 들지 못하여 二月의 월건인 辛卯(丙辛之年 庚寅頭로 正月庚寅 二月辛卯)를 월주(月柱)로 정해야 한다.

● 丙辰年 三月初三日生－月柱가 辛卯(二月)
● 丁巳年 五月二十三日生－月柱가 丁未(六月)
　이상의 보기를 만세력을 참고하여 연구하면 쉽게 이해가 될 것이다.
　〈참 고〉
甲己年 － 正月을 丙寅부터 二月丁卯
乙庚年 － 正月을 戊寅부터 二月己卯
丙辛年 － 正月을 庚寅부터 二月辛卯
丁壬年 － 正月을 壬寅부터 二月癸卯
戊癸年 － 正月을 甲寅부터 二月乙卯

(3) 일주(日柱)를 정하는 법

　일주(日柱－또는 日主)란 생일의 간지 즉 일진(日辰)이다. 이 일진은 만세력이 없이는 절대로 알수 없다.
　요즈음에는 만세력이 일일(日日)과 간지(干支)가 대조되어 나온 것이 있으므로 출생한 연대를 찾으면 년, 월, 일 진을 쉽게 찾을 수 있다.

재래식 만세력을 보면 월별(正月大·二月小등)밑에 初一日 十一日 二十一日의 일진을 붙여 놓았다. 만일 출생일이 十日전이면 초一일의 일진부터 六十甲子순으로 생일 날짜까지 짚고, 十一日 후 二十一日 전이면 十一日의 日辰으로 생일날짜를 짚고, 二十一日후 三十日전에 출생이면 二十一日의 일진으로 생일날짜 까지 六十甲子순으로 짚으면 일진 즉 일주(日柱)를 알수 있다. 그런데 일진 정하는 법도 시간에 의하여 일주가 바뀌는 경우가 많은바 일진은 子時(오후 十一時~명일 오전 一時前)를 기준해야 되는 것이다. 보편적으로는 오전 영시(零時)부터 날짜가 바뀌지만, 사주학상으로는 子시부터 일진이 바뀐다. 그러므로 오후 十一시 지나면 이미 다음날로 정하는 것이니, 따라서 일진도 다음날 일진을 정해야 한다. 예를 들어 丁巳년(一九七七) 三月 二十日 오후 十一時 四十五分에 출생하였다면 三月 二十일의 일진은 甲子日이다. 그러나 이미 子時가 되었으므로 법칙상 二十一日인 乙丑日이 이 사람의 일주(日柱)가 되는 것이다.

• 丁巳年 三月 二十日(甲子) 十一時 四十五分 = 丁巳年 三月 二十一日 (乙丑) 子時

(4) 시주(時柱)를 정하는 법

시주(時柱)란 출생한 시간을 말한다. 시간을 따지는 법은 앞에서 자세히 설명 하였거니와 그날의 일간(日干)으로 子時를 기준하여 붙여 나가다가 생시에 이르는 곳이 시간의 간지(干支-時柱)가 되는 것이다.

예를 들어 乙丑일 오전 七時 三十分에 출생이라면 乙庚日은 生丙子時로 子時를 丙子부터 붙여 丁丑 戊寅 己卯 庚辰(오전 七時 三十分은 辰時이다)에 출생시간이 닿으므로 시주(時柱)는 庚辰이 된다.

• 乙丑日 오전 七時 三十分 = 庚辰時

〈참 고〉
甲己日 - 甲子시부터 시작하여 乙丑 丙寅時
乙庚日 - 丙子시부터 시작하여 丁丑 戊寅時

丙辛日 – 戊子시부터 시작하여 己丑 庚寅時
丁壬日 – 庚子시부터 시작하여 辛丑 壬寅時
戊癸日 – 壬子시부터 시작하여 癸丑 甲寅時

(5) 사주를 정하는 법

• 서기 一九七七년 四月 十三日 오후 三時 출생의 예

생년 간지는 丁巳요, 생월 간지는 乙巳요, 생일 간지는 丁亥요, 생시 간지는 戊申이다. 그러므로 아래와 같이 사주가 정하여 진다.

년 주 = 丁 巳
월 주 = 乙 巳
일 주 = 丁 亥
시 주 = 戊 申

年月日時가 하나도 바뀌지 않는 예이다.

• 丙辰(一九七六)年 正月 五日 오전 三時 二十分 출생

비록 생년 간지가 丙辰년이라 하나 한해가 바뀌는 기준점인 입춘(立春)일이 正月 六日이고 생일은 입춘전인 五日이므로 그 전년의 간지(干支)에 의해야 한다. 그러므로 연주는 乙卯年이고, 월건 역시 正月절기 전이므로 전월(前月)의 월건(즉 전년 十二月이 된다) 己丑이 월주가 되고, 正月 초一日 일진이 壬午이므로 초 五日은 丙戌이며 三시 二十분은 寅시로써 丙辛日의 시간은 戊子시에서 시작되어 己丑 丙寅으로 庚寅시가 시주(時柱)이다. 즉

년 주 = 乙 卯
월 주 = 己 丑
일 주 = 丙 戌
시 주 = 庚 寅

年柱와 月柱가 동시에 바뀌고 日柱와 時柱는 바뀌지 않았다.

• 辛巳(一九四一)年 十二月 二十一日 오후 十一時 五十分

이 사주가 비록 辛巳年이라 하나 四柱 정하는 법에 의하면 壬午年이

다. 따라서 월주도 十二月에서 다음해 正月로 바뀐다. 이는 다음해인 壬午년에 해당되는 입춘(立春)이 十二月 十九日에 들었으므로 十二月 十九日 오후 七時四十九分 이후부터는 다음해인 壬午年 正月이 된다. 즉 년주가 壬午, 월주가 庚寅이고 일주는 十二月 二十一日이 庚寅이나 역시 오후 十一時 五十分으로 이미 다음날에 해당하는 子時가 되었으므로 二十二日의 일진인 辛卯가 일주(日柱)이며, 丙辛日은 生戊子로 戊子時가 시주(時柱)이다. 즉

년 주 = 壬 午
월 주 = 壬 寅
일 주 = 辛 卯
시 주 = 戊 子

年柱 月柱 日柱 및 時柱의 天干이 바뀐 예이다.

● 丙辰(一九七六)年 六月 初八日 오전 十時十五分

이 사주는 단 월건(月建)만 바뀌는 예이다. 生月인 六月이 되려면 六月節인 소서(小暑)가 되면서부터인데 소서는 六月 十一日이므로 아직 소서전이고 망종(芒種) 절기인 五月이 생월 월주(月柱)이다. 즉 丙辰년 甲午월이고, 六月初 一日 일진이 庚戌이니 初八日은 丁巳요, 오전 十時는 巳時이니 丁壬日生 庚子時로 乙巳時에 해당된다.

년 주 = 丙 辰
월 주 = 甲 午
일 주 = 丁 巳
시 주 = 乙 巳

生月이 절기전이므로 前月로 월주(月柱)만 바뀐 예.

● 丁巳(一九七七)年 二月 十七日 오전 七時十分

년주는 丁巳이고 월주는 二月生이지만 三月의 절기인 청명(淸明)이 같은달 오전 六時 四十五分경이다. 절기와 같은 날이지만 출생시가 청명시간보다 약 二十五分 늦은고로 이미 三月절기에 해당되어 월건이 三月인 甲辰이다. 일주(日柱)는 二月十一日이 丙戌이므로 十七日은 壬辰이며, 시주(時柱)는 丁壬日 生庚子로 甲辰時이다. 즉

년 주 = 丁 巳
월 주 = 甲 辰
일 주 = 壬 辰
시 주 = 甲 辰

이상과 같이 년주 월주 일주 시주를 정하는 요령을 상세하게 설명하였으니 만세력을 참고하면서 숙달이 되도록 익혀두기 바란다.

출판사 동양서적에서 발간한 대운만세력(大運萬歲曆)은 일진밑에 남녀별 대운세수를 정확히 환산수록된 가장 권위있는 만세력의 결정판으로 명리가의 응용에 최대 이용되고 있다.

2. 대운(大運) 정하는 법

위에서는 년, 월, 일, 시로 연주(年柱), 월주(月柱), 일주(日柱), 시주(時柱), 사주(四柱) 정하는 요령을 설명하였으므로 누구나 쉽게 사주(四柱)를 낼수 있을 것이다. 사주의 간지는 그 사람이 지닌 길흉화복을 예지하는 기준이 되는 것이며, 이 사주를 기준하여 산출되는 대운(大運)은 어느 시기에 길흉(吉凶)의 영향이 미치는가를 알수 있는 것이므로 사주를 정한 뒤에는 반드시 대운을 정해서 기입해야 한다.

(1) 대운(大運) 정하는 요령

어느 누구의 사주를 막론하고 생월의 간지(干支)를 기준해서 대운이 정해진다. 대운에는 순국(順局)과 역국(逆局)이 있는데 순국이란 甲子 乙丑 丙寅 丁卯 戊辰 己巳와 같이 六十甲子순서대로 역(逆)으로 거슬러 정하는 것을 말한다. 가령 甲子年 丁卯月이라면 순국인 경우는 丁卯 다음순서인 戊辰부터 대운을 시작해서 己巳 庚午 辛未 壬申 癸酉 甲戌로 붙여 나가지만 역국(逆局)인 경우는 丁卯의 역순인 丙寅부터 시작해서 乙丑 甲子 癸亥 壬戌 辛酉로 六十甲子순을 거슬러 대운을 붙인다. 그러면 어떠한 사주가 순국(順局)이며 어떠한 사주가 역국(逆局)인가를 알아야 할 것이다.

• 순국(順局) = 陽男陰女(양남음녀)
• 역국(逆局) = 陰男陽女(음남양녀)

　양남 음남 또는 양녀 음녀의 구분은 생년 태세의 천간(天干)이 양간(陽干)이냐 음간(陰干)이냐로 양 음의 구별이 된다. 전장에서 설명한 천간양(天干陽)과 천간음(天干陰)의 구분이 바로 순역국의 구별이 되는 것이다. 다시 말해서 생년이 甲丙戊庚壬등 천간을 가진 사람은 양남(陽男) 혹은 양녀(陽女)라 하고, 생년이 乙丁己辛癸의 천간을 가진 사람은 음남(陰男) 혹은 음녀(陰女)라 한다. 그러므로 남자 양간생(陽干生)과 여자 음간생(陰干生)은 순국(順局)이므로 월건의 다음 간지(干支)에서 순으로 배치하고, 남자 음간생(陰干生)과 여자 양간생(陽干生)은 역국(逆局)이므로 생월, 월건, 간지에서 거꾸로 대운을 배치해 나간다.

• 甲子 五月 八日 卯時 男子의 例

　　　　大　運
甲　子　辛　未
庚　午　壬　申
己　未　癸　酉
丁　卯　甲　戌
　　　　乙　亥
　　　　丙　子

　이 사주는 양남(陽男)이므로 순국(順局)이다. 고로 월주(月柱) 庚午를 기준하면 다음 간지(干支)가 辛未이고, 계속해서 壬申癸酉 甲戌 乙亥 丙子로 대운을 적어 나간다.

• 甲子 五月 八日 卯時 女子의 例

　　　　大　運
甲　子　己　巳
庚　午　戊　辰
己　未　丁　卯

```
丁 卯   丙 寅
        乙 丑
        甲 子
        癸 亥
```

이 사주는 양녀(陽女)이다. 그러므로 역국(逆局)이라 한다. 역시 월건(庚午)를 기준하여 간지를 역(逆)으로 배치하면 庚午전 간지가 己巳 戊辰 丁卯 丙寅 乙丑 甲子로 대운을 적어 나간다.

● 乙丑 三月 三日 午時 男子의 例

```
          大  運
乙 丑    戊 寅
己 卯    丁 丑
己 酉    丙 子
庚 午    乙 亥
         甲 戌
         癸 酉
```

이 사주는 생년이 음간(陰干)이므로 음남(陰男)이라 해서 역국(逆局)이다. 己卯 월건(三月생이나 三月節 淸明日 十二日이므로 前日 월건인 己卯가 되는 것이며) 역국이므로 己卯전 干支인 戊寅 丁丑 丙子 乙亥 甲戌 癸酉로 대운을 정한다.

● 乙丑 三月 三日 午時 女子의 例

```
          大  運
乙 丑    庚 辰
己 卯    辛 巳
己 酉    壬 午
庚 午    癸 未
         甲 申
         乙 酉
```

이 사주는 천간이 乙年으로 음녀(陰女)이다. 양남음녀(陽男陰女)는 순국(順局)이므로 역시 월건 己卯를 기준 다음 간지로 대운을 기로해 나간다. 즉 庚辰 辛巳 癸未 甲申 乙酉로 적어 나가는 것이다.

(2) 연령(年齡) 붙이는 요령

위와 같이 대운의 간지(干支)를 정하고난 뒤에는 그 대운 아래 년령을 붙여 나가야 한다. 대운은 하나의 간지에 十년의 운을 지배한다. 대운의 간지가 바뀜에 따라 운도 달라지는 것이다. 그런데 대운이 十년마다 바뀌는 것은 어떠한 사주나 마찬가지이지만 몇살부터 바뀌는가는 사주에 따라 다르다.

대운에 년령을 붙이는 법은 다음과 같다. 즉 생일날짜에서 다음절기(未來節) 혹은 지나간 절기(過去節)의 날짜수(日數)를 계산해서 三으로 나누어 그 나누어지는 수(數)로 대운밑에 년령을 붙인다. 그런데 여기에도 양남·음남·양녀·음녀를 구분해서 음남(陰男)과 양녀(陽女)는 생일에서 지나간 첫 절기(이것을 過去節이라 한다)가 드는 날수 차이를 계산하여 三으로 나누고, 양남(陽男)과 음녀(陰女)는 생일에서 앞으로 닥쳐오는 첫번째 절기(이것을 未來節이라 한다)가 드는 날수 차이를 계산하여 三으로 나누어 그 나누어진 수를 대운아래 붙인다.

양남음녀(陽男陰女) = 미래절(未來節)
음남양녀(陰男陽女) = 과거절(過去節)

가령 甲子年 五月 初八日 卯時生의 男子라면, 이는 양남(陽男)이다. 그러므로 미래절(未來節)을 계산하는데 생일인 五月 八日에서 다음 절기와의 날짜 차이를 알아보자. 五月은 망종절(芒種節)이요, 생일이 망종 三日후 이므로 망종다음 절기인 소서(小暑)가 드는 날과 계산하여야 한다. 甲子年 五月은 大月이니 생일 八日에서 三十日까지는 二十二이고 소서(小暑)는 六月 六日이니 二十二日과 六日을 合하면 二十八日 간격이다. 고로 五月 八日에서 미래절인 소서까지의 날짜수는 二十八日인데 이 수를 가지고 三으로 나누면 三九·二十七로 九가 나온다. (나머지가 一이나 四捨五入의 원칙을 적용하여 一이 남으면 버리고 二가 남으면 나누어진 수에 一을 합한다.) 그러므로 이 사주는 대운이 九세부터 十九세 二十九세 三十九세로 十년씩 바뀌게 된다. 사주에 기록하는 요령은 다음과 같다.

● 甲子年 五月 八日 卯時生의 男子

甲	子	辛未	九세
庚	午	壬申	一九세
己	未	癸酉	九세
丁	卯	甲戌	三九세
		乙亥	四九세
		丙子	五九세

甲子年 男子는 陽男이니 順局이며 未來節을 쓰게 된다.

　辛巳年 八月 十五日 寅時에 출생한 남자의 사주라면 태세천간 辛은 음이므로 음남(陰男)이니 지나간 절기를 (過去節)보게 된다. 즉 八月 十五日 이전의 첫번째 절기인 백로(白露)가 七月 十七日이요, 七月은 小月이니 七月 十七日에서 생일인 八月 十五日까지의 날짜수는 二十七일이다. 二十七을 三으로 나누면 九가 된다. 따라서 대운은 九세에 들어 九세에 갈아 든다.

● 辛巳年 八月 十五日 寅時生의 男子

	大運	년령
年 - 辛 巳	丙申	九세
月 - 丁 酉	乙未	一九세
日 - 丙 戌	甲午	二九세
時 - 庚 寅	癸巳	三九세
	壬辰	四九세
	辛卯	五九세

陰男이니 逆局이므로 大運은 丁酉月부터 干支를 거슬러 定하고, 또 과거절을 계산하므로 白露日과 生日의 일수를 계산해서 三으로 나누니 九세부터 운이 갈아든다.

　또 甲申年 十一月 三日 戌時에 출생한 女子 사주의 대운에 년령을 붙이는 요령은 다음과 같다. 천간 甲은 양이니 양녀(陽女)라 하는데 음남양녀(陰男陽女)는 과거절(過去節-지나간 절기)을 쓰는 원칙에 의하여 생일인 十一月 三日 이전의 첫 절기인 대설(大雪) 日이 十月 二十二日이다. 생일인 三日에서 十月 二十二日 까지를 거슬러서 날수를 계산하면 十一일간이 되고, 이 十一일을 三으로 나누면 그 수가 三이요 나머지가 二인데 사사오입(四捨五入-여기에서는 三이 十과 같은 수이므로 一捨二入해야 한다) 원칙으로 三에 一을 가산해서 四가 된다. 그러므로 대운은 四세부터 갈리게 된다.

● 甲申年 十一月 三日 戌時生의 女子

	大運	년령
年 - 甲 申	乙亥	四세
月 - 丙 子	甲戌	一四세
日 - 乙 卯	癸酉	二四세
時 - 丙 戌	壬申	三四세
	辛未	四四세
	庚午	五四세

甲生女는 陽女이니 逆局이며 過去節을 사용한다.

또 乙酉年 二月 十八日 丑時生의 女子 사주로써 대운에 연령을 붙여 보자. 乙은 음이니 음녀(陰女)라 한다. 양음녀(陽男陰女)는 미래절(未來節-앞으로 오는 절기)을 사용하는 원칙이니 생일인 二月 十八日을 기준하여 다음 절기인 청명(淸明)이 드는날 二月 二十三日과의 날수를 계산하면 五日이고 五를 三으로 나누면 一에 나머지 二가 되나 二는 나머지수에 사사오입(四捨五入-一捨二入)해서 一이 아니라 二가 된다. 그러므로 이 사주의 대운은 二세부터 시작해서 十二세 二十二세에 갈린다.

● 乙酉年 二月 十八日 丑時生의 女子

	大運	년령
年 - 乙 酉	庚辰	二세
月 - 己 卯	辛巳	一二세
日 - 己 亥	壬午	二二세

```
時 - 乙  丑      癸未  三二세
                甲申  四二세
                乙酉  五二세
                丙戌  六二세
```

乙年은 陰年이니 陰女이다. 그러므로 順局이며 未來節을 사용한다.

  날짜와 절기일과의 계산하는 문제인데 원칙상으로는 생일인 당일부터 一로 계산해서 절기일 까지 셈한다. 그러나 三으로 나뉘는 법칙에 날짜수에서 一을 빼어 버리고 계산하게 되어 차라리 다음날짜부터 계산하면 一을 빼어내는 불편이 없겠기로 생일날을 一수로 계산치 않고 다음 날짜를 一로 셈하였다. (계산에도 편리하다) 다만, 문제가 되는 것은 생일 당일은 어떻게 셈하느냐 인데, 만일 절기와 생일이 같은 경우는 그대로 一을 적용한다.

- 절기와의 날짜수는 생일 다음날부터 절기일까지 계산한다.
- 생일이 절기와 같은 경우만은 그 수를 一로 셈한다.

  다음은 날짜수로 三을 나누어 셈한 표이니 아래의 원칙대로 대운에 년령을 붙이면 간편할 것이다.

생일과절기 와의 날수	一	二	三	四	五	六	七	八	九	十	十一	十二	十三	十四	十五
대운 년령	1	1	1	1	2	2	2	3	3	3	4	4	4	5	5
생일과절기 와의 날수	十六	十七	十八	十九	二十	二一	二二	二三	二四	二五	二六	二七	二八	二九	三十
대운 년령	5	6	6	6	7	7	7	8	8	8	9	9	9	10	10

  가령 생일과 절기일과의 날자 차이가 一일 二일 三일 四일 까지는 대운이 一세부터 시작하고, 생일과 절기일의 차이가 五일 六일 七일까지는 대운이 二세부터 시작된다. 이하 각 날자 차이와 대운 년령도 이상과 같은 예로 셈하게 된다.

〈참 고〉 사주학 학습을 위하여서는 초보 학습자를 위하여 가장 쉽게 설명한 출판사 동양서적 발간『사주 보는 법(四柱學全書)』서적으로 연구를 계속하여야 한다.

나도 역술가가 될 수 있다

역점보는법

역점법
점의길흉

제 1 장   역점법(易占法)

역점은 고대 중국에서 성행되었던 점법으로서 5천년 이상의 전통이 있다. 그 점사의 말씀은 심오한 해석이 되어져 있으며 주역이란 원전은 단지 점의 책일 뿐만 아니라 동양사상의 연구에 빠뜨릴 수 없는 유교경전의 하나이기도 하다. 역점은 개인의 운명에서 국가사회의 일 천변지이까지 온갖 것을 점칠 수가 있다. 특히 앞으로 어떻게 될 것인가, 어떻게 하면 좋은가 라는 것을 점칠 수가 있는 점이 가장 큰 특징으로 삼는다.

[점치는 방법] 정식으로 서죽이라는 대나무 막대를 사용하는 것이 원칙으로 삼는다. 그러나 여기에서는 동전을 쓰기로 하였다. 10원짜리 5닢 100원짜리 1닢을 두손바닥안에 넣어 잘 혼들어 점쳐볼 일을 심중에 염원한 후 혼드는 것을 멈춘다. 그리고 동전을 1닢씩 꺼내어 아래서 위로 놓아 간다. 다늘어 놓았으면 한국은행이라고 적힌 겉인 경우는 양 (　)의 표시, 숫자가 적혀 있는 안 인 경우는 음(　)의 표시를 동전에 맞추어서 아래서 위로 종이에 적는다. 그 하나 하나의 표시를 아래에서 위로 초요, 2효, 3효, 4효, 5효, 상효라고 부른다. 그리고 초효에서 상효까지 음양의 표시로 나타낸 6효로 된 것을 대성괘라고 하며 괘명이 붙어 있다.

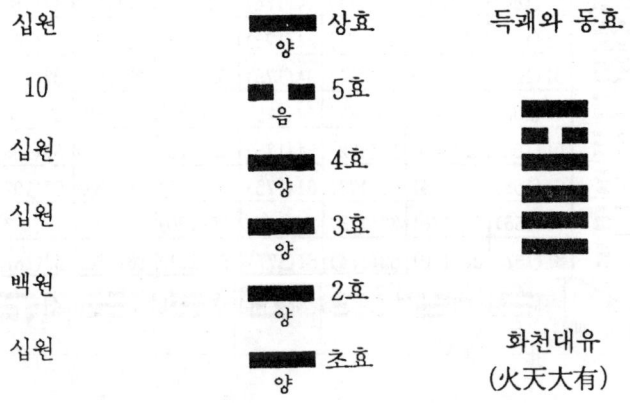

- 159 -

◘판단의 요령 : 본격적인 역점의 판단은 그리 쉽지가 않다. 그러나 이 편에서는 초보자라도 알기 쉽도록 간결한 괘의 특징을 나타냈다. 그 다음 운세란은 대국적인 것을 풀이해서 적었다. 대성괘는 어떤 때인가를 비유로서 가르친다.

동효(변효)는 100원짜리의 위치로서 보는것으로서 어떻게 할 것인가를 가르쳐 준다.

보기 : ◎표는 길하며 나아가서 좋다. ○표는 소길 또는 소흉으로서 경계하면서 서서히 나간다면 좋다. ●표는 흉이며 절대로 나아가서는 안된다는 표시이다.

어떤 경우거나 같은 사항은 절대로 두번 점치면 역점을 모독한 것이 됨을 명심할 것이다.

◘ 8순괘의 괘이름 : 아래괘와 윗괘가 같은 8괘로 이루어진 대성괘를 8순괘라고 한다. 이 8순괘는 아래 위가 같은 괘끼리 겹쳤다고 중(重)자를 쓰고 있다. 즉 중천건, 중택태, 중화이, 중뢰진, 중풍손, 중수감, 중산간, 중지곤 등인데 이렇게 쓰이는 것은 옛책에서 뿐이고 현대에 와서는 건위천, 태위택, 이위화, 진위뢰, 손위풍, 감위수, 간위산, 곤위지로 부르고 있다.

위 괘 \ 아래 괘	천 1	택 2	화 3	뢰 4	풍 5	수 6	산 7	지 8
1천	11(164)	12(167)	13(171)	14(174)	15(177)	16(181)	17(184)	18(188)
2택	21(164)	22(168)	23(171)	24(175)	25(178)	26(181)	27(185)	28(188)
3화	31(165)	32(168)	33(171)	34(175)	35(178)	36(182)	37(186)	38(189)
4뇌	41(165)	42(169)	43(172)	44(175)	45(179)	46(182)	47(186)	48(189)
5풍	51(166)	52(169)	53(172)	54(176)	55(179)	56(183)	57(186)	58(190)
6수	61(166)	62(169)	63(173)	64(176)	65(180)	66(183)	67(187)	68(190)
7산	71(166)	72(170)	73(173)	74(177)	75(180)	76(184)	77(187)	78(190)
8지	81(167)	82(170)	83(174)	84(177)	85(181)	86(184)	87(187)	88(191)

8괘 괘상의 제배당표 (八卦 卦象意 諸配當表)

서수 序數	1	2	3	4	5	6	7	8
괘상 卦象	☰	☱	☲	☳	☴	☵	☶	☷
괘명 卦名	건 乾	태 兌	이 離	진 震	손 巽	감 坎	간 艮	곤 坤
정상 正象	하늘 天	못 澤	불 火	위뢰 雷	바람 風	물 水	산 山	땅 地
괘덕 卦德	강건 剛健	희열 喜說	부려 附麗	분동 奮動	복입 伏入	함험 陷險	정지 靜止	유순 柔順
육친 六親	아버지 父	소녀 少女	중녀 中女	장남 長男	장녀 長女	중남 中男	소남 小男	어머니 母
신체 身體	머리 首頭	입 口	눈 目	발 足	사타구니 股	귀 耳	손 手	배 腹
내장 內臟	폐 肺	대장 大腸	심장 小腸	간장 肝臟	담 膽	신장 膀胱	위 胃	비 脾
동물 動物	말 馬	양 羊	꿩 雉	용 龍	닭 鷄	돼지 豚	개 狗	소 牛
오행 五行	금 金	금 金	화 火	목 木	목 木	수 水	토 土	토 土
기상 氣象	맑음 晴	비 雨	맑음 晴	뇌우 雷雨	바람 風	비 雨	안개 霧	흐림 曇
방위 方位	서북 西北	서 西	남 南	동 東	동남 東南	북 北	동북 東北	서남 西南
지지 地之	술해 戌亥	유 酉	오 午	묘 卯	진사 辰巳	자 子	축인 丑寅	미신 未申
인사 人事	원만 圓滿	희열 喜悅	허심 虛心	기동 起動	유화 柔和	험난 險難	수정 守靜	순종 順從
	과단 果斷	구설 口舌	재인 才人	경악 驚愕	불안 不安	함정 陷穽	조체 阻滯	회린 悔吝
괘의 卦意	용무 勇武	유세 遊說	달사 達士	소란 騷亂	고무 鼓舞	표류 漂流	반배 反背	대중 大衆

역점 64괘(패턴)색인

1 1 건위천(乾) ………… 164	1 2 천택리(履) ………… 167
2 1 택천쾌(夬) ………… 164	2 2 태위택(兌) ………… 168
3 1 화천대유(大有) …… 165	3 2 화택규(睽) ………… 168
4 1 뇌천대장(大壯) …… 165	4 2 뇌택귀매(歸妹) …… 169
5 1 풍천소축(小畜) …… 166	5 2 풍택중부(中孚) …… 169
6 1 수천수(需) ………… 166	6 2 수택절(節) ………… 169
7 1 산천대축(大畜) …… 166	7 2 산택손(損) ………… 170
8 1 지천태(泰) ………… 167	8 2 지택림(臨) ………… 170
1 3 천화동인(同人) …… 171	1 4 천뢰무망(无妄) …… 174
2 3 택화혁(革) ………… 171	2 4 택뢰수(隨) ………… 175
3 3 이위화(離) ………… 171	3 4 화뢰서합(筮嗑) …… 175
4 3 뇌화풍(豊) ………… 172	4 4 진위뢰(震) ………… 175
5 3 풍화가인(家人) …… 172	5 4 풍뢰익(益) ………… 176
6 3 수화기제(旣濟) …… 173	6 4 수뢰준(屯) ………… 176
7 3 산화비(賁) ………… 173	7 4 산뢰이(頤) ………… 177
8 3 지화명이(明夷) …… 174	8 4 지뢰복(復) ………… 177
1 5 천풍구(姤) ………… 177	1 6 천수송(訟) ………… 181
2 5 택풍대과(大過) …… 178	2 6 택수곤(困) ………… 181
3 5 화풍정(鼎) ………… 178	3 6 화수미제(未濟) …… 182
4 5 뇌풍항(恒) ………… 179	4 6 뇌수해(解) ………… 182
5 5 손위풍(巽) ………… 179	5 6 풍수환(渙) ………… 183
6 5 수풍정(井) ………… 180	6 6 감위수(坎) ………… 183
7 5 산풍고(蠱) ………… 180	7 6 산수몽(蒙) ………… 184
8 5 지풍승(升) ………… 181	8 6 지수사(師) ………… 184
1 7 산천대축(大畜) …… 184	1 8 천지비(否) ………… 188
2 7 택산함(咸) ………… 185	2 8 택지췌(萃) ………… 188
3 7 화산려(旅) ………… 185	3 8 화지진(晉) ………… 189
4 7 뇌산소과(小過) …… 186	4 8 뇌지예(豫) ………… 189
5 7 풍산점(漸) ………… 186	5 8 풍지관(觀) ………… 190
6 7 수산건(蹇) ………… 187	6 8 수지비(比) ………… 190
7 7 간위산(艮) ………… 187	7 8 산지박(剝) ………… 190
8 7 지산겸(謙) ………… 187	8 8 곤위지(坤) ………… 191

대성괘 64괘도표

아래 건 괘인 기본 8괘								아래 태 괘인 기본 8괘							
중천건	택천쾌	화천대유	뇌천대장	풍천소축	수천수	산천대축	지천태	천택리	중택태	화택규	뇌택귀매	풍택중부	수택절	산택손	지택림

아래 건 괘인 기본 8괘								아래 태 괘인 기본 8괘							
천화동인	택화혁	중화리	뇌화풍	풍화가인	수화기제	산화비	지화명이	천뢰무망	택뢰수	화뢰서합	중뢰진	풍뢰익	수뢰준	산뢰이	지뢰복

아래 건 괘인 기본 8괘								아래 태 괘인 기본 8괘							
천풍구	택풍대과	화풍정	뇌풍항	중풍손	수풍정	산풍고	지풍승	천수송	택수곤	화수미제	뇌수해	풍수환	중수감	산수몽	지수사

아래 건 괘인 기본 8괘								아래 태 괘인 기본 8괘							
천산돈	택산함	화산여	뇌산소과	풍산점	수산건	중산간	지산겸	천지비	택지췌	화지진	뇌지예	풍지관	수지비	산지박	중지곤

생활역점
64패턴

1 1중천건(乾 : 건위천)

　　　하늘을 날으는 용　　◇너무 높이 오르면 위험!
　　　[운세] 학자나 관공직자에게는 길 하지만 일반인은 외견
　　　상 좋더래도 내실이나 실속이 따르지 못하는 경향. 지구가
태양의 주위를 공전하며 돌듯이 유유히 조급히 굴지 말고 쉬지 않고 진행
하면 운은 차츰 열려 온다.
　초효●실력을 쌓으면서 때를 기다릴 것.
　2효◎벗을 얻어서 실력을 연마하라.
　3효○기세에 편승해서 행동하지 말 것.
　4효○이윽고 활약할 때가 다가왔다.
　5효◎바야흐로 대활약, 전력투구의 시기도래.
　상효●몰락 가능성이 크다, 겸허 하라.

2 1 택천쾌(快)

　　　단죄되는 독재자　　◇고립에서 탈출하라!
　　　[운세] 무슨 일이건 뜻대로 잘되어 감으로 기세를 믿고 지
　　　나쳐서 실패하는 경향. 긴장을 누추거나 방심말고 불축의 재
난에 미리 대비를 해두어야 할때 이다.

초효●결행하면 실력부족으로 실패한다.
2효○결행하다. 동지들과 연대해서 나아감.
3효●결행의 기색이 얼굴에 나타남 위태롭다.
4효●결행하려거든 우물대거나 기다리지 말라.
5효●큰 마음먹고 단행한다. 조심성 필요.
상효●독재자 드디어 망하다. 새로운 시대로!

3 1 화천대유(大有)

하늘 높이 빛나는 태양   ◇휘황 찬란히 빛나는 권세!
[운세] 최성운의 시기이다 현재의 충족한 환경에 길들어져서 쇠운이 닥아옴을 눈치채지 못하는 경향이 있다. 자기본위 달콤한 환상을 버리고 시야를 넓혀서 시국을 직시하여 자기 입장을 완전히 끝까지 확인하지 않으면 않될 시기이다.

초효●성운에 오만치 말고 스스로 삼가할 일.
2효◎적극적으로 나가서 일처리 한다. 재능을 발휘할 때.
3효○성운 지위가 향상 됨. 반목 발생한다.
4효○실력이 있어도 억제하라 길.
5효◎정정 당당히 행동해서 발전성 크다. 길.
상효◎만사 순조, 다만 헛돌지 말 것.

4 1 뇌천대장(大壯)

요란한 천둥 우뢰 소리   ◇알매이가 충실함이 필요!
[운세] 기세가 지나치게 강해서 무모한 용기를 내어 정도를 벗어난 일을 저질러서 실패하는 경향이 있다. 무분별한 행동을 일으키지 않도록 조심하지 않으면 아니될 때이다.

초효●분수를 모르고 지나치게 나간다.
2효◎나아가서 좋다. 발전성이 크다.
3효●지나치게 나가서 고통받음. 위태롭다.
4효○왕성하게 나아가서 안태롭다. 길.
5효●무리를 하면 사고발생. 흉.
상효○발 밑을 보고 노력하면 길하다.

5 1 풍천소축(小畜)

낮게 드리운 비구름   ◇성급한 마음을 억제해서 대기!
[운세] 무슨 일이건 방해를 만나서 뜻대로 일이 잘 되어가지 않을 때이다. 그러나 이에 굽히지 말고 노력을 계속해가고 있으면 개운의 시기가 닥아 온다. 자포자기 하지 말고 힘써 참으면서 시기가 오기를 기다릴 때이다.

초효●나아가려는 마음을 억제 외로움을 따름.
2효◎동지들과 제휴해서 강한 것을 제압하다.
3효●내부분열 때문에 머무르게 된다.
4효○성의로써 일에 대처해서, 사건 해결됨.
5효◎부자됨. 부를 독점 않고 이웃과 더불어 번영.
상효○빽빽한 구름 이미 비가 내림. 목적 달성하다.

6 1 수천수(需)

나룻배를 기다리는 사람   ◇참고 기다려서 목적 달성!
[운세] 현재는 무슨 일이건 수단이나 방법을 쓸 수도 없이 옴짝달싹 움직 일 수도 없을때 이다. 참을성 있게 찬스를 기다릴 도리 밖에 없다. 참지를 못해 일을 일으키면 실패해서 심한 꼴을 당한다. 사태의 호전을 기다리며 5효일때는 행동 개시해도 잘 되어 간다.

초효○시골에 물러가서 때오기를 기다리자.
2효○다소간 위험을 무릅쓰고 기다림. 길.
3효●위험속에서 친구를 위해서 기다림.
4효◎죽을것 같은 생각 속에서 기다림.
5효◎유유자적하며 기다림. 대길하다.
상효○위험이 닥침. 뜻밖의 원조가 있다.

7 1 산천대축(大畜)

곡식이 가득찬 창고   ◇적극적으로 행동 개시!
[운세] 현재는 여러므로 고생됨이 많으며 인내심 있게 버

티고 노력 할 때이다. 그러나 그 곤란을 타고 넘어서게 되면 아주 큰 성과를 얻게 된다. 또한 가정의 일보다도 밖으로 나가서 일하는게 좋을 때이다. 고생 끝에 낙이 있다.

　초효○창고의 쌀에 좀이 생김. 재앙을 피하도록.
　2효○실력이 충만하다. 겉만보고 넘어가지 말라.
　3효○실력이 충만하다. 손해보고 득을 취하라.
　4효◎실력이 충만하다. 쳐부시고 나아가서 대길.
　5효◎운이 쇠퇴하다. 경거망동을 삼가하라.
　상효◎세력의 증대. 하늘의 혜택을 얻어 안태.

8 1 지천태(泰)

　　　　순풍에 돛단 범선　　◇만사가 순조롭게 진행!
　　　[운세] 성운의 시기로서 웬만한 일은 순조롭게 되어 가며 생각한데로 잘되어 간다. 그러나「달도 차면 기우나니…」의 비유말처럼 좋은 일만 계속 되지는 않는다. 성운의 시기는 초효에서 3효까지이며 4효서부터는 쇠운기로 들어선다.

　쵸효◎태평. 동지와 함께 신장 번영해서 길.
　2효◎태평. 인재 등용에서 문제가 생김.
　3효○태평. 잘되갈때 분란을 잊지말 것. 길.
　4효○태평. 스스로의 마음을 충실하게 하라.
　5효◎태평. 권력자가 겸허 함을 명심해서 길.
　상효●태평. 평화유지에 노력을 기울이자.

1 2 천택리(履)

　　　　범을 길드리는 처녀　　◇발 밑을 조심해서 전진!
　　　[운세] 언제 습격 당할지 모르는 맹수인 호랑이와 함께 있어서 그 꼬리를 밟고는 살해 되지나 않을까 근심걱정하는 그러한 위험스런 사태에 있다. 그러나 윗사람의 뒤를 따르며 인내심있게 매사 구분을 지어가고 있으면 이윽고 호전이 된다는 암시가 있다.

　초효○솔직한 심정으로 나아갈 것.
　2효○두둑한 배포로 담담하게 나가라.

3효● 폭주하면 범의 꼬리를 밟는다. 위험.
4효◎ 범의 꼬리를 밟다. 신중하게 행동해서 길.
5효○ 재능만 믿고서 독주하면 위험.
상효◎ 마지막에 웃는자가 행복한 사람이다.

2 2 중택태(兌·태위택)

즐겁게 웃어대는 소녀   ◇입조심, 말조심!

[운세] 일반적으로 작은일은 잘 운행되어 기쁨을 맛보지만 큰일을 도중에 좌절한다던지 감언이설에 속아 넘어간다던지 내실이 말과 다르다 던지 하는 경향이 있다. 기쁨과 구설 이라는 양면성이 있다.

초효● 기뻐하다. 안심하면 재난이 닥친다.
2효◎ 기뻐하다. 서로 믿고 의지하고 있다.
3효● 기뻐하다. 연합할 사람을 모은다. 흉하다.
4효○ 정신적인 기쁨인가 물질적인 기쁨인가. 선택을 망설인다.
5효○ 삿된 마음을 갖인 사람에게 홀려 위태롭다.
상효○ 아첨꾼에 둘러싸여 기뻐하다. 위험.

3 2 화택규(규)   (揆 眼)

여성끼리의 다툼   ◇작은 일은 길. 큰 일에는 흉!

[운세] 내부에 원만치 못한 일이 있거나 반목이 있을때. 기업이나 회사에서는 서로 세력 다툼. 내분이 있다던지 가정에서는 고부간의 갈등이 생겨서 남편이 고생하게 되는 일등이 발생한다. 매사 적극적으로 나가지 말고 내부결속부터 굳혀 기초를 확립할 때.

초효◎ 반목일때 내버려 두면 화해됨.
2효◎ 반목일때, 궁할 때는 통한다. 길.
3효● 처음에는 거북하지만 끝에가서는 길.
4효○ 반목 때문에 고독하다. 화해 하도록.
5효◎ 친구들의 일이다. 함께 전진하자.
상효◎ 의심이 심해 없는 허깨비까지 보임. 의심을 풀어서 길.

4 2 뇌택귀매(歸妹)

　　　　　사랑해선 않될 사랑　　◇본업보다. 부업이 발전한다!
　　　　　[운세] 무슨 일이건 간에 남녀의 정분 관계가 있게 되는
　　　　　시기다. 또 현재의 쾌락만을 추구하고 장래를 생각치 않는다
던지, 눈앞의 이익 만을 얻고자 하는 경향이 있다. 운기는 쇠한 운이
뒤쫓아오니 적극적으로 나오면 도중에서 좌절할 우려가 있다.
　초효○결혼은 정부인이 아니다. 소극적으로.
　2효◎결혼은 주인이 어리석다. 고생이 많다.
　3효●소실로서 그늘에 사는 지위. 헛 돌아 간다.
　4효○혼기를 놓쳐 늦어지나 준비하면 보람이 있다.
　5효◎내조의 공. 아름다움이 빛난다.
　상효●약혼은 해도 결혼은 못한다. 흉하다.

5 2 풍택중부(中孚)

　　　　　알을 포근히 품은 어미새　　◇성심성의면 순조롭다!
　　　　　[운세] 마음속의 무사, 무욕으로서 성실을 뜻하는 괘다.
　　　　　또 남녀간의 연애를 나타내며 서로 친화해서 진실을 주고 받
음을 뜻한다. 일반적으로 상담이나 거래 교섭에는 길로 본다. 짝궁으로
도 좋고 장사는 파는쪽 사는쪽 쌍방이 모두 길하다. 협력대길!
　초효◎성심으로 진행한다. 현상유지에 힘쓰다.
　2효◎동지들과 함께 나간다. 이익도 고루 분배.
　3효●뜻밖의 재난을 만난다. 지리멸렬.
　4효◎종래의 나쁜 짝패들과 이별함이 길.
　5효◎정성스러움이 넘쳐 사람들이 따른다.
　상효●분수 밖의 일은 영속되지 못한다.

6 2 수택절(節)

　　　　　물이 가득찬 연못　　◇절조, 절제를 지켜서 순조!
　　　　　[운세] 무절제나 낭비를 고쳐가야 할 때다. 절조없이 자기
　　　　　생각만을 고집한다 던지 하는 등은 피해야 한다. 또한 너무

적극적이거나 너무 소극적인 것도 좋지 않으며 적당하다는 것을 아는게 중요하다. 분수를 지키는 것이 안전하다.
초효○시절을 고려해서 신중히. 재난이 다가옴.
2효●움직여야 할 때 움직이지 않아서 괴로워 한다.
3효●의지 박약으로 절제를 잃는다.
4효◎절도를 지켜서 기쁨이 있다.
5효◎절도에 구애 받지 말라. 임기응변.
상효●절도를 지나치게 관찰하다. 꽉 막힌다.

7 2 산택손(損)

호수에 비친 산   ◇손해보고 득을 취하라!
[운세] 사업상 손해를 보거나 사람을 돌봐 주거나 해서 지출이 많아지고 고생 한다는 시기다. 그러나 현재는 불우해도 장래는 발전해서 좋아진다는 암시가 있다. 현재는 적자라도 장래성이 있고 앞을 내다본 선행투자 함은 잘 될 것이다.
초효○봉사의 경우는 실정을 잘 조사하라.
2효○봉사도 좋지만 자기 자신도 소중하다.
3효○손해보고 크게 신용을 얻는다.
4효◎병이 나더래도 회복한다.
5효◎자기를 희생해서 밝은 임금에 봉사 한다.
상효◎손해보고 신망을 얻어 사회에 임하다.

8 2 지택림(臨)

변천해 가는 사계절   ◇변화에 순응해서 행동하라!
[운세] 성운인 시기로 앞길이 양양 하므로 일반적으로 성공한다. 그러나 기세가 너무 강해서 도리어 너무 지나치게 강행해서 실패하는 경우가 많다. 그러므로 정신적으로 긴장을 누추지 말고 앞을 잘 살피면서 나감이 바람직 하다.
초효○전쟁 준비 완료. 뜻을 하나로 하라.
2효○일에 임함. 일보후퇴 이보전진.
3효○달콤한 심사로 나가지 말라. 순풍에 돛달았다.

4효◎지성으로써 나가라. 흔들리지 말 것.
5효◎영특한 슬기로써 일에 임하다.
상효◎독실로써 임하다. 사람들이 따른다.

1 3 천화동인(同人)

횃불 치켜 들고 뭉친 동지   ◇합심, 협력해서 나가라!
[운세] 들불이 가로 막는 것이 없는 넓고 넓은 평원으로 불타며 퍼져나가는것 처럼 운기가 강할 때이다. 동지끼리의 결합이 강하므로서, 심복부하의 도움을 받거나, 뜻이 맞는 상사의 이끌어줌을 받게도 되는 때이다.
초효○동지를 구하고자 들판을 헤메다.
2효●동지와 활약개시. 공정.
3효●분수를 알고 참고 견뎌 나갈 것.
4효●싸우고 다쳐서, 집으로 돌아옴.
5효◎마지막에 웃는 자가 승리자이다.
상효◎고립 무원으로 헤메지만 승리를 얻는다.

2 3 택화혁(革)

신구 세대 교체 시기   ◇옛것을 버리고 새것이 유력!
[운세] 개혁・혁명을 뜻하므로 개혁에 관계되는 일을 암시하고 있다. 이 괘를 얻으면 개혁 혁신을 행하여서 낡은 구습이나 폐단을 일소해야 될 때라고 판단 한다. 다만 초효에서 3효까지는 시기 상조이며 잘 되어 가는 것은 4효서 부터이다.
초효○감정에 치우쳐 경거망동은 금물.
2효◎시기를 얻어서 혁명을 행한다.
3효●혁명은 민중의 의향에 따라서 행한다.
4효◎혁명은 달성되고 뜻이 이루어짐. 대길.
5효◎대인 호변함. 새로운 체재 발전하다. 길.
상효○군자 표변함. 동지와 연대해서 길.

3 3 중화리(離・이위화)

맹렬히 불타오르는 열화   ◇재능 발휘에 좋은 기회!

[운세] 불이 두개 겹친 쾌로서 대단히 위험이 많을 때 이다. 자기 혼자의 힘으로 해가면 대체적으로 실패하고 심한 꼴을 당한다. 무슨 일에나 자기가 주도권을 잡지 말고 사람을 따라서 해나 감이 무난 하리라.

초효●자신의 입장을 고려해서 스타트.
2효◎행동이 적절. 재수 있다. 대길.
3효●너무 기승을 타면 위태롭다.
4효●해가 서산으로 기울었다. 철수가 중요.
5효○지성이 높고 도량도 크다. 길.
상효◎운수대통. 겸허하면 더욱 대길.

4 3 뇌화풍(豊)

풍요로운 살림살이   ◇닥쳐올 쇠운에 미리 대처하라!

[운세] 표면은 화려하여 밝고 기세가 왕성해 보이지만 내실은 곤란함이 많을 때다. 또 너무 기세가 강열에 지나쳐서 뜻밖의 흉한 화를 스스로 초래한다는 암시가 있다. 외견화려 내실이 따르지 않는다.

초효◎주인을 만난다. 겸허하라.
2효○풍요롭다. 진퇴에 고뇌함. 큰 뜻을 품다.
3효○풍요롭다. 쇠운일 때를 생각해서 나아가라.
4효○풍요롭다. 쇠운일 때는 협력자를 찾아라.
5효◎풍요롭다. 어진이를 맞이하여 개혁을 꾀함.
상효●권력을 잃고 굉장한 저택은 쓸쓸하다.

5 3 풍화가인(家人)

불씨 지키는 안주인 ◇작은 사건이 큰 사건을 일으킨다!

[운세] 가정내에 트러불이 발생하기 쉬운 경향이 있다. 가정을 중히여기고 가족끼리 원만하게 잘해나가도록 노력하지 않아서는 안된다. 옛말의 가화만사성을 가훈처럼 지켜야 좋다.

초효○집안을 엄하게 단속 지도 한다. 길.
2효○주부는 한결 같이 가사에 종사함이 길.
3효○가족에겐 관용과 엄격이 고르게 함을 얻다. 길.
4효◎기업에 전념해서 부유해짐. 대길하다.
5효◎작은 일이 큰 사건을 일으킨다. 요 주의.
상효◎성의로써 가사일을 돌보아 집안이 원만.

6 3 수화기제(旣濟)

이미 공명을 이룬 사람　◇현상유지에 노력을 기울이라!

[운세] 운기는 정점에 도달했으므로 이 이상은 더 좋아지지는 않는다.「달도차면 기우나니…」속담처럼 보름달은 다시 이지러져 가는 것이다. 운기도 차츰 앞날이 쇠해 간다고 본다. 지금은 현재의 왕성운을 유지해 가도록 노력할 때.

초효○이미 이루었다. 더 나아가면 재난에 봉착.
2효◎사건이 일어나더라도 묵살. 때를 기다릴 것.
3효●이미 성취됨. 모험을 하면 문란해 진다.
4효●이미 성사됨. 방심하면 분쟁이 생긴다.
5효○검소질박함이 좋다. 오만 불손은 금물.
상효○지나치면 작은 일이 큰 일로 번진다.

7 3 산화비(비)

저녁 놀에 비쳐진 산　◇겉치레 화려함에 속지 말 것!

[운세] 저녁 노을에 산천초목이 아름답게 물드려져 있으나 얼마후 해가 서산으로 넘어가 몰락직전의 광체를 나타낸다. 매사 이야기에 거짓이 많고 혼례 장례와도 인연이 있다. 장애물이 있으니 제거하되 부드럽게 체면치레를 해가면서 행할 것이다.

초효●의리를 저버리면서까지 지위를 쫓지 말라.
2효○상사와 협력해 나가면 장식해지 가함.
3효◎허식이 가식이 많다. 실속을 취하라.
4효◎화미인가, 질박인가, 조화를 꾀하라.

5효◎화미함을 배제해서 질박을 택해 나아가라.
상효○해가져서 어둡다. 색체 소멸함.

8 3 지화명이(明夷)

땅 속으로 가라앉은 태양 ◇어진 사람이 상처 입고 다친다!

[운세] 땅 밑에 해가들어가버린 어두운 밤이다. 예로부터 귀신이나 마귀는 낮에는 숨고 밤에 활약하는 것으로 되어 있다. 밝은 것이 숨었다. 즉 정상적인 것이 모습을 숨기고 사악한 것이 세상에 세력을 떨치고 재능있는 사람이 힘을 발휘하지 못하고 있을 때로 풀이 된다.

초효●암흑을 탈출하나 굶주림으로 고생함.
2효○암흑의 지배, 벗들에게 구조받아 안태.
3효◎어두운 세상, 정의의 깃발을 세운다.
4효●폭군에게서 쉽게 도망친다. 길.
5효○암우한 척해서 탈출한다. 길.
상효○폭군은 사해에 군림했어도 몰락 한다.

1 4 천뢰무망(无妄)

하늘이 내려준 시련   ◇되어가는 대로 맡겨 두라!

[운세] 무리한 욕망을 갖지 말라는 뜻으로 이를테면 우주의 자연 현상은 아무런 근거도 없이 아무렇게나 일어나는게 아니라 엄숙한 규정에 따라 질서 정연한 것이다. 이괘가 나올때는 내힘만으로는 아무리 버티어도 잘 안된다. 만사 자연 되어가는데로 몸을 마끼는 도리 밖에 없다.

초효○무심으로 나가면 길. 그렇지 않을 때는 흉.
2효●이해관계에 얽히면 실패한다.
3효●뜻밖의 재난을 만난다. 벗을 얻는다.
4효○하늘의 명에 따라서 이익이 있다.
5효◎질병이 있어도 저절로 낫는다.
상효●자연이 되어가는 대로 맡겨두라.

2 4 택뢰수(隨)

철지난 천둥 우뢰 ◇시세에 따르고, 수하인을 따르라！

[운세] 인간도 천둥 우뢰와 마찬가지로 자연에 딸라 상황의 변화에 응해서 임기응변으로 대처해가지 않으면 않될 때이다. 또 우뢰가 땅속으로 숨어들듯이 어느편이냐하면 적극적으로 나아가는 것이 아니라. 물러서서 지키는데에 좋은시기이다.

초효◎일자리가 바뀔 우려가 잇다. 순응해서 길.
2효●아가씨에 반해서, 마나님을 잃는다. 흉.
3효◎큰 일에 따르도록, 작은 일은 희생하라.
4효●권력자를 따라서, 가다가 막힘. 흉.
5효◎옳바른 일을 따라가서 영화가 있다. 길.
상효○하늘의 뜻에 따라서 난을 피하라.

3 4 화뢰서합(서합)   (呪 筮)   (呪 溢)

방해자는 제거하라 ◇뜻밖의 저항으로 고생！

[운세] 무엇을 하고자 해도 이를 방해 하려고 하는 방해자가 나타난다. 그러나 이에 져서는 아무것도 않된다. 정열과 노력으로서 끈질기게 방해자와 싸워서 이를 제거하지 않으면 않될 때이다.

초효●장해를 배제하고 나가라. 길.
2효○방해꾼과 싸워 다친다. 허물이 없다.
3효●장해가 강해서 고생. 배제하여 호전.
4효◎방해꾼을 배제해서 결과가 좋다.
5효◎장해와 싸워서 예기치 않던 이득을 얻음.
상효●어려운 사건 때문에 애먹고, 실패한다.

4 4 중뢰진(震·진위뢰)

울려 퍼지는 천둥 번개 ◇소리만 크고 실속 없다！

[운세] 천둥이나 우뢰는 분동·결단·큰소리·경악을 나타내며 이괘를 얻으면 발분해서 대사업을 성취해 낼때이다. 좋은 일만 아니라 사람들과 싸우거나 다투거나 하는 소란스럽고 소리만

클뿐 실속이나 내용이 따르지 못한 경향이 있다.
초효◎뇌성이 울린다. 유비면 무환이라.
2효○벼락이 떨어질 위험이 있다. 도망가기엔 늦다.
3효●천둥이 멀어진다. 환경이 호전된다.
4효●벼락이 떨어져서 놀라지만 제자리에 돌아온다.
5효○천둥이 치는데도 제사는 계속 드린다.
상효○벼락이 이웃집에 떨어 진다. 스스로 경계면 길.

5 4 풍뢰익(益)

공익 우선의 투자　◇적극적으로 행동하라 !
[운세] 성운의시기로서 손 윗사람의 원조나 이끌어 줌이 있고 사업은 예상이상의 성과가 기대된다. 또 가정적으로도 혜택받고 괸찬을 때이기도 하다. 그러나 바람과 천둥은 형체가 없는 것이라 겉보기에 좋고 내실이 따르지 못하는 경향이 있다.
초효◎사업운 호조나, 영속성이 문제.
2효◎적극적으로 나선다. 선배의 원조 있다.
3효○뜻밖의 재난을 극복하여 성공한다.
4효◎공익사업에 종사, 발탁된다. 길하다.
5효◎대중의 이익을 위함이 큰뜻을 이룬다.
상효●사리사욕에 잡여서 아래를 손해봄 흉.

6 4 수뢰준(屯)

눈덮인 땅밑의 새싹　◇새로운 것을 낳기 위한 고생 !
[운세] 이 괘는 4대난괘(중수감, 수산건, 택수곤, 수뢰준)의 하나로서 무슨 일이거나 뜻대로 되지 않으며 괴롭고 고통 스러울 때이다. 서둘지 말고 초조하지 말며, 참을성으로서 굳세게 견디어 갈 것이다. 노력하면서 현상을 지키며 시기가 오는 것을 기다려야 할 때이다.
초효●가는데에 곤란을 겪는다. 인간관계 개선하라.
2효●가는데에 곤란을 겪는다. 현상을 유지 할 것.
3효●너무 깊게 쫓아 가면 실패한다.
4효○가는데에 곤란을 겪는다. 목적을 따라서 나가라.

5효●가는데에 곤란을 겪어 되돌아옴. 무리하지 말라.
상효○가는데에 곤란을 겪는다. 피로할뿐 아무 이득도 없음.

7 4 산뢰이(신)   (頭 臥)

위턱과 아래턱   ◇음식조심！ 말씨조심！
[운세] 이괘는 윗턱과 아래턱 모양으로 본다. 입이나 치아는 턱의 기능이나 작용에 비기어 양자가 힘을 합친다거나 또는 반대로 서로 대치한 상태로 보기도 한다. 본래 입은 음식을 섭취해서 신체를 양육한다는 것을 가리키며 입은 재앙의 근원이니 입조심, 말조심！
초효●이웃집 잔디가 더 곱게 보인다. 흉.
2효●손 아랫사람에 의존. 독립하라.
3효●남의등을 쳐서 먹고 산다. 반성하라.
4효◎손아랫 사람에게 봉양 받는다. 인덕이 있다.
5효○양육을 행할 사람이 양육을 받는다.
상효◎신뢰를 받아서 고생하지만, 길하다.

8 4 지뢰복(復)

다시 돌아온 새 봄   ◇장래의 계획 수립에 좋은 때！
[운세] 땅속에 파묻혀 있던 나무 열매가 싹이 터서 자라나 성장 하는것 처럼 운기가 차츰 좋아져 간다. 동지를 뜻하는 괘로서 낮이 짧고 밤이 길었던 계절도 동지를 고비로 차츰 낮이 길어지기 시작한다. 규칙적으로 순서대로 해가면 차츰 좋아져 간다.
초효◎과오를 깨닫고 옳은 길로 돌아옴. 길.
2효◎운세가 호전됨. 옳은 길로 돌아옴. 길
3효○실패해서 제자리로 돌아옴. 좋지 않다.
4효◎홀로 제갈 길을 간다. 재앙이 있으나 길.
5효◎독실한 마음으로 돌아옴. 가기가 괴로우나 무사.
상효●돌아오는 것을 잊으면 실패한다.

1 5 천풍구(구)   (垢 姤)

여왕 벌 같은 미녀　　◇우연한 사고·재난을 조심 !

[운세] 사기나 재난을 다하거나 일이 어긋나서 뜻밖의 손해를 보게 되는등 예측 못할 불상사를 겪을 때이다. 또 바람이 불어서 물건이 흔들리듯이 마음의 동요로 갈피를 잡지 못한다는 뜻도 있다. 지금은 되도록 옛을 지키는 것이 좋고 당분간 진행을 억제하라. 무리는 실패를 부른다.

초효●여성과 만난다. 꽉눌러서 길.
2효○여성을 눌러껵으라 불연이면 도망가라.
3효○여성이 왕성하다. 안만남이 행운.
4효●미녀가 없어진다. 자신이 위태롭다.
5효●미녀를 잘 길들여서 좋다.
상효●미녀의 콧대가 세다. 서로 부딋쳐서 짐이 무겁다.

2 5 택풍대과(大過)

과중한 무거운 짐　　◇무거운 압력을 견디어 나가라 !

[운세] 책임과중이라 이때껏 사력을 다해서 버티고 왔으나 더는 못견뎌서 모든 것을 내어 던지지 않으면 안되게 되었다 던지 하는 중대한 국면에 처해있다. 짐이 너무 무거워 내힘에 부칠 때, 또는 시기를 놓친것 등은 다시 손대지 말것이다.

초효○동지를 구하고자 들판을 헤매다.
2효◎대들보가 휘었다. 불균형이 도리어 낫다.
3효●대들보가 휘었다. 받쳐주는 자 없다. 흉.
4효◎받쳐주는 자가 견뎌내어 곤란 극복. 길.
5효●마른나무가지에 꽃이 핀다. 오래가지 않는다.
상효●내한몸 위험을 돌보지 않고 지나쳐서 흉.

3 5 화풍정(鼎)

제항물 삶는 세발 솥　　◇셋이 협력하면 성공 !

[운세] 성운일 때이다. 이때껏 팔리지 않던 제품도 때가 들어 맞아 수요에 응해서 매상을 올릴때, 고대의 중국에서 공적이 있는 제후가 천자에게서 세발솥에서 끓인 음식을 향응 받듯이

사업에 성공해서 큰 성과를 얻는때. 시류에 적절 즉응한 일로 성공을 거둔다.

　초효◎솥안의 찌꺼기를 씻어내어 길하다.
　2효◎신중하게 나가돼 고립하지 말라.
　3효○솥이 깨져서 식사를 못함. 어긋난다.
　4효●상다리가 부러져 음식이 쏟아졌다. 재액을 만남.
　5효◎훌륭한 솥이다. 어진이를 얻는다. 대길.
　상효◎훌륭한 솥이다. 만사가 순조롭다.

4 5 뇌풍항(恒)

　　　　너무나 평온한 생활　　◇유혹에 걸려들 위험. 요주의!
　　　[운세] 장성한 남녀가 결혼해서 부부생활하는 것을 뜻하며 항상 연구히 변치말자는 뜻이 항이다. 현상유지에는 안태로우나, 신규의 일을 시작하는데는 흉하다. 재래하던 것을 또박또박 참을성 있게 해가고 다른 일에는 마음을 옮겨먹지 않도록 해야 한다.

　초효●생활을 화려하게 하려다가 실패.
　2효◎가정방침을 지나치게 지켜감이 안전.
　3효●변화에 동요말라. 본질을 이해하라.
　4효●합당한 길로 나아가서 발전한다.
　5효●항상의 도리를 지키다가 짐이 무거워 짐.
　상효●항상심을 잃지 말라. 협력해서 행하라.

5 5 중풍손(巽·손위풍)

　　　　바람에 운반되는 씨앗　　◇바람부는데로 유연한 대응!
　　　[운세] 바람은 일반적으로 유동적이므로서 안정성이 없으며 확고한 신념이나 방향이 정해지지 않을 때이다. 다만 손은 무역풍처럼 이익이 있다는 뜻으로 상업은 크게 이익을 본다. 돈번다는 뜻이 있다. 그러나 집을 비우면 바람처럼 스며드는 빈집 털이등도 조심할 것이다.

　초효○우유부단으로 절도가 없다. 마음이 흔들린다.
　2효◎공손한 정도가 지나치나 나쁘지 않다.

3효●겉으로만 유순으로 여겨져서 풍파가 있다.
4효◎사냥가서 세가지를 잡았다. 공을 세움.
5효◎재난을 당하나 끝은 길하다.
상효●겸손도 지나치면 권위를 잃는다.

6 5 수풍정(井)

맑은 물이 솟는 우물　◇노력을 되풀이 해야 보람 있다 !

[운세] 손풍의 드레박이 감수안으로 들어가서 물을 길어 퍼올리는 모양인 괘다. 근심 걱정이 많고 편한한 형상은 아니다. 또 드레박은 물을 퍼올리는 작업을 되풀이 하는데서 옛을 지키고 같은 일을 되풀이 하고 있는 것이 무난하다고 판단한다.

초효●돌보지 않은 우물. 기다린지 오래다.
2효●두레박이 망가져서 쓸 수가 없다.
3효●우물를 쳤다. 아무도 마시지 않는다.
4효○우물을 잘 가꾼다. 비용이 너무 많이 들었다.
5효◎맑고 시원한 물을 마신다. 길.
상효◎모든 사람이 윤택을 받는다.

7 5 산풍고(蠱)

흰 개미에 갉아먹힌 저택　◇근본적인 수술이 필요 !

[운세] 미지근한 목욕 물에 잠겨있는 것 같은 상태에 길들여지고 말고 있기 때문에 현상 그대로 있으면 물건이 부패해지듯이 얼마안가 파국을 맞게됨을 암시하고 있다. 이괘를 얻었을 때에는 구태의연한 상태에 신풍(새바람)을 보내어 개혁을 단행하지 않으면 아니될 때이다.

초효○재난이 발생, 재출발의 찬스 길.
2효●재난이 발생, 고생이 많음. 해결 가능함.
3효○재난을 처리함. 지나쳐서 후회함.
4효●어려운 문제 해결이 안되어, 뜻을 못편다.
5효○어려운 일이 해결됨. 일신해서 명예를 얻다.
상효○어려운 일을 다스려서 고결함을 보점. 길.

8 5 지풍승(升)

쑥쑥 잘 자라나는 새싹　　◇순조로운 성장 !

[운세] 승진·승급의 기운이 가까이 닥아오는 때이다. 그러나 단번에 상승하는 것이 아니라 계단을 하나씩 오르듯 나가는 기운이므로 초조하지 말고 견실히 노력해서 나감이 가장좋다. 사업의 확장·확대·신규사 시작에 찬스이다.

초효◎순조롭게 상승하여 안태 대길.
2효◎상승함. 겸허하게 행동할것.
3효◎상승함. 도처에 무적 전진.
4효◎상승함. 소극적으로 나감이 길.
5효◎상승함. 한발짝씩 견실히 나가자.
상효●지나친 신장은 벌래가 붙는다. 멈추라.

1 6 천수송(訟)

괴롭고 고달픈 재판정　　◇다투는 일에는 불리 !

[운세] 남과 불화로 다툴일이 생겨나거나 소송이 생길때이다. 되도록이면 싸움은 피하고 타협해서 화해하도록 마음먹어야 한다. 사람한데서 비난을 받거나 장해가 생겨서 만사 뜻대로 되지 않거나 자기의 계획을 밀고나가려 하면 실패한다.

초효○싸움을 피하지 않으면 재해를 당함.
2효●싸우면 큰 타격을 받는다.
3효○싸움질할 때는 모르는 척 하라.
4효●인심이 떠났다. 재출발이 좋다.
5효◎싸움에 이긴다. 감정엔 앙금이 남는다.
상효●소송에 이겼어도 고통은 남는다.

2 6 택수곤(困)

물빠진 마른 저수지　　◇사면초가, 만사가 막혔다 !

[운세] 쇠운의 시기로서 모든 일이 뜻대로 되지 않을 때다. 초조해서 충동적으로 움직이면 득이 되지 않는다. 인내

심있게 참으면서 기다려야 한다. 자금·일손 부족·계획을 잘못 세워서 시기가 안맞는 등도 있다. 무리하면 실패한다.
　초효●고생이 사라지고 기쁨이 온다.
　2효○생활난으로 고생하나 원조를 받음.
　3효○고생은 차례로 닥친다.
　4효●구원군은 오지 못한다. 버틸지 의문.
　5효●비참한 상태로 고통 받는다. 호전된다.
　상효●곤곤한 중에 투쟁하면 더욱 곤곤.

3 6 화수미제(未濟)

　　　　저 멀리에 빛나는 태양　　◇길은 먼곳에….
　　　　　　　　　　　　　　　젊은이에겐 밝은 미래!
　　　[운세] 현재는 최악의 상태이나 전도는 밝고 명랑하므로 장래는 반드시 호전해간다. 초조치 말고 게으르지 말며 훗날을 기약해서 근기 있게 노력을 계속해 가는 것이 중요하다. 역경을 극복해서 반듯이 역전 시킨다는 신념을 지닐 것이다.
　초효●유동상태 마지막에가서 재앙이 있다.
　2효○성취되지 않는다. 자중해서 기다리라.
　3효○뜻을 못얻음. 벗과 함께 준비를 함이 좋다.
　4효◎뜻을 크게 세워 노력하면 성사된다. 길.
　5효◎믿는 도끼에 발등찍힐 우려가 있다. 조심.
　상효◎성취됨이 없다. 술에 빠져서는 아니됨.

4 6 뇌수해(解)

　　　　해동되어 풀린 강물　　◇해방된 기쁨!
　　　　[운세] 괴로움이 풀린다는 암시로서 이때까지 고통받던 곤란한 장해도 사라지고 차츰 좋아져 간다. 그대신 계약이 해약되거나 약속이 해소되거나 하는 흉사도 있을 때이다.
　초효◎해결을 보지만 썩 잘된 결과라곤 할 수 없다.
　2효◎방해자를 뿌리치고 얻을 것을 얻음. 길하다.
　3효○항상심을 잃어 재난 액운을 당한다.

4효◎골칫꺼리가 해결 해소하여 동지들과 연대하다.
5효◎고통을 해결한다.
상효◎불한당을 배제하고 옳지 못한 것을 풀었다.

5 6 풍수환(渙)

바람에 휘날니는 물보라 ◇현상타개에 노력하면 애로가 흩어 진다!

[운세] 태풍이 한번지나가고 새로운 전개를 뜻하는 괘이다. 큰바람에 고통과 괴로움 등이 깨끗히 날아가버리는 것을 뜻한다.
오랫동안 고통을 겪어오던 사람들은 간난신고에서 해방되어서 새로운 국면이 전개 되는 기회가 왔다.
초효○인심이 흩어짐. 유력자의 구원 있다.
2효○인심이 흩어짐. 지원자를 믿으라.
3효●인심이 흩어짐. 남을 위해 진력하라.
4효◎파벌해소 대동단결로 호전된다.
5효◎인심이 흩어짐. 명령해서 규합하라.
상효◎혈로를 뚫어서 도망간다.

6 6 중수감(坎・감위수)

한고비 넘기자 앞에 또 난관 ◇제몸을 돌보지 않고 열심히 힘쓰라!

[운세] 차례차례 나타나는 앞을 가로막는 장애물, 진퇴유곡의 곤란의 시기이다. 그러나 강물은 앞길을 막는 산이나 언덕을 우여곡절 겪으면서도 대해로 흘러들어간다. 사람도 강물처럼 어떤 장애를 만나도 굴하지 않는 용기와 신념을 굳게 가져야 한다.
초효●고난 속에서 고생한다. 때오기를 기다려라.
2효○고난속에서 탈출을 꾀하여 서광이 비친다.
3효●가도고난, 와도고난, 휴식을 취하라.
4효○위험이 닥쳐온다. 해결이 곤란.
5효◎위험 속에서 잠간 쉬고 전투준비.
상효●감옥속에 갇히다. 도망침.

7 6 산수몽(蒙)

어두운 집에 사는 어린이　　◇길 안내인을 따르라!

[운세] 짙게 안개가 자욱한 곳에 처해 있는 것처럼 앞을 내다 볼 수가 없어서 의심스럽고 망설이고 있는 상태다. 현명한 스승이나 총명한 친구의 의견에 따라서 행동하면 운은 차츰 열린다. 그러나 방침도 정하지 않은체 무턱대고 움직이면 실패해서 심한 꼴을 당한다.

초효○오리무중. 처음에는 월사금을 내야 한다.
2효◎안개가 자욱하지만, 개인다. 길.
3효○앞을 내다볼수 없다. 재난을 만난다.
4효●어린이를 구해서 타개책을 꾀하라.
5효◎안개가 개인다. 출항하도록 하자.
상효○오리무중. 전투준비를 하라.

8 6 지수사(師)

싸움터로 나가는 장군　　◇고생이 많으나 이긴다!

[운세] 싸움이나 다툴일이 생기기 쉽고 투쟁빈발로 다난한 시기이다. 또 가정네에서도 가족끼리 협력해서 서로 돕고 원만하게 지내기가 매우 어려운 경향에 빠져있다. 그러므로 불화가 생기지 않도록 합치고 협력해야만 된다.

초효○군의 규율에 조심. 발전성이 큼.
2효◎장수로서의 신망을 얻어라.
3효●현재의 통솔자를 바꿀 필요가 있다.
4효○전진만이 능사가 아니다.
5효○장군이 우수하지 못하면 정의도 패한다.
상효◎논공행상을 그르쳐서 앞을 내다보기 어렵다.

1 7 천산돈(遯)

일단은 작전상 후퇴　　◇재기의기회를 기다리라!

[운세] 야반도주라는 괘로서 쇠운의 시기이다. 무엇이나

뜻대로 되지 않는다. 이런 상태가 이 이상 더 계속되면 옴짝 달싹 못하게 된다. 재빨리 결단을 내려서 철수 후퇴 할 때이다. 퇴직등으로 대처 도시에서 지방이나 시골로 되돌아가는데는 대길이다.

초효● 도망갈 때를 놓치다. 동지들과 때를 기다린다.
2효● 도망간다. 재기해서 임금을 만난다.
3효● 사사로운 정때문에 도망갈 시기를 놓침. 흉.
4효○ 도주해 안태. 차츰 회복한다. 길.
5효◎ 잘 도망쳤으나 나그네길에서 고생함.
상효◎ 유유희 도망쳤다. 재기 가능하니 길.

2 7 택산함 (咸)

사랑을 고백하는 청년   ◇애정문제는 대길!

[운세] 이 괘는 소녀에게 매혹당한 젊은이가 그녀를 구애해서 무릎을 꿇고 소녀도 기뻐서 이에 응하는 모습을 나타내므로 이성과 기쁨을 뜻한다. 그러므로 연애, 결혼 대인관계등은 매우 순조롭게 진해되어 간다.

초효○ 연애는 서로 등을 질 우려가 있음. 조심.
2효○ 연애는 잘 진척되지 않음. 바르게 나아가라.
3효○ 연애에 끌려다니다가 사건을 만난다.
4효○ 연애는 잘 진척되지 않음. 바르게 나아가라.
5효○ 연애는 쇠퇴기. 사이가 벌어지는 시기에 접어듬.
상효● 감이와서 너무 지껄이다. 미움사지 말라.

3 7 화산려 (旅)

외로운 길손, 나그네 길   ◇위험을 무릅쓰고 나아가라!

[운세] 산 불이나면 이산저산 옮겨 붙는다. 해가서산에 져물면 나그내는 서둘러 묵을 숙소를 구해야 한다. 나그네는 아는 이가 적고 모든면이 불편해서 고생이 많다. 일반적으로 외로운 나그네 신세처럼 쇠운으로 고생이 많을 때이다.

초효● 여행길에서는 너무 작은 일에 구애받지 말라.
2효◎ 여행가서 객사도 얻었고 돈도 두둑하다.

3효●여행처에서 개사도 심복도 잃었다.
4효●여행간 곳에서 친절히 대해주나 잔근심이 많다.
5효◎꿩을 쏘아 마쳤다. 화살을 잃었으나 명예를 얻었다.
상효●여행길에 오기부리다 실의의 밑바닥으로 빠져 듬.

4 7 뇌산소가(小過)

서로 등을 진 두 사람 ◇저자세로 나아가라!
　[운세] 운기는 내림세이다. 실력 이상의 일을 벌리거나 지나치게 나섰기 때문에 애로가 발행한 것. 도가 지나쳐서 실패하는 경향이 있다. 음흉스런 방법으로 나가다가 상대한테 미움을 사는 일도 생기기 쉬울때. 오르는데 나쁘고 내리는게 좋다.
초효●새가 높히 난다. 일시적으로 좋아도 흉.
2효○저자세로 겸손하면 무난.
3효●지나치게 나가면 난관을 겪는다.
4효●나아가지 말고 저자세로 때를 기다려라.
5효○저자세로 때를 기다리며 어진이를 만나라.
상효●날던 새가 그물에 걸린다. 지나치기 때문이다.

5 7 풍산점(漸)

날아오르는 물새 ◇순서·차례대로 나아가라!
　[운세] 이때껏 여러가지 장해가 있어서 뜻대로 안되던 일도 겨우 해결의 길이 열려 올 때이다. 다만 너무 급진하면 모처럼 호전되어 오든 운기를 깨뜨리게 된다. 조급한 마음을 누루고 점진하도록 해야 한다. 여성이 결혼하는데는 최량의 괘다.
초효○점진한다. 일가족이 즐겁게 나아간다.
2효◎바위로 나간다. 단짝패를 따라 간다.
3효●뭍에 오른다. 단짝을 잃어서 흉.
4효○나무로 오른다. 안정된 장소를 얻는다.
5효◎산으로 오른다. 앞이 열린다.
상효◎구름 속으로 날아간다. 길은 흉으로 바뀐다.

6 7 수산건 (蹇)

산악등반에 진눈개비　◇위험이 가득하다. 꾹참아라 !
[운세] 앞에는 큰 강이 있고 뒤쪽에는 헌준한 산이 솟아 있어 나아갈수도 물러설수도 없는 어려운 고비에 처한 상태. 고생이 많을 것을 각오해야 할때다. 또 한고비 지나서 또한 고비가 닥쳐오듯이 고난이 한번만으로 끝나지 않고 되풀이 된다는 암시가 있다.

초효○가기 괴롭다. 물러서서 때를 기다린다.
2효●임금을 위해 고생한다. 허물이 없다.
3효●가지 않고 머무르면 벗을 얻어서 길하다.
4효●머물러서 동지들과 협력해서 맞서라.
5효○크게 조난당하나 구조대가 온다. 길.
상효◎머물러서 방어전. 공적을 올린다.

7 7 중산간 (艮·간위산)

나란히 연이은 산들　◇갈수록 태산, 경솔히
　　　　　　　　　　　행동하지 말라 !
[운세] 태산처럼 부동하고 정지하는 괘다. 그러므로 모든 일에서 진행보다는 멈추는 편이 좋다. 나아가면 흉하고 실패해서 손재하고 망신 당한다. 그러나 일단 정지해서 노력해가면 운기는 차츰 호전해 간다. 수세에 투철할 것이다.

초효○머므르다. 끈기있게 노력하라.
2효●머무르다. 참을성이 없어 움직여서 난관봉착
3효●머무르다. 위험 박두·흉.
4효○머므르다. 고독에 괴롭다.
5효○말을 삼가다. 점차적으로 길이 열린다.
상효◎멈출곳에 머므르다. 마음이 안태로워 길.

8 7 지산겸 (謙)

고개 숙인 벼이삭　◇겸손, 겸허하게 행동하라 !
[운세] 쓸데 없는 일에 손대거나 하지 말고 남의 눈에 띠지 않게 연구나 공부해서 수양으로 실력을 익혀두고 찬스를 기

다릴 때이다. 힘을 발휘할 시기는 반드시 온다. 너무 서둘거나 적극적으로 진출하면 실패하는 경향이 있다. 만사 조심하면서 소극적이 안전하다.

　초효◎싫건 좋건 무조건 겸양할 것.
　2효◎겸허함이 태도에 자연히 나타남.
　3효◎공적이 있어도 겸양한다. 길.
　4효◎지나치게 겸허해서 나쁠 일은 없다.
　5효○겸허를 잃으면 재해를 입게 된다.
　상효○겸허함이 이해되어지지 않음. 싸우지 말라.

1 8 천지비(否)

　　　　　모래 위에 쌓은 성　　◇기초를 굳게 다질것 !
　　　　　[운세] 모든 일이 뜻대로 잘되지 않을 때이다. 가정이라면 가족 각자가 제멋대로 자기가 좋아하는 일에만 열중하고 있는 상태. 친구라면 사이가 벌어지고 회사등은 분열·해산등을 뜻한다. 흉의는 초효에서 3효까지로서, 4효서부터는 길한 일들이 나타난다.
　초효●앞이 막힘. 동지와 결속한다. 길.
　2효●소인이 위에 있어서, 군자가 물러섬.
　3효○폐색의 세상에 출세해서 부끄럽지 않다.
　4효○앞이 막힘. 동지와 함께 행동한다.
　5효●죽을지도 모른다고 생각하면서 전진.
　상효○타개된다. 마지막은 길하다.

2 8 택지췌(萃)

　　　　　대제전 축제의 큰북소리　　◇입시·취직에는 대길 !
　　　　　[운세] 동식물이나 인간이 모여들어 진진하다는 뜻에서 이괘를 장사가 번창한 괘이다. 일반적으로 운세가 양호할 때이다. 사업의 확장·확대 신규사에 착수도 길하다. 입사·입학 시험등 경쟁은 심하나 유력하다.
　초효◎오합지졸도 유사시엔 정연해짐.
　2효◎조여들어서 순조로우나 돌발사태 있다.

3효○모여들어도 해결됨이 없다.
4효◎실력에는 걸 맞지 않으나 잘 되어 간다.
5효◎인심을 모은다. 신뢰를 얻자.
상효○집단 가운데서 고립한다. 고생한다.

3 8 화지진 (晋)

땅위로 솟아난 아침태양   ◇순조로운 상승기운!

[운세] 진은 전진한다는 뜻이다. 지평선 아래로 가라 앉았던 태양이 지상으로 나타나서 중천높이 솟아오르는 기상이다. 이때까지 노력해서도 앞이 어떻게 될지 알 수 없었던 사업도 겨우 앞길에 광명한 밝은 빛이 보이기 시작 할 때이다.

초효◎방해꾼을 배제해서 나아간다. 길.
2효◎장해가 있어서 전진이 어렵다. 배제하라
3효◎나간다. 사람들의 신뢰·명성을 얻는다.
4효○능력이상으로 나간다. 위험하다.
5효◎나아가서 성공. 물러서면 실패다.
상효○더 나아갈 데가 없다. 조심할 것.

4 8 뇌지예 (豫)

봄이 옴을 알리는 천둥   ◇유비무환, 찬스가 왔다!

[운세] 지구가 태양의 둘레를 1년의 주기로 공전하듯이 자연의 이치에 따라 규칙 바르게 노력을 계속해가고 있으면 성공하는 때이다. 웅비의 시기가 이르렀다. 그러나 소리만 클 뿐으로 끝날 가능성도 있다. 초, 2, 3효는 현상유지가 안전, 무리면 실패수.

초효○환락함. 오만 해져서 방심은 위험. 흉.
2효◎미리부터 대비함. 뜻이 돌처럼 단단해서 길.
3효○아첨해서 기뻐함. 영속 되지 못한다.
4효◎미리 근심한다. 협력자를 얻음. 길.
5효○미리 근심 한다. 재난을 모면 한다.
상효●환락에 빠진다. 회개해서 발전.

5 8 풍지관(觀)

땅위에 부는 큰 바람   ◇물질면은 흉. 정신면은 길!
[운세] 이 괘는 보기에 따라 몹시 춥게 느껴지는 광경인데 실로 그대로이다. 이것을 「불황의 괘」라고 부르고 있다. 이 괘를 얻었을때는 일반적으로 불경기이거나 물질적인 면에서는 흉한데, 정신적으로는 비교적 혜택 받음을 가리키고 있다.
초효○단순하게 보지 말라. 본질을 보라.
2효◎시야가 좁으면 신용을 잃는다.
3효○마음을 본다. 반성해서 행동한다.
4효◎나라의 영광을 본다. 진력을 다하라.
5효◎환경은 더욱 악화, 공정히 나가라.
상효◎군자의 길을 걸어서 평화를 얻는다.

6 8 수지비(比)

메아리 치는 모내기 농요   ◇평화 유지에 노력하라!
[운세] 사람들과 서로 화합하고 공동으로 일을 해나가면 썩 잘되어 간다. 또 손윗 사람이나 친지, 붕우등의 밀어 주거나 원조를 얻게되는 때이기도 하다. 그러나 독립독보로서 타인의 의견은 듣지 않고 혼자서 고립해서 하면 무슨 일이건 잘 되지 않을 것이다.
초효◎끝판에 가서 예상 밖의 길함이 있다.
2효◎친하기 어렵다. 성실만이 무기이다.
3효○나쁜 친구들에 둘러싸여 고통 받음.
4효◎훌륭한 지도자를 모시도록.
5효◎관대한 마음으로 남과 접해서 길.
상효●객관적 상태 악화, 몰락 필지 흉.

7 8 산지박(剝)

부서져 무너져 내리는 산   ◇슬며시 스며드는 위기!
[운세] 알몸이 될 위기의 쇠운의 시기이다. 무엇을 해도 잘되어가지 않는다. 반대 반대로 되 바뀔때. 직장인이라면

위에서는 정신차리라고 주의 받고 아래에선 상사하라는 대로 따르지 말라고 치밀어 승진의 길도 보이지 않는다. 뿐만아니라 현재의 지위를 유지하는데도 위태로운 때다.

초효●침대의 다리가 파손됨. 위험은 없다.
2효●침대의 다리가 망가졌다. 요 조심.
3효●침대 자체가 파손, 고난이 많다.
4효●침대가 파손되어 다친다. 모면해서 길.
5효●노력해서 겨우 난을 모면한다.
상효○남은 자만이 재기 가능.

8 8 공지곤(坤・곤위지)

유하게 순종하는 암말   ◇부단한 노력이 열매를 맺는다!

[운세] 무슨 일에나 초조하지 말고 꾸준하게 노력해 갈 때이다. 또한 윗사람의 지시나 가르침에 따르거나 상사의 명령에 따라 행동해 가면 별탈 없이 지내게 되는 그런 시기이다. 순종하는 암말 처럼….

초효●조용히 노력한다. 봄은 가깝다.
2효◎내부를 굳힌 다음에 쳐들어가서 길.
3효○재능을 숨기고서 행동할 것.
4효○사전에 미리 준비하고서 조용히 행동하라.
5효◎스스로의 덕을 닦고 인망을 얻음. 대길.
상효○싸우면, 서로 상처입고 같이 함께 쓰러진다.

제 2 장   점(사마귀)의   길흉(吉凶)

1 천정(天庭)   4 인당(印堂)   7 현무(玄武)
2 사공(司空)   5 양자(養子)양녀(養女)   8 일각(日角)월각
3 명당(明堂)   6 상묘(上墓)고광(高廣)   9 복당(福堂)

10 전택(田宅)
11 와잠(臥蠶)
12 간문(奸門)
13 눈섭미(眉)
14 백안(白眼)
15 누당(涙堂)
16 승구(乘球)
17 이곽(耳郭)
18 명문(名門)
19 신문(腎門)
20 관골(觀骨)
21 정명(正面)
22 선사(仙舍)
23 귀래(歸來)
24 산근(山根)
25 수상(壽上)

26 연상(年上)
27 준두(準頭)
28 금갑(金甲)
29 입술순(脣)
30 인중(人中)
31 식창(食倉)

32 녹창(祿倉)
33 비밀(秘密)
34 법령(法令)
35 노복(奴僕)
36 승장(承漿)
37 지각(地閣)

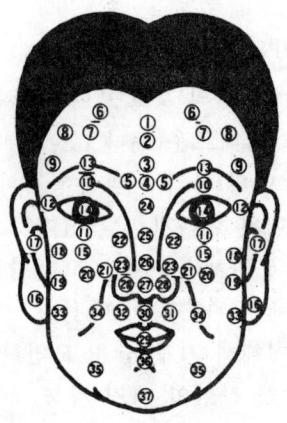

◇ 매력점과 추한점

　점(사마귀)이 검은 빛으로 도톰하게 솟은 것을 흑자반(黑子班)이라 하며 개성이 뚜렸한 매력점으로 사랑스러운 뿌랙라이트, 예를들면 여우 태현실의 예명은 복당에 있는 매력점인 포인트에서 연유되었다.

　참새알 같은 색갈을 띤 것을 작란반(雀卵班)이라하며, 결점이나 약점의 표시와 같은 것이므로 추한 점으로 불리 운다. 점(사마귀)은 신체의 내부와도 밀접한 여관을 같고 있는 것이므로 추한점은 풀이한 충고의 말에 따라서 노력하면 호전된다.

천정·사공(1·2)의 점

　남성이나 윗사람의 의견에 거슬리며 거역해서 이기적인 경향이 되어 버려 혼기가 늦어지거나 적을 만들어서 승진에 방해가 된다. 관재구설 재판문제에 관련되기 쉬웁고 추한 점은 패소가 되기 쉽다.

명당·인당(3·4)의 점

눈썹과 눈썹 사이가 좁은 사람한테 있으면 신경질적이고 근시안적 시야로서 갈피를 잡지 못하는 경향, 눈썹사이가 넓은 사람인 경우는 자유분방 누구에게나 사랑 받으며 금전에 집착치 않는다. 어느 편이건 운기를 강화시킨다. 다만 변화나 파란의 따르는 것이므로 방심은 금물이다. 특히 추한점일 때는 결단력과 굳센 의지를 길러야 한다.

양자·양녀(5.6)의 점

양자를 드리거나 대릿사위를 드리는데 순조롭다. 친자식 보다도 밀접하고 가업도 번성한다. 추한점일때는 애써 기른 후계자가 제멋대로의 핑계를 대면서 떠나버리거나 서로 뜻이 맞지 않게 된다.

상묘·고광(6)의 점

조상이나 신불의 가호랄까 신기한 인연 같은 방법으로 생사고비 같은 위급한 상황에서 구출되는 일이 많이 있다. 또 전생에서부터 약속되어 있던 것 같은 만남으로 맺어지는 인연을 갖인다. 추한점일 때는 과거가 원인되어 슬픈 이별을 맛볼지도 모른다.

현무(7)의 점

남에게 말못할 사랑의 이루어짐을 보는 곳. 점이 있으면 비밀은 보장되어 남의 눈을 피한 만큼 더욱 연정이 불 붙어 온몸을 태울 것이다. 추한점일때는 금전이나 재산이 목적이거나 불륜의 관계로 사소한 일로도 말싸움이 생겨 괴로울 것이다.

일각·월각(8)의 점

여성은 오른쪽을 일각 왼쪽을 월각이라하고 남성은 이와 반대이다. 여기에 점이 있으면 어릴때 부모와 생사이별하는등, 애정에 혜택 받지 못한다. 그대신 조부모나 친척 한테는 잘 보여 덕이 있다. 추한점은 필요 이상 부모가 간섭하거나 맹목적인 사람이 족쇄가 되어 발전이 방해 받는다.

복당(9)의 점

이과 수학의 천재가 나오는 점이나 자유롭지 못한 재산을 지니며, 이를테면 열쇠없는 금고지기 같다. 그러나 열리면 금시 재물이 흐터진다. 눈섭에서 떨어진 위치에 있는 추한 점은 예상에 벗어 남이 많으므로 냉정한 계산이 필요하다.

전택(10)의 점

전택이 넓은 것은 장남의 덕을 지니며 마음이 풍요롭다. 전택이 좁은 것은 재치있고 재주가 많으나 깊은 지혜가 모자란다고 한다. 여기 있는 점은 부모의 유산을 이어 받거나, 친척이 뒷배를 봐줘서 융자등이 원활하게 되어 믿고 찾아오는 자를 잘 돌보아 준다. 추한점은 재산을 둘러싼 싸움이나 부가나쁜 유산상속이 되거나 해서 불만이 많아진다.

와잠(11)의 점

와잠이 안(아랫눈거풀 안쪽)에 점이 있으면 불륜의 사랑이건 연하의 남성이건 한 사람만으로는 만족치 못하는 바람기 다분한 형, 성분비가 풍요해서 이성을 붙잡았다하면 절대로 놓아 주지 않는다. 추한점은 약간 그런 힘이 부족하다.

건문 · 어미(12)의 점

부드럽게 터치하는 사랑의 씨소 게임형, 남의 꽃은 붉게 보인다. 물론 꽃의 가시에는 찔리거나 다치지 않는 사람. 추한점은 사랑의 발육부전에 애태우거나 삼각관계에 얽혀 들리 쉽다.

눈섭(13)의 점

눈섭은 형제궁을 보는 곳이다. 눈섭털이 청백으로 기세가 없으면 심적 고뇌를 안고 있는 증거라고 한다. 이곳의 점은 콧대가 높으며 형제와도 떨어지며 마음끼리 통하려고도 않는다. 추한 점은 형제간에 추러불이 많겠다.

백안(14)의 점

눈 흰자위가 푸른것은 성내기 쉬운 성질, 촉촉히 젖은 흰자위에 점이 있으면 다정다감하다. 사랑에 불타면 앞뒤 못 가리고 그만 엎어지는 점이다.

누당(15)의 점

자식과의 대화나 교류가 않되는 점, 이른바 눈물점이다. 색갈이 좋으면 출세를 해서 기쁘게 해줄 자식이 있으나, 추한 점은 자식이 부모를 부담으로 여겨서 점점 떨어져 나가고 만다.

승구 · 이곽(16 · 17)의 점

승구의 점은 부모 뒤를 잇지 않고 만년에 운이 뚝 떨어져서 보통수단으로는 자손한테 남길 재산도 없어 진다. 승구의 안쪽에 있으면 꺼꾸로 행운, 이곽에 있으면 스테미너가 왕성하다.

명문 · 신문(18 · 19)의 점

방송국점, 스피커점이랄까 비밀을 지킬 수가 없어 스스로 아나운서, 빛깔이 좋으면 행운도 있고 수명도 장수 한다. 신문의 점은 남편을 썩 잘 공경한다. 추한점은 근기가 박하고 사랑해선 안될 사랑 즉 불륜을 저질러 부모를 울리는 경우가 있다.

관골 · 정면(20 · 21)의 점

이 부분이 두둑한 것은 용기와 결단력이 있는 지배자형, 점이 있는 것은 매사 사교 사령 처럼 해나감으로써 얇팍하여 넓고 깊은 교재는 영속되기 어렵다.

선사 · 귀래(22 · 23)의 점

축재의욕이 전연 없는 형 이랄까 재물이 모이지 않는 형이다. 내집마련의 꿈을 실현하기 까지는 물거품처럼 사라지지 않도록 굳은 결의가 필요하다. 추한점이 있으면 사는 집때문에 근심, 걱정이 끊일 날이 없겠다.

산근(24)의 점

자립점이므로 일가의 무거운 짐을 혼자 질머져도 일하는 것이 고달프지가 않다. 가족의 경제적인 책임 때문에 늦게 결혼하기 쉽고 사는 집도 자주 바뀌게 된다. 극단적으로 낮은 산근의 추한 점은 본능이 가는대로 고향을 버리고 스스로의 품위를 떨어뜨린다.

연상 · 수상(25 · 26)의 점

연상에 점이 있으면 등뼈의 좌나 우에 점이 있다고 한다. 콧대가 센개성과 점이다. 층계 코에 점이 있으면 더욱 자손심이 강하며 교제중이나 결혼후 중도에 파탄되거나 금전적으로는 중년에 위기에 몰린다.

준두(27)의 점

준두에 점이 있으면 성기에도 있으며 정력이 대단하다. 공격적 사랑 사냥꾼 형이다. 돈 씀씀이가 헤픈편이나 융통이 잘 되어 지불에는 별로 궁색하지 않는게 이상하다. 추한 점은 만성적인 돈이 모자라는 형, 중앙에서 약간 옆으로 비켜있는 것이 덜하다.

금갑(28)의 점

축적력이 부족한 점, 내기나 노름에 약한 것이 특징의 하나, 금전에는 혜택 받으나 남의 청탁을 거절할 용기가 모자라며 중년에 고향을 떠나야 될 사정이 생긴다. 추한 점은 그런 고생을 스스로 짊머지게 된다.

입술(29)의 점

입술의 위 아래가 붉고 윤이 남은 미식과 인연이 있고 윗 입술보다 아래 입술이 튀어나온 것은 이론가로서 논쟁을 즐긴다. 여성의 입술은 백지석장 들어갈 정도 틈이 있는 것이 좋은 상으로 되어 있다. 너무 굳게 다문 것은 고집이 세므로 남성에겐 좋은 것으로 본다. 자녀가 많은 여성은 입술에 세로줄이 많고 색도 붉고 아름답다. 검고 침침한 색의 입술은 냉증으로서 자녀운도 좋지 못하다. 입술에 점이 있는 것은 애정 과다중, 입술 안쪽에 점이 있는 것은 비밀성이 강하며 아무한테도 말 못할 사랑의 사연등을 혼자 곱게 간직해 가는 형이다.

인중(30)의 점

인중은 여성자신의 성기인 질로 본다. 폭이 넓고 얕은 인중은 산도가 넓어서 안산 순산한다. 폭이 좁은 인중으로서 빛갈이 좋지 못하면 냉증으로서 자녀의 혜택이 없는 경향이다. 인중에 큰 점은 질에도 울퉁불퉁 사마귀가 있어서 남성 자신을 자극해서 정신없이 기뻐하게 만든다.

식창 · 녹창(31 · 32)의 점

이 부분의 살집이 좋고 빛갈이 좋은 사람은 신분에 걸맞는 직업에도 혜택 받고 부업운도 좋아서 평생 식복이 많다. 점이 있으면 여성이더래도 조상의 전래업을 이어가게 된다. 다만 이상스럽게도 식객이나 객식구를 거느려서 마음고생하는 경우가 많다. 추한 점이 있으면 남편의 전직이나 사업의 실패로 말미 아마 식생활에 곤란을 겪기도 한다. 일반적으로 수염이 나는 곳인데 수염도 나지 않으면 허욕이 많은 사람이다.

비밀(33)의 점

숨은 욕망을 보는 곳이다. 적당한 비밀은 보전하는 것이 처세를 잘하는 것이다. 이곳에 점이 있으면 간악한 계교도 잘 꾸민다고하며 추한 점일때는 앞일을 잘못 계산해서 손해를 보게 되는 경향.

법령 · 노복(34 · 35)의 점

뚜렷하고 긴 법령은 수명도 길다. 여기에 점은 영업수완등 재주가 비상해서 재물을 썩 잘 모은다. 추한 점은 편친과 인연이 박하고 자신만만 과잉이 되기도. 노복에 살집이 풍요한 사람은 선량한 수하인들에 둘러 쌓여 공경과 사모 받는다. 빈약한 노복도 점이 있으면 강화해 주어 많은 사람을 고용한다. 추한 점은 근심걱정이 많고 해프닝 땜에 괴로워 한다.

승장 · 지각(36 · 37)

살결이 곱고 어딘지 귀엽게 뵈는 지각은 어린애처럼 응석 받이로서 생식기능이 발달하지 않는다. 지각이나 승장은 둥굴고 살이 포동포동한 것을복상으로 친다. 여기에 점이 있으면 집이나 가정이 안정하고 가령 이동해도 금전 혜택을 받고 변할 수가 있는 등 유리한 조건이 생긴다. 이부분에 흉터가 있는 사람은 쓸대없는 의리에 얽혀서 재산을 허비하게 된다. 굵은 줄 하나가 있으면 남의 집을 계승하는 상. 추한 점이 있으면 집문제나 섹스의 지구력·부족이 원인으로 괴로움을 맛 본다.

나도 역술가가 될 수 있다

택일하는법

택일법
월가길신흉신
혼인택일
주당법
택일시법
길흉일

제1장 택일법(擇日法)

1. 백기일(百忌日)

　백기일이란 뜻은 여기에 해당되는 날에는 무슨 일이든지 하면 좋지 않다는 것이니 일상생활에 될 수 있는 한 이 날을 피하여 일을 행하기 바라며 보는 법은 그 날 일진(日辰)의 천간육갑(天干六甲)에 해당하는 간(干)의 뜻을 잘 알아야 한다.

　○갑불개창(甲不開倉)…아무 날이든 일진이 갑일(甲日)이면 창고에 물건을 출납시키거나 개업을 하지 말라..
　○을불재식(乙不栽植)…일진이 乙일이면 화초나 초목 또는 모든 파종을 하지 말라.
　○병불수조(丙不修-)…일진이 丙일이면 부뚜막이나 구들을 고치거나 집 짓는 일을 하지 말라.
　○정불삭발(丁不削髮)…일진이 丁일이면 이발을 하지 말라.
　○무불수전(戊不受田)…일진이 戊일이면 전답을 매매하지 말라.
　○기불파권(己不破券)…일진이 己일이면 책이나 문서를 찢거나 버리지 말라.
　○경불경락(庚不經絡)…일진이 庚일이면 병원에서 수술을 하거나 침을 맞지 말라.
　○신불합장(辛不合醬)…일진이 辛일이면 간장을 담그지 말라.
　○임불결수(壬不決水)…일진이 壬일이면 논에 물을 가두지 말라.
　○계불송사(癸不訟事)…일진이 癸일이면 고소 또는 송사를 하지 말라

　이상은 일진천간(日辰天干)을 가리켜 말한 것이나 다음은 일진지지자(日辰地支字)를 가리켜 논설하니 해당되는 일지(日支)에는 모든 일을 하지 말라는 뜻이다.
　○자불문복(子不問卜)…일진이 子일이면 점을 치지 말라.
　○축불관대(丑不冠帶)…일진이 丑일이면 관대를 매지 말라.

○ 인불제사(寅不祭祀)…일진이 寅일이면 제사(푸닥거리·불공)을 지내지 말라.

○ 묘불천정(卯不穿井)…일진이 卯일이면 물을 파지 말고 수도를 놓거나 수리하지 말라.

○ 진불곡읍(辰不哭泣)…일진이 辰일이면 서러운 일이 있어도 울지 말아야 한다.

○ 사불원행(巳不遠行)…일진이 巳일이면 먼길을 떠나거나 이사를 하지 말라.

○ 오불점개(午不苫蓋)…일진이 午일이면 지붕을 덮지 말며 사냥을 하지 말라.

○ 미불복약(未不服藥)…일진이 未일이면 약을 먹거나 입원을 하지 말라.

○ 신불안상(申不安牀)…일진이 申일이면 책상이나 침구를 사들이지 말라.

○ 유불회객(酉不會客)…일진이 酉일이면 손님을 맞아 들이지 말고 잔치를 하지 말라.

○ 술불걸구(戌不乞狗)…일진이 戌일이면 개를 집에 들이지 말라.

○ 해불가취(亥不嫁娶)…일진이 亥일이면 장가가고 시집가는 일을 하지 말라.

2. 생기(生氣) 맞추는 법

남자는 5세를 이(離)에서 일으켜 다음 곤궁(坤宮)을 건너뛰어 태궁(兌宮)으로 가니 태궁(兌宮)이 2세가 되고 건궁(乾宮)이 3세, 감(坎)이 4세, 간(艮)이 5세, 진(震)이 6세, 손(巽)이 7세, 이(離)가 8세, 곤(坤)이 9세, 태(兌)가 10세이니 다음은 순서대로 따져 헤어간다.

여자는 1세를 감(坎)에서 일으켜 2세가 건(乾), 3세가 태(兌), 4세가 곤(坤), 5세가 이(離), 6세가 손(巽), 7세가 진(震)이며 여기서 간(艮)을 건너 8세에 감(坎), 9세가 건(乾), 10세에 태(兌)로 약수(逆數)한다.

그러므로 남녀가 10세에 태(兌)가 되고 20세는 한 간씩 넘어가니 남자는 20세가 감(坎)이요, 30세는 진(震)이 되니 차례로 헤어나가면 되나 여자는

20세가 이(離), 30세가 진(震)이니 순역(順逆)하는 법이다.

다음에 나오는 생기(生氣)·복덕(福德)·천의(天宜)는 대길일(大吉日)이며 유혼(遊魂)·절체(絶體)·귀혼(歸魂)은 평길일(平吉日)이고 화해(禍害)·절명(絶命)·귀혼(歸魂) 날을 택하지 않는다.

그리고 황도일(黃道日)과 흑도일(黑道日)이 있는데 황도일만이 길일이다.

다음으로 十三가지의 살(殺)이 있는데 살이 있는 날은 필히 피하며 입춘·입하·입추·입동·동지·단오·사월 초파일을 피하여야 한다.

또한 지붕을 이는 날은 천화일만 피하고 고사(告祀) 날은 공망일(空亡日)을 피하여야 한다.

남녀생기복덕 조견표

구분 \ 연령 길흉 일진		男 2 10 18 26 34 42 50 58	女 10 18 26 34 42 50 58 66	男 3 11 19 27 35 43 51 59	女 9 17 25 33 41 49 57 65	男 4 12 20 28 36 44 52 60	女 8 16 24 32 40 48 56 64	男 5 13 21 29 37 45 53 61	女 艮 15 23 31 39 47 55 63	男 6 14 22 30 38 46 54 62	女 7 14 22 30 38 46 54 62	男 7 15 23 31 39 47 55 63	女 6 13 21 29 37 45 53 61	男 8 16 24 32 40 48 56 64	女 5 12 20 28 36 44 52 60	男 9 17 25 33 41 49 57 65	女 4 11 19 27 35 43 51 59
生氣	吉	戌亥		酉		辰巳		未申		午		子		卯		丑寅	
天宜	吉	午		卯		丑寅		子		戌亥		未申		酉		辰巳	
絶體	平	丑寅		未酉		午		酉		辰巳		卯		子		戌亥	
遊魂	平	辰巳		子		戌亥		卯		丑寅		酉		未申		午	
禍害	凶	子		辰巳		酉		午		未申		戌亥		丑寅		卯	
福德	吉	未申		丑寅		卯		戌亥		子		午		辰巳		酉	
絶命	凶	卯		午		未申		辰巳		酉		丑寅		戌亥		子	
歸魂	平	酉		戌亥		子		丑寅		卯		辰巳		午		未申	

3. 황흑도일(黃黑道日)

이사(移徙)·혼인(婚姻)·성조(成造)·장례(葬禮)·기도(祈禱)등 기타에 관한 일에 이 날을 가린다. 황도일(黃道日)은 길(吉)하고 흑도일(黑道日)은 흉(凶)하므로 피해야 하며 보는 법은 月로써 일진(日辰)을 가리고 일진으로 시간을 가린다.

황도 \ 월일	1월 7월 寅申日	2월 8월 卯酉日	3월 9월 辰戌日	4월 10월 巳亥日	5월 11월 午子日	6월 12월 未丑日	흑도 \ 월일	1월 7월 寅申日	2월 8월 卯酉日	3월 9월 辰戌日	4월 10월 巳亥日	5월 11월 午子日	6월 12월 未丑日
青龍黃道	子	寅	辰	午	申	戌	天刑黑道	寅	辰	午	申	戌	子
金匱黃道	辰	寅	申	戌	子	寅	朱雀黑道	卯	巳	未	酉	亥	丑
明堂黃道	丑	卯	巳	未	酉	亥	白虎黑道	午	申	戌	子	寅	辰
天德黃道	巳	未	酉	亥	丑	卯	天노黑道	申	戌	子	寅	辰	午
玉堂黃道	未	酉	亥	丑	卯	己	玄武黑道	酉	亥	丑	卯	巳	未
司命黃道	戌	子	寅	辰	午	申	勾陳黑道	亥	丑	卯	巳	未	酉

4. 대공망일(大空亡日)

이 날은 천지가 공(空)맞은 날이니 무슨 일을 하든지 다 좋지만 굿을 하거나 제사 지내는 날로는 합당치 않다.

갑신일(甲申日)·무신일(戊申日)·갑술일(甲戌日)·갑오일(甲午日)
임자일(壬子日)·임인일(壬寅日)·임진일(壬辰日)·계묘일(癸卯日)
을축일(乙丑日)·을해일(乙亥日)·을유일(乙酉日)

5. 십삼살론(十三殺論)

십삼살론은 혼인과 장사에 보며 이에 걸리는 날을 불길하므로 피하여 하며 월(月)로써 본다.

月別 十三殺	正月	二月	三月	四月	五月	六月	七月	八月	九月	十月	十一月	十二月
天殺	戌	酉	申	未	午	巳	辰	卯	寅	丑	子	亥
披麻殺	子	酉	午	卯	子	酉	午	卯	子	酉	午	卯
紅紗殺	申酉	辰巳	子丑	申酉	辰巳	子丑	申酉	辰巳	子丑	申酉	辰巳	子丑
受死殺	戌	辰	亥	巳	子	午	丑	未	寅	申	卯	酉
羅網殺	子	申	巳	辰	戌	亥	丑	申	未	子	巳	申
天賊殺	辰	酉	寅	未	子	巳	戌	卯	申	丑	午	亥
枯焦殺	辰	丑	戌	未	卯	子	酉	午	寅	亥	申	巳
歸忌殺	丑	寅	子	丑	寅	子	丑	寅	子	丑	寅	子
往亡殺	寅	巳	申	亥	卯	午	酉	子	辰	未	戌	丑
十惡殺	卯	寅	丑	子	辰	巳	寅	卯	辰	巳	辰	辰
月厭殺	戌	酉	申	未	午	巳	辰	卯	寅	丑	子	亥
月殺	丑	戌	未	辰	丑	戌	未	辰	丑	戌	未	辰
黃紗殺	午	寅	子	午	寅	子	午	寅	子	午	寅	子

6. 태백살(太白殺 · 손보는 날)

이것은 날자를 따라 다니며 사람을 방해하는 손(귀신)을 말하는데 다음표에서 방향밑의 날자에는 귀신이 이 날은 이 방향에 있다는 것이다.

즉 초1일 · 11일 · 21일에는 동쪽에 있으니 동쪽 방향은 피해야 된다는 것이다.

방 향	날		자	방 향	날		자
동	1	11	21	북	7	17	27
동 남	2	12	22	북 동	8	18	28
남	3	13	23	좋은날	9	19	29
남 서	4	14	24		10	20	30
서	5	15	25				
서 북	6	16	26				

7. 천롱일(天聾日)

이 날은 하늘이 귀먹은 날이므로 무슨 일을 하든 좋은 날이며
병인일(丙寅日)·무진일(戊辰日)·병자일(丙子日)·경자일(庚子日)
임자일(壬子日)·병진일(丙辰日)이다.

8. 지아일(地啞日)

이날은 땅이 벙어리가 되는 날이므로 무슨 일을 하든 좋으며 보는 법은 달력에서 일 날을 고르면 되며
을축일(乙丑日)·정묘일(丁卯日)·기묘일(己卯日)·신사일(辛巳日)
을미일(乙未日)·기해일(己亥日)·신축일(辛丑日)·계축일(癸丑日)
신유일(辛酉日)이다.

9. 혼인총기일(婚姻總忌日)

다음에 해당하는 일자에 결혼을 하면 부부지간에 생사이별이 있고 또는 무자(無子)하거나 병고(病苦) 시달리는 자가 많다.
입춘(立春)·입하(立夏)·입추(立秋)·입동(立冬)·춘분(春分)·
십악(十惡)·피마(披麻)·복단(伏斷)·동지(冬至)·단오(端午)·
4월초8일·초4일·12일·28일·천공일(天空日)·24일·지공일(地空日)
월염(月厭)·월대(月對)·남녀본명일(男女本命日=甲子生이면 갑자일)

10. 생갑 · 병갑 · 사갑 (生甲 · 病甲 · 死甲)

생갑일만 가리어 쓰고 병갑이나 사갑일은 쓰지 않으며 보는 법은 달력에서 기재된 날을 찾으면 된다.

해 \ 갑		生 甲	病 甲	死 甲
子	午	甲子·甲午旬	甲寅·甲申旬	甲辰·甲戌旬
丑	未	甲辰·甲戌旬	甲子·甲午旬	甲寅·甲申旬
寅	申	甲寅·甲申旬	甲辰·甲戌旬	甲子·甲午旬
卯	酉	甲子·甲午旬	甲寅·甲申旬	甲戌·甲辰旬
辰	戌	甲辰·甲戌旬	甲子·甲午旬	甲申·甲寅旬
巳	亥	甲寅·甲申旬	甲辰·甲戌旬	甲子·甲午旬

11. 천월덕합일 (天月德合日)

(1) 천덕합 (天德合)

이 날을 택하면 모든 살이 없어진다.
정월은 임(壬)일 · 2월은 기(己)일 · 3일은 정(丁)일 · 4월은 병(丙)일
5월은 인(寅)일 · 6월은 사(巳)일 · 7월은 술(戌)일 · 8월은 해(亥)일
9월은 신(申)일 · 10월은 경(庚)일 · 11월은 정(丁)일 · 12월은 을(乙)일.

(2) 월덕합 (月德合)

정월은 신(辛)일 · 2월 기(己)일 · 3월은 정(丁)일 · 4월은 을(乙)일
5월은 신(辛)일 · 6월은 기(己)일 · 7월은 정(丁)일 · 8월은 을(乙)일
9월은 신(辛)일 · 10월은 기(己)일 · 11월은 정(丁)일 · 12월은 을(乙)일.

12. 십악대패일 (十惡大敗日)

십악대패일이라 하는 것은 그 해의 그 달에 따라 그 날의 일진을 상대로

하여 보게 되는데 그 해 그 달 그 날에 무슨 일이든 하면 크게 실패한다는 것이다.

- 갑기년(甲己年)…3월 무술일(戊戌日)·7월 계해일(癸亥日)·10월 병신일(丙申日)·11월 정해일(丁亥日)
- 을경년(乙庚年)…4월 임신일(壬申日)·9월 을사일(乙巳日)
- 병신년(丙辛年)…3월 신사일(辛巳日)·9월 경진일(庚辰日)
- 정임년(丁壬年)…무기(無忌)
- 무계년(戊癸年)…6월 기축일(己丑日)

다음에 말하는 십악일(十惡日)은 어느 해가 되었든 피해야 한다.
갑진일(甲辰日)·을사일(乙巳日)·임신일(壬申日)·병신일(丙申日)
정유일(丁酉日)·경진일(庚辰日)·무술일(戊戌日)·기해일(己亥日)
기축일(己丑日)·경인일(庚寅日)·계해일(癸亥日)·정해일(丁亥日)

제 2 장 월가 길신흉신(月家吉神凶神)

1. 사길일(四吉日)

혼인과 백사에 길하며 봄(春)에는 무인일(戊寅日)이고 여름(夏)에는 갑오일(甲午日)이며 가을(秋)에는 무신일(戊申日)이며 겨울(冬)에는 갑자일(甲子日)이다.

2. 천은상길일(天恩上吉日)

수작(修作)·벼슬·혼인 및 백사대길하며
갑자일(甲子日)·을축일(乙丑日)·병인일(丙寅日)·정묘일(丁卯日)
무진일(戊辰日)·기묘일(己卯日)·경진일(庚辰日)·신사일(辛巳日)
임오일(壬午日)·계미일(癸未日)·기유일(己酉日)·경술일(庚戌日)
신해일(辛亥日)·임자일(壬子日)·계축일(癸丑日)이다.

3. 월가길신(月家吉神)

월가길신에 해당하는 날은 만사를 하는데에 길하다는 것이며 좋은 날을 가리고져 할 때에는 우선 다음 도표에서 자기가 하고자 하는 가장 좋은 날을

月家吉神	설 명	정월	2월	3월	4월	5월	6월	7월	8월	9월	10월	11월	12월
天德 (천덕)	장례나 집짓는 데 등 백사에 대길	丁	申	壬	辛	亥	甲	癸	寅	丙	乙	巳	庚
月德 (월덕)	백사에 대길	丙	甲	壬	庚	丙	甲	壬	庚	丙	甲	壬	庚
天德合 (천덕합)	천덕과 같이 씀	壬	巳	丁	丙	寅	己	戊	亥	辛	庚	申	乙
月德合 (월덕합)	월덕과 같이 씀	辛	己	丁	乙	辛	己	丁	乙	辛	己	丁	乙
月空 (월공)	글을 올리거나 흙을 다루는 날	壬	庚	丙	甲	壬	庚	丙	甲	壬	庚	丙	甲
月恩 (월은)	모든 재앙이 없어지는 날	丙	丁	庚	己	戊	辛	壬	癸	庚	乙	甲	辛
月財 (월재)	집짓고 이사하거나 장사에 씀	戌	辰	巳	卯	申	未	戌	辰	巳	卯	申	未
生氣 (생기)	제물 양자 혼인에 씀	戌	亥	子	丑	寅	卯	辰	巳	午	未	申	酉
天醫 (천의)	치병 침약에 씀	丑	寅	卯	辰	巳	午	未	申	酉	戌	亥	子
旺日 (왕일)	상량하관에 길하나 흙을 다루면 해로움	寅	寅	寅	巳	巳	巳	申	申	申	亥	亥	亥
相日 (상일)	왕일과 같이 씀	巳	巳	巳	申	申	申	亥	亥	亥	寅	寅	寅
解神 (해신)	모든 살을 풀어서 백사에 대길	申	申	戌	戌	子	子	寅	寅	辰	辰	午	午
五富 (오부)	집짓고 장사지낼 때	亥	寅	巳	申	亥	寅	巳	申	亥	寅	巳	申
玉帝赦日 (옥제사일)	매사에 무조건 좋은 날	丁巳	甲子	乙丑	丙寅	辛卯	壬辰	丁亥	甲午	乙未	丙申	辛酉	壬戌
天赦神 (천사신)	몸에 죄를 사하는 날	戌	丑	辰	未	戌	丑	辰	未	戌	丑	辰	未
皇恩大赦 (황은대사)	재앙이 사라지고 이환이 나오는 날	戌	丑	寅	巳	酉	卯	子	午	亥	辰	申	未
要安日 (요안일)	셈을 받아 복을 받는 날	寅	申	卯	酉	辰	戌	巳	亥	午	子	未	丑
萬通四吉 (만통사길)	무례 무득한 날	午	亥	申	丑	戌	卯	子	巳	寅	未	辰	酉
天貴 (천귀)	제사, 벼슬, 입학에 길	春	甲	乙	夏	丙	丁	秋	庚	辛	冬	壬	癸
四相 (사상)	혼인과 백사에 길	春	丙	丁	夏	戊	己	秋	壬	癸	冬	甲	乙
三合 (삼합)		午戌	未亥	申子	酉丑	戌寅	亥卯	子辰	丑巳	寅午	卯未	辰申	巳酉
六合 (육합)		亥	戌	酉	申	未	午	巳	辰	卯	寅	丑	子
時德 (시덕)	결혼과 친우 모임에 길	春 在 午			夏 在 辰			秋 在 子			冬 在 寅		
青龍 (청룡)	출행과 배 떠나는 데 길	壬子	癸丑	艮寅	甲卯	乙辰	巽巳	丙午	丁未	坤申	庚酉	辛戌	乾亥

골라 월별로 일진의 길흉을 찾기 쉽도록 되어 있으니 택일의 조목대로 사용하면 된다.

예를 들면 혼인을 하는데 좋은 날을 택한다면 생기(生氣)나 사상(四相)이나 시덕(時德)을 택하는 것이 좋고 생기에서 정월은 술일(戌日)·2월은 해일(亥日)이 좋으니 이런 식으로 보면 되는 것이다.

4. 대명상길일(大明上吉日)

안장이나 집수리에 만사 대길하다.
신미일(辛未日)·계유일(癸酉日)·기묘일(己卯日)·갑신일(甲辛日)
임진일(壬辰日)·임인일(壬寅日)·을사일(乙巳日)·기유일(己酉日)
신해일(辛亥日)·임신일(壬申日)·정축일(丁丑日)·임오일(壬午日)
정해일(丁亥日)·을미일(乙未日)·갑진일(甲辰日)·병오일(丙午日)
경술일(庚戌日)

5. 모창상길일(母倉上吉日)

가옥 및 창고 건축에 백사대길하다. 봄(春)에는 해자일(亥子日)·여름(夏)에는 인묘일(寅卯日)·가을(秋)에는 진술축미일(辰戌丑未日)·겨울(冬)에는 신유일(申酉日)·토왕(土王)은 후 첫 사오일(巳午日)

6. 월가흉신법(月家凶神法)

월가흉신법은 달로써 보는데 그 달에 그 일진을 만나면 모든 일을 하는데에 불길하니 가급적 이 날을 피하여 택하는 것이 좋다.

7. 복단일(伏斷日)

복단일이란 그 일진에 이십팔수(28宿) 별을 상대로 한 것이니 예컨대 무슨 子일이든 子일에 허수(虛宿)를 만나면 이에 해당하며 혼인·이사·출행에 불길하다.

月家凶神	설　　명	정월	2월	3월	4월	5월	6월	7월	8월	9월	10월	11월	12월
天降 (천강)	백사가 해로우나 황도가 닿으면씀	巳	子	未	寅	酉	辰	亥	午	丑	申	卯	戌
河魁 (하괴)	천강과 같음	亥	午	丑	申	卯	戌	巳	子	未	寅	酉	辰
地破 (지파)	흙을 만질 때	亥	子	丑	寅	卯	辰	巳	午	未	申	酉	戌
羅網 (나망)	혼인, 출행, 소송	子	申	巳	辰	戌	亥	丑	申	未	子	巳	申
滅没 (멸몰)	혼인, 출행	丑	子	亥	戌	酉	申	未	午	巳	辰	卯	寅
重喪 (중상)	안장, 성복, 중복	甲	乙	己	丙	丁	己	庚	辛	己	壬	癸	己
天狗 (천구)	제사 지낼 때	子	丑	寅	卯	辰	巳	午	未	申	酉	戌	亥
往亡 (왕망)	이사나 출행할 때	寅	巳	申	亥	卯	午	酉	子	辰	未	戌	丑
天賊 (천적)	출행이나 창고를 열고 돈거래할때	辰	酉	寅	未	子	巳	戌	卯	申	丑	午	亥
披麻殺 (피마살)	혼인이나 집을 들 때	子	酉	午	卯	子	酉	午	卯	子	酉	午	卯
紅紗殺 (홍사살)	혼인	酉	巳	丑	酉	巳	丑	酉	巳	丑	酉	巳	丑
瘟凰殺 (온황살)	병치료나 집을 고치거나 이사할때	未	戌	辰	寅	午	子	酉	申	巳	亥	丑	卯
土瘟 (토온)	흙을 만지거나 샘을 팔 때	辰	巳	午	未	申	酉	戌	亥	子	丑	寅	卯
天隔 (천격)	출행, 구관	寅	子	戌	申	午	辰	寅	子	戌	申	午	辰
地隔 (지격)	씨를 뿌리고 장사지내는 때	辰	寅	子	戌	申	午	辰	寅	子	戌	申	午
山隔 (산격)	입산, 수렵, 벌목	未	巳	卯	丑	亥	酉	未	巳	卯	丑	亥	酉
水隔 (수격)	물에들어가고기를잡거나배를탈때	戌	申	午	辰	寅	子	戌	申	午	辰	寅	子
陰錯 (음착)	혼인, 장례	庚戌	辛酉	庚申	丁未	丙午	丁巳	甲辰	乙卯	甲寅	癸丑	壬子	癸亥
月殺 (월살)	복신, 입주, 상량	丑	戌	未	辰	丑	戌	未	辰	丑	戌	未	辰
月厭 (월염)	혼인, 출행	戌	酉	申	未	午	巳	辰	卯	寅	丑	子	亥

子日-허수(虛宿)　　丑日-두수(斗宿)　　寅日-실수(室宿)
卯日-여수(女宿)　　辰日-기수(箕宿)　　巳日-방수(房宿)
午日-각수(角宿)　　未日-장수(張宿)　　申日-귀수(鬼宿)
酉日-자수(觜宿)　　戌日-위수(胃宿)　　亥日-벽수(壁宿)

8. 왕망일(往亡日)

왕망일이란 출행(出行)을 하면 불상사가 생기기에 이 날에는 출행을 말라는 것이다.

입춘(立春) 후	7日	입추(立秋) 후	9日
경칩(驚蟄) 후	14日	백로(白露) 후	18日
청명(淸明) 후	21日	한로(寒露) 후	27日
입하(立夏) 후	8日	입동(立冬) 후	10日
망종(芒種) 후	16日	대설(大雪) 후	20日
소서(小暑) 후	24日	소한(小寒) 후	30日

9. 천지개공일(天地皆空日)

하늘과 땅이 모두 공을 맞았으니 이 날에는 무엇을 하여도 아무 탈이 없다.

戊戌日　己亥日　庚子日　庚申日

제3장　혼인택일(婚姻擇日)

혼인 택일에 앞서 전기(前記)한 백기일 및 생기복덕 또한 월가길신 월가흉신 등 기타 길일을 택하고 흉일을 피하여 다음에 논술하는 바와 같이 길흉일을 가리어 택일하는 것이다.

1. 남혼흉년(男婚凶年)

남자는 여자의 년(年)을 상대로 하여 보게 되는 것이므로 그 해에 혼인을 하면 남자에게 흉하니 그 해에는 결혼을 하지 말라는 것이다.

예로써 쥐띠(子年生)의 남자는 미년(未年)에 혼인을 아니한다.

子生-未年	丑生-申年	寅生-酉年
卯生-戌年	辰生-亥年	巳生-子年
午生-丑年	未生-寅年	申生-卯年
酉生-辰生	戌生-巳生	亥生-午年

2. 여혼흉년(女婚凶年)

여자는 남자의 해를 상대로 하여 보는 것이므로 여자가 그 해에 결혼을 하면 부부간에 불행이 오게 되며 여자가 흉하게 되니 가급적 피하는 것이 좋다.

子生-卯年　丑生-寅年　寅年-丑年
卯生-子年　辰生-亥年　巳生-戌年
午生-酉年　未生-申年　申生-未年
酉生-午年　戌生-巳年　亥生-辰年

3. 합혼개폐법(合婚開閉法)

이 법은 여자에 한하여 쓰는 법으로 결혼하는 해로서는 대개(大開)·반개(半開)·폐개(閉開)의 해가 있는데 대개년(大開年)에 출가하면 재산이 날로 늘어나고 자손도 창성(昌盛)하며 부부가 화합하고 백년해로 하게 되니 좋다고 한다.

반개년(半開年)에 출가하면 좋지도 않고 나쁘지도 아니한 평길운(平吉運)이니 모든 일이 중간선에 있게 된다.

폐개년(閉開年)에 출가하면 부부가 이별하고 재산이 파손되고 질병이 그치지 아니하고 자식이 없으며 단명하고 모든 일이 중도에서 좌절되며 불상사가 연생하게 된다. 그러면 다음표와 같이 開閉年을 설명한다.

開 \ 地支 나이	子午卯酉生	寅申巳亥生	辰戌丑未生
大　開	17 20 23 29 32	19 22 25 28 31 34	18 21 24 27 30 33
半　開	18 21 24 27 30 33	20 23 26 29 32 35	19 22 25 28 31 34
閉　開	19 22 25 28 31 34	21 24 27 30 33 36	20 23 26 29 32 35

4. 가취월(嫁娶月)

여자의 생년으로 혼인하는 달을 가리는 것으로 대리월(大利月)을 택함이 가장 좋으며 방부주(妨夫主)와 방여신(妨女身)은 피하여야 한다.

가취월명	길흉	설 명	子午生	丑未生	寅申生	卯酉生	辰戌生	巳亥生
大 利 月	吉	혼인대길	6月 11月	5月 12月	2月 8月	1月 7月	4月 10月	3月 9月
妨 媒 氏	平	대리월이맞지않으면무관함	1月 7月	4月 10月	3月 9月	6月 12月	5月 11月	2月 88
妨 翁 姑	平	시부모 불리	2月 8月	3月 9月	4月 10月	5月 11月	6月 12月	1月 7月
妨女父母	平	여부모 불리	3月 9月	2月 8月	5月 11月	4月 10月	1月 7月	6月 12月
妨 夫 主	凶	신랑이 흉함	4月 10月	1月 7月	6月 12月	3月 9月	2月 8月	5月 11月
妨 女 身	凶	신부가 흉함	5月 11月	6月 12月	1月 7月	2月 8月	3月 9月	4月 10月

5. 살부대기월(殺夫大忌月)

가취월의 좋은 달을 가린 후 여자의 생년으로 살부대기월을 보아 그 달에 시집가면 상부(喪夫)를 하게 되므로 결혼을 하지 말라는 것이다.

쥐띠(子年生)인 여자는 2월에 혼인을 아니한다.
소띠(丑年生)인 여자는 4월에 혼인을 아니한다.
호랑이띠(寅年生)의 여자는 7월에 혼인을 아니한다.
토끼띠(卯年生)의 여자는 12월에 혼일을 아니한다.
용띠(辰年生)의 여자는 4월에 혼인을 아니한다.
뱀띠(巳年生)의 여자는 5월에 혼인을 아니한다.
말띠(午年生)의 여자는 8월과 12월에 혼인을 아니한다.
양띠(未年生)인 여자는 6월과 7월에 혼인을 아니한다.
원숭이띠(申年生)의 여자는 6월과 7월에 혼인을 아니한다.
닭띠(酉年生)의 여자는 8월에 혼인을 아니한다.
개띠(戌年生)의 여자는 12월에 혼인을 아니한다.
돼지띠(亥年生)의 여자는 7월과 8월에 혼인을 아니한다.

1月	丙寅	庚寅	丁卯	辛卯	戊寅	丁丑	己丑	己卯	丙子	戊子	庚子	辛丑
2月	丙子	丙戌	丙寅	庚子	庚戌	庚寅	戊寅	戊子	戊戌	乙丑	丁丑	己丑
3月	丙子	丙戌	甲子	甲戌	乙丑	丁丑	丁酉	己酉	戊子	戊戌	乙酉	己丑
4月	甲子	甲戌	甲申	丙子	丙申	丙戌	戊子	戊申	戊戌	乙酉	丁酉	己酉
5月	甲申	甲戌	丙申	丙子	乙未	乙酉	戊申	戊戌	癸未	癸酉		
6月	甲戌	甲申	甲午	乙酉	乙未	壬戌	壬午	壬申	癸酉	癸未		
7月	甲午	甲申	乙巳	乙未	乙酉	壬午	壬申	癸巳	癸未	癸酉		
8月	甲辰	甲午	甲申	辛巳	辛未	壬辰	壬午	壬申	癸巳	癸未		
9月	庚辰	庚午	辛卯	辛巳	辛未	壬辰	壬午	癸卯	癸巳	癸未		
10月	庚寅	庚辰	庚午	辛卯	辛巳	壬寅	壬辰	壬午	癸卯	癸巳		
11月	庚寅	庚辰	辛丑	辛卯	辛巳	丁卯	丁丑	丁巳	己丑	壬寅	己卯	壬辰	己巳
12月	庚子	庚寅	丙子	丙寅	丙辰	戊子	戊寅	戊辰	辛卯	辛丑	丁卯	丁丑	己卯	己丑

6. 음양부장길일(陰陽不將吉日)

음양부장길일은 가취에 가장 길한 날로써 천적(天賊)·수사(受死)·홍사(紅紗)·피마(披麻)·월염(月厭)·월대(月對)의 모든 흉일(凶日)을 뺀 길일이니 화해(禍害)·절명(絶命)·복단(伏斷)·월파(月破)·월살(月殺)을 피하여 길신(吉神) 중에서 택일하면 혼인에 가장 길한 날이다.

7. 상부상처살(喪夫喪妻殺)

　　三月-丙午·丁未日(상처)　　三月-壬子·癸亥日(상부)

8. 가취대흉일(嫁娶大凶日)

춘(春)-甲子·乙丑日　　하(夏)-丙子·丁丑日
추(秋)-庚子·辛丑日　　동(冬)-壬子·癸丑日
정·5·9月-庚日　　　　2·6·10月-乙日
3·7·11月-丙日　　　　4·8·12月-癸日

9. 오합일(五合日)

혼인 및 백사에 길하나 제사에나 천정(穿井)에는 불길하다.
일월합(日月合)-甲寅·乙卯　　음양합(陰陽合)-丙寅·丁卯
인민합(人民合)-戊寅·己卯　　금석합(金石合)-庚寅·辛卯
강하합(江河合)-壬寅·癸卯

10. 세간길신(歲干吉辰)

名＼日干	甲	乙	丙	丁	戊	己	庚	辛	壬	癸
歲德合	己	乙	辛	丁	癸	己	乙	辛	丁	癸
歲德	甲	庚	丙	壬	戊	甲	庚	丙	壬	戊
天官貴人	未	辰	巳	寅	卯	酉	亥	申	戌	午
太極貴人	子	午	酉	卯	巳	午	寅	亥	巳	申

11. 통용길일(通用吉日)

음양 부장길일의 다음가는 길일이다.

乙丑·丁卯·丙子·丁丑·辛卯·癸卯·乙巳·壬子
癸丑·己丑·癸巳·壬午·乙未·丙辰·辛酉·庚寅

12. 세지길신(歲支吉辰)

名＼日支	子	丑	寅	卯	辰	巳	午	未	申	酉	戌	亥
歲 天 德	巽	庚	丁	坤	壬	辛	乾	甲	癸	艮	丙	乙
天 德 合	申	乙	壬	巳	丁	丙	寅	己	戊	亥	辛	庚
歲 月 德	壬	庚	丙	甲	壬	庚	丙	甲	壬	庚	丙	甲
月 德 合	丁	乙	辛	己	丁	乙	辛	己	丁	乙	辛	己
驛 馬	寅	亥	申	巳	寅	亥	申	巳	寅	亥	申	巳

13. 칠살일(七殺日)

혼인 및 모든 일에 불길하다.
각일(角日)·항일(亢日)·규일(奎日)
누일(婁日)·귀일(鬼日)·우일(牛日)

14. 혼인납징정친일(婚姻納徵定親日)

이 날은 사주(四柱)와 납채(納采)를 보내는데 길한 날이다.
乙丑·丙寅·丁卯·辛未·戊寅·己卯·庚辰·丙戌·戊子
己丑·壬辰·癸巳·乙未·戊戌·辛丑·壬寅·癸卯·甲辰
丙午·丁未·庚戌·壬子·癸丑·甲寅·乙卯·丙辰·丁巳
戊午·己未·황도(黃道)·삼합(三合)·오합(五合)·육합(六合)·천보(天寶)
양덕(陽德)·옥당(玉堂)·속세(續世)·육의(六儀)
천옥(天玉)·월은(月恩)·천희(天喜)·정성(定成)

15. 송례천복길일(送禮天福吉日)

이 날은 납폐(納幣) 즉 예물을 보낼 때 길하다.
己卯·庚寅·辛卯·壬辰·癸巳·己亥
庚子·辛丑·乙巳·丁巳·庚申

16. 월염월대일(月厭月對日)

이 날은 혼인에 불길하다.
정· 7月-辰戌日   2· 8月-卯酉日
3· 9月-寅申日   4· 10月-巳亥日
5· 11月-子午日   6· 12月-丑未日

제4장 주당법(周堂法)

1. 혼인할 때 주당 보는 법

● 큰 달인 경우

주	당		날		자	
夫	신	랑	1	9	17	25
姑	시어머니·시누이		2	10	18	26
堂	봉	당	3	11	19	27
翁	시 아 버 지		4	12	20	28
第	처 마 밑		5	13	21	29
조	아 궁 이		6	14	22	30
婦	신 부		7	15	23	
廚	부 엌		8	16	24	

● 작은 달인 경우

주	당			날		자	
夫	신		랑	1	9	17	25
廚	부		엌	2	10	18	26
婦	신		부	3	11	19	27
조	아	궁	이	4	12	20	28
第	처	마	밑	5	13	21	29
翁	시	아 버	지	6	14	22	
堂	봉		당	7	15	23	
姑	시 어 머 니	· 시 누	이	8	16	24	

 이것은 혼인 당일에 꺼리는 신으로 보는 법은 다음표에서 혼인하는 달이 클 때는 큰 달의 표를 보고 작을 때는 작은 달의 표에서 주당이 어디에 걸리는가를 보아 들어가지 않거나 보지 않아 그 순간만 피하여야 한다. 큰 달은 부자(夫字)로 부터 고자(姑字)로 순행하고 적은 달은 부자 (婦字)로 부터 역행하며 제당주조(第堂廚-) 일을 택하여야 한다.

2. 신행주당(新行周堂) 보는 법

 이것은 신부가 신랑집으로 신행해 오는 때에 보는 것으로 주당에 걸리면 그 순간만 피하거나 보지 않으면 된다.

● 큰 달인 경우

주	당			길흉	날		자	
조	아	궁	이	길	1	9	17	25
堂	봉		당	길	2	10	18	26
床	잔	치	상	흉	3	11	19	27
死	죽	음	9	흉	4	12	20	28
睡	뒷		문	흉	5	13	21	29
門	앞		문	흉	6	14	22	30
路	행		길	흉	7	15	23	
廚	부		엌	길	8	16	24	

● 작은 달인 경우

주	당	길흉	날자			
廚	부엌	길	1	9	17	25
路	행길	흉	2	10	18	26
門	앞문	흉	3	11	19	27
睡	뒷문	흉	4	12	20	28
死	죽음	흉	5	13	21	29
床	잔치상	흉	6	14	22	
堂	봉당	길	7	15	23	
조	아궁이	길	8	16	24	

3. 연옥녀살 (年玉女殺)

이것은 신행방(新行方)을 말하며 신부가 다음 방향으로 앉으면 살(殺)을 만나게 되니 이 방위로 앉지 말라는 것이다.

봄(春) - 동방(寅卯辰) 여름(夏) - 남방(巳午未)
가을(秋) - 서방(申酉戌) 겨울(冬) - 북방(亥子丑)

4. 삼지불수법 (三地不受法)

혼인 신행에 가리는 것으로 지고 오면 집 안에 해가 되고, 안고 오면 오는 사람에 해가 된다는 것이다.

申子辰年 - 亥子丑方 (북)   寅午戌年 - 巳午未方 (남)
巳酉戌年 - 申酉戌方 (서)   亥卯未年 - 寅卯辰方 (동)

5. 좌향일 (坐向日)

신부가 시가(媤家)에 처음으로 가서 앉을 때 일진에 따라 앉으면 좋다는 것으로 앉는 방향을 말하며 이는 어느 달이나 모두 같다고 한다.

甲己日 - 東北   乙庚日 - 西北   丙辛日 - 西南
丁壬日 - 正南   戊癸日 - 東南

6. 신부입문법(新婦入門法)

　　신부가 신랑집에 처음 들어올 때 가리는 것이다.
　　　금성(金姓)이 北문으로 들어오면 흥하고
　　　목성(木姓)이 西문으로 들어오면 흥하고
　　　수성(水姓)이 北문으로 들어오면 흥하고
　　　화성(火姓)이 南문으로 들어오면 흥하고
　　　토성(土姓)이 西문으로 들어오면 흥하니라.

7. 신부입택일(新婦入宅日)

　丙寅·庚寅·丙子·辛酉·天德合(천덕합)·月德合(월덕합)

제 5 장　 택일시법(擇日時法)

　　혼인이나 상량이나 기도나 이사나 고사등의 모든 일을 할 때 어느 시간을 택하여야 좋으냐는 그 날의 일진천간(日辰天干)을 상대로 하여 록(祿)시나 귀인시(貴人時)를 잡게 된다.
　　일진에 甲戊庚일이면 丑時나 未時가 귀인시이니 시간을 택한다.
　　일진이 乙己일이면 子時나 申時를 택한다.
　　일진이 丙丁일이면 亥時나 酉時를 택한다.
　　일진이 壬癸일이면 巳時나 卯時를 택한다.
　　일진이 甲일이면 寅時를 쓰고 乙일이면 卯時를 쓰고
　　丙戊일이면 巳時를 쓰고 丁己일이면 午時를 쓰고
　　庚일이면 申時를 쓰고 辛日이면 酉時를 쓰고
　　壬일이면 子時를 쓰고 癸일이면 亥時를 쓴다.
　　이러한 時를 시간관계로 맞추지 못할 때에는 부득이 적당한시간을 택할수 밖에 없다.

제 6 장   길흉일(吉凶日)

1. 길일(吉日)

(1) 출행일(出行日)

이 날에 출행하면 아무 사고가 없다는 것으로 일진은 다음과 같다.

甲子　乙丑　丙寅　丁卯　戊辰　庚午　辛未　甲戌　乙亥
丁丑　己卯　甲申　丙戌　己丑　庚寅　辛卯　甲午　乙未
庚午　辛丑　壬寅　癸卯　丙午　丁未　己酉　壬子　癸丑
甲寅　乙卯　庚申　辛酉　壬戌　癸亥

(2) 제사길일(祭祀吉日)

甲子　乙丑　丁卯　戊辰　辛未　壬申　癸酉　甲戌　丁丑
己卯　庚辰　壬午　甲申　乙酉　丙戌　丁亥　己丑　辛卯
甲午　乙未　丙申　丁酉　乙巳　丙午　丁未　戊申　丁酉
庚戌　乙卯　丙辰　丁巳　戊午　己未　辛酉　癸亥

(3) 기복일(祈福日)

이 날에 기복(祈福)을 하면 만사형통(萬事亨通)한다는 것이며 일진은 다음과 같다.

壬申　乙亥　丙子　丁丑　壬午　癸未　丁亥　己丑　辛卯
壬辰　甲午　乙未　丁酉　壬子　甲辰　戊申　丁卯　丙辰
戊午　壬戌　癸亥

(4) 불공길일(佛供吉日)

이 날에 불공을 드리면 백사대길하게 되며 일진은 다음과 같다.

甲子　甲戌　甲午　甲寅　乙丑　乙亥　丙寅　丙申
丁未　戊寅　戊子　己丑　庚午　辛卯　辛酉　癸酉

(5) 용왕제일(龍王祭日)

이 날에 용왕제를 지내면 백사가 대통하게 된다.

庚午　辛未　壬申　癸酉　甲戌　庚子　辛酉

(6) 산신하강일(山神下降日)

이 날 산제(山祭)를 지내면 산신이 도와주므로 백사형통하게 된다.
甲子　甲戌　甲午　甲寅　乙丑　乙亥　乙未　乙卯
丁亥　戊辰　己巳　己酉　庚辰　庚戌　辛卯　辛亥
壬寅　癸卯　丁卯

(7) 안장길일(安葬吉日)

이 날에 장사를 지내면 모든 살이 제거되므로 좋다는 것이며 보는 법은 달에 일진을 기준으로 하여 택한다.

正月…癸酉　丁酉　乙酉　辛酉　己酉　丙寅　壬午　丙午
二月…丙寅　壬申　甲申　庚寅　丙申　壬寅　己未　庚申
三月…壬申　甲申　丙申　癸酉　乙酉　丁酉　丙午　壬午
　　　庚申　辛酉　庚午
四月…乙酉　己酉　丁酉　癸酉　辛酉　壬午　乙丑　庚午
　　　丁丑　己丑　甲午
五月…甲申　丙申　庚申　壬申　甲寅　庚寅　壬寅　辛未
　　　甲戌　庚辰　甲辰
六月…癸酉　乙酉　辛酉　壬申　庚申　甲申　丙申　乙亥
　　　甲寅　庚寅　壬寅　辛卯　乙未　丙午　戊申　癸未
七月…癸酉　乙酉　丁酉　己酉　壬申　丙子　壬午　甲申
　　　丙午　丙辰　壬子　壬辰　丙申
八月…壬申　甲申　丙申　庚申　壬寅　庚寅　壬辰　乙巳
　　　丙辰　丁巳　癸酉　乙酉　己巳
九月…壬午　丙午　丙寅　庚寅　壬寅　庚午　甲戌　戊午
　　　辛亥
十月…丙子　甲辰　丙辰　丙午　壬午　庚午　壬辰　甲子
　　　庚子
　　　辛未　癸酉　甲午　乙未
十一月…庚寅　壬寅　甲寅　壬申　甲申　甲辰　丙申　庚申

　　　　　　　壬子　壬辰
十二月…壬申　壬寅　甲寅　癸酉　甲申　丙申　庚申　乙酉
　　　　　丙寅　戊寅　庚寅

(8) 정초일(定礎日)
　　이 날에 주춧돌을 놓거나 起工式(기공식)을 하면 좋다는 것이다.
　　　甲子　乙丑　丙寅　己巳　庚午　辛未　甲戌　乙亥
　　　戊寅　己卯　辛巳　壬午　癸未　甲申　丁亥　戊子
　　　己丑　庚寅　癸巳　乙未　丁酉　戊戌　己亥　庚子
　　　壬寅　癸卯　丙午　戊申　己酉　壬子　癸丑　甲寅
　　　乙卯　丙辰　丁巳　己未　庚申　辛酉

(9) 수주길일(竪柱吉日)
　　집을 짓는데 이 날에 기둥을 세우면 좋다는 것이다.
　　　己巳　乙亥　己卯　甲申　乙酉　戊子　己丑　庚寅
　　　乙未　己亥　辛丑　癸卯　乙巳　戊申　己酉　壬子
　　　甲寅　己未　庚申　壬戌　丙寅　辛巳

(10) 상량길일(上樑吉日)
　　이 날에 상량을 하면 백년이나 대길한다는 날이니 이 일진을 사용하는 것이 좋다.
　　　甲子　乙丑　丁卯　戊辰　己巳　庚午　辛未　壬申　甲戌
　　　丙子　戊寅　庚辰　壬午　甲申　丙戌　戊子　庚寅　甲午
　　　丙申　丁酉　戊戌　己亥　庚子　辛丑　壬寅　癸卯　乙巳
　　　丁未　己酉　辛亥　癸丑　乙卯　丁巳　辛酉　癸亥

(11) 조장길일(造醬吉日)
　　이 날에 간장을 담그면 장맛이 좋다는 날이다.
　　　丁卯日　丙寅日　丙午日

(12) 선행일(船行日)

이 날에 배가 떠나게 되면 풍랑을 만나지 아니하고 무사하게 되는 날이다.
　　乙丑　丙寅　丁卯　戊辰　丁丑　戊寅　壬午　乙酉　辛卯
　　甲午　乙未　庚子　辛丑　丙辰　戊午　己未　辛酉

(13) 수제일(水祭日)
이 날에 수제를 지내면 백사가 대통한다는 날이다.
　　庚午　辛未　壬申　癸酉　甲戌　庚子　辛酉

(14) 이십팔수길흉론(二十八宿吉凶論)
역서(歷書)에 순서별(順序別) 일진에 명기되어 있는 바 별에 따라 길흉이 있으니 다음을 보라.

　　각성(角星)·木曜日…성조(成造)·혼인·장사·수리 드에 길하다.
　　항성(亢星)·金曜日…제사불의(諸事不宜)
　　저성(저星)·土曜日…성조·혼인·장사·수리는 불길하다.
　　방성(房星)·日曜日…장사와 수리는 불길하나 기타는 대길하다.
　　심성(心星)·月曜日…모든 일에 다 흉하다.
　　미성(尾星)·火曜日…수리(修理)·장사·혼인·출행에 대길하다.
　　기성(箕星)·水曜日…수리·장사·혼인·출행에 대길하다.
　　두성(斗星)·木曜日…기조(起造)·수리·기타 만사에 길하다.
　　우성(牛星)·金曜日…모든 일을 하면 다 불길하다.
　　여성(女星)·土曜日…집짓기·수리·개조 등에 불길하다.
　　허성(虛星)·日曜日…만사가 다 좋으나 장사 지내면 흉하다.
　　위성(危星)·月曜日…만사가 다 좋으나 장사 지내면 흉하다.
　　실성(室星)·火曜日…만사가 다 좋으나 장사 지내면 흉하다.
　　벽성(壁星)·水曜日…집짓기·장사·개문·물을 대는 데에 대길하다.
　　규성(奎星)·木曜日…매장·혼인·개문·방수에 길하다.
　　누성(婁星)·金曜日…기조·매장·혼인에 대길하다.

위성(胃星)·土曜日…기조·매장·혼인에 대길하다.
묘성(昴星)·日曜日…매장·혼인·개문에는 흉하나 집짓는 데는 길하다.
필성(畢星)·月曜日…기조·매장·혼인에 길하다.
자성(觜星)·火曜日…모든 일이 다 흉하나 매장하는 데는 길하다.
삼성(參星)·水曜日…모든 일이 다 흉하나 매장하는 데는 길하다.
정성(井星)·木曜日…모든 일이 다 흉하나 매장하는 데는 길하다.
귀성(鬼星)·金曜日…매장하는 데에는 길하고 집짓는 데는 흉하다.
유성(柳星)·土曜日…기조·매장하는 데에 흉하다.
성성(星星)·日曜日…수리·개조에 길하다.
장성(張星)·月曜日…기조·매장·혼인·출행·상관에 대길하다.
익성(翼星)·火曜日…매장·수리에 흉하다.
진성(軫星)·水曜日…기조·매장·출행·조선(造船)에 길하다.

(15) 건제십이신길흉(建除十二神吉凶)

건(建)…출행·상장(上章)·입학·관대·구인·견귀인(見貴人)·수조(修造)·동토(動土)·혼인·벌초(伐草)·매장에 길하다.

제(除)…安宅·출행·제사·문서 교환·치병(治病)·종목(種木)·구관(求官)·금전출납·이사에 대길하다.

만(滿)…제사·납노(納奴)·접목(接木)·재의(栽衣)에 길하고 동토·입주(立柱)·이사에 불길하다.

평(平)…개기(開基)·건조(建造)·치도(治道)·제사에 모두 길하나 파종(播種)·재의(栽衣)·벌초(伐草)··파토(破土)에는 불길하다.

정(定)…혼인·제사·입주·매장에 길하나 재의·납축(納畜)·출행·송사(訟事)에 불길하다.

집(執)…제사·상장·혼인·입권(立券)·수조에 길하나 매장·이사·입택·출행에 불길하다.

파(破)…치병·파옥(破屋)·벌초·파토·동토는 길하나 안장·이사·출행·진인(進人)·혼인에 불길하다.

위(危)…혼인·제사·입권·수조에는 길하나 입산·수렵·출행·어렵에는 불길하다.

성(成)…혼인·제사·상장·안택·수조에는 길하나 이사·접목·송사에는 불길하다.

수(收)…수렵·납축·진노(進奴)·납채(納采)는 길하나 혼인·제사·입학·종수(種樹)는 불길하다.

개(開)…혼인·제사·안택·수조·천정(穿井)에는 길하나 출행·입권에는 불길하다.

폐(閉)…제사·매장·입권·접목·작측(作厠)에는 길하고 출행·이사·수조에는 불길하다.

(16) 벌목일(伐木日)

이 날에 벌목을 하면 아무 탈이 없다는 것이다.

己巳·庚午·辛未·壬申·甲戌·乙亥·戊寅·己卯·壬午
甲申·乙酉·戊子·甲午·乙未·丙申·壬寅·丙午·丁未
戊申·己酉·甲寅·乙卯·己未·庚申·辛酉

(17) 산제길일(山祭吉日)

이 날에 산제를 지내면 백사대길하다는 날이다.

甲子·乙亥·乙酉·乙卯·丙子
丙戌·庚戌·辛卯·壬申·甲申

(18) 개옥길일(蓋屋吉日)

이 날에 지붕을 이면 좋다는 날이다.

甲子	丁卯	戊辰	己巳	辛未	壬申	癸酉	丙子	丁丑
己卯	庚辰	癸未	甲申	乙酉	丙戌	戊子	庚寅	癸巳
乙未	丁酉	己亥	辛丑	壬寅	癸卯	甲辰	乙巳	戊申
己酉	庚戌	辛亥	癸丑	乙卯	丙辰	庚申	辛酉	

(19) 수조동토일(修造動土日)
이 날에 집을 수리하거나 돌과 흙을 다루더라도 아무 탈이 없다는 날이다.

甲子　癸酉　戊寅　己卯　庚辰　辛巳　甲申　丙戌
甲午　丙申　戊戌　己亥　庚子　甲辰　丙午　丁未
癸丑　戊午　庚午　辛未　丙辰　丁巳　辛酉

(20) 개점포 길일(開店舖吉日)

甲子(갑자) 乙丑(을축) 丙寅(병인) 己巳(기사) 庚午(경오)
辛未(신미) 甲戌(갑술) 乙亥(을해) 丙子(병자) 己卯(기묘)
壬午(임오) 癸未(계미) 甲申(갑신) 庚寅(경인) 辛卯(신묘)
乙未(을미) 己亥(기해) 庚子(경자) 癸卯(계묘) 丙午(병오)
壬子(임자) 甲寅(갑인) 乙卯(을묘) 己未(기미) 庚申(경신)
辛酉日(신유일)과 成滿開日(성만개일)이다.

(21) 분가산 길일(分家産吉日)

1월…己卯(기묘) 壬午(임오) 癸卯(계묘) 丙午日(병오일)
2월…己酉(기유) 辛未(신미) 癸未(계미) 乙未(을미) 己亥(기해) 己未日(기미일)
3월…甲子(갑자) 己卯(기묘) 庚子(경자) 癸卯日(계묘일)
4월…없음
5월…辛未(신미) 丙辰(병진) 己未(기미) 甲辰(갑진) 戊辰日(무진일)
6월…己亥(기해) 己卯(기묘) 辛卯(신묘) 을해(乙亥) 癸卯日(계묘일)
7월…丙辰(병진) 戊辰(무진) 庚辰(경진) 壬辰日(임진일)
8월…乙丑(을축) 乙巳(을사) 甲戌(갑술) 乙亥(을해) 己亥(기해) 庚申日(경신일)
9월…庚午(경오) 임오(壬午) 丙午(병오) 辛酉日(신유일)

(22) 기복일(祈福日) — 여러가지 기도를 하는 날

壬申(임신) 乙亥(을해) 丙子(병자) 丁丑(정축) 壬午(임오)
癸未(계미) 丁亥(정해) 己丑(기축) 辛卯(신묘) 壬辰(임진)
甲午(갑오) 乙未(을미) 壬子(임자) 甲辰(갑진) 戊申(무신)
乙卯(을묘) 丙辰(병진) 戊午(무오) 壬戌(임술) 癸亥日(계해일)
과 福生(복생) 黃道(황도) 天恩(천은) 天赦(천사) 天德(천덕)
及合(급합) 福德(복덕) 月德(월덕) 母倉(모창) 上吉(상길)과
定(정) 成(성) 開日(개일) 이다.
기(忌)하는 날은 受死(수사) 天狗日(천구일)과 下食時(하식시)
寅日(인일) 이다.

(23) 제사 길일(祭祀吉日)

甲子(갑자) 乙丑(을축) 丁卯(정묘) 戊辰(무진) 辛未(신미)
壬申(임신) 癸酉(계유) 甲戌(갑술) 丁丑(정축) 己卯(기묘)
庚辰(경진) 壬午(임오) 甲申(갑신) 乙酉(을유) 丙戌(병술)
丁亥(정해) 己丑(기축) 辛卯(신묘) 甲午(갑오) 乙未(을미)
丙申(병신) 丁酉(정유) 乙巳(을사) 丙午(병오) 丁未(정미)
戊申(무신) 己酉(기유) 庚戌(경술) 乙卯(을묘) 丙辰(병진)
丁巳(정사) 戊午(무오) 己未(기미) 辛酉(신유) 癸亥日(계해일)

(24) 산제 길일(山祭吉日)

甲子(갑자) 乙亥(을해) 乙卯(을묘) 乙酉(을유) 丙子(병자)
丙戌(병술) 庚戌(경술) 辛卯(신묘) 壬申(임신) 甲申日(갑신일)
이다.

2. 흉일(凶日)

(1) 천구하식시(天狗下食時)

이 시간에 제사를 지내게 되면 천구가 와서 먹으므로 이 시간에는 제사를 지내지 말라는 것이다.

子日-亥時　丑日-子時　寅日-丑時　卯日-寅時
辰日-卯時　巳日-辰時　午日-巳時　未日-午時

申日-未時　　酉日-申時　　戌日-酉時　　亥日-戌時

(2) 멸망일(滅亡日)
　　正五九月-丑日　　　　二六十月-辰日
　　三七十一月-未日　　　四八十二月-戌日

(3) 입권교역(立券交易)
　이 날에 문서를 주고 받으면 불길하며 송사가 일어나게 된다는 날이다.
　　甲子　辛未　甲戌　丙子　丁丑　庚辰　辛巳　壬午
　　癸未　甲申　辛卯　壬辰　癸巳　乙未　庚子　癸卯
　　丁未　戊申　壬子　甲寅　乙卯　乙未　辛酉

(4) 삼재(三災)드는 법
　인생은 十년마다 누구나 삼재(三災)를 겪게 된다. 그러나 사주에 대운(大運)이 좋을 때는 무사하게 지나가나 대운이 불길할 때에는 온갖 파란이 오게 된다.

　　巳酉丑年生은 亥子丑年에 삼재가 들고
　　申子辰年生은 寅卯辰年에 삼재가 들고
　　亥卯未年生은 巳午未年에 삼재가 들고
　　寅午戌年生은 申酉戌年에 삼재가 든다.

　이와 같이 삼재가 드는 사람은 부적을 입춘일에 진짜 경명주사를 써서 一년간 가지고 있다가 다음 해 입춘이 되는 날 새 것으로 갈아 가지는 것이니 三년간을 계속 갈아 가지면 모든 액이 제거된다.

(5) 흑두법(黑頭法)
　이 해에 방 구들을 놓거나 수리하게 되면 인구가 손실하게 되니 주의하여야 한다.
　　子午卯酉年에는 7月이며
　　寅申巳亥年에는 정·10月이며
　　辰戌丑未年에는 4月이다.

(6) 금루사각법(金樓四角法)

이 법은 새로 집을 지을 때에 보는 것으로 기수(奇數·1379) 나이에 집을 지으면 길하고 우수(偶數·246810) 나이에 집을 지으면 불길하다는 것이며 기수 중에서도 5歲는 숫자의 주앙이니 잠사각(蠶四角)이라 하여 불길하다는 것이며 누에는 집을 지으면 죽으니 사람도 5세에 집을 지으면 사망하거나 3년내에 변이 오게 된다는 것이다.

2歲는 건부사각(乾父四角)이니 이 해에 집을 지으면 부친이 사망하게 된다.

4·5歲는 잠사각(蠶四角)이니 이 해에 집을 지으면 자신이 3년 안에 사망한다.

6歲는 간처사각(艮妻四角)이니 이 해에 집을 지으면 처가 사망한다.

7歲는 손자사각(巽子四角)이니 이 해에 집을 지으면 자손(子孫)이 사망한다.

10歲는 곤모사각(坤母四角)이니 이 해에 집을 지으면 모친(母親)이 사망한다.

다음의 나이에 집을 지으면 재수(財數)가 대통하고 만사가 형통한다.

1·3·7·9·11·13·17·19·21·23·27·29·31·33·37·39·41·43·47·49·51·53·57·59·61·63·67·69歲.

반면에 다음의 나이에 집을 지으면 모든 일에 재해가 많고 가족에게 손상이 있게 된다.

2·4·5·6·8·10·12·14·15·16·18·20·22·24·25·26·28·30·32·34·35·36·38·40·42·44·45·46·48·50·52·54·55·56·58·60·62·64·65·66·68·70歲.

(7) 천적일(天賊日)

(日曆에 기입되어 있음)

정·4·7·10월-滿字(만자)

2·5·8·11월-破字(파자)

3·6·9·12월-開字(개자)

나도 역술가가 될 수 있다

궁합보는법

단식궁합법
혼삼재
불혼법

궁합(宮合)이란 남녀가 혼인하는 데에 있어서 서로가 결합(結合)하여 운명(運命)이 좋은가 나쁜가를 즉 금상첨화(錦上添花)를 이룰 것인가를 보는 것이다.

남녀가 좋은 배우자를 만나면 평생을 화락(和樂)하게 잘 살 수 있는 백년(百年)의 벗이고 잘못 만나면 불행한 비극(悲劇)과 불상사(不祥事)를 가져올 수 있으며 백년의 원수가 될 수도 있으니 그냥 웃어 넘길 것이 아니라 참고하시어 잘 선택하셔야 할 것입니다.

제 1 장 단식궁합법(單式宮合法)

1. 간지(干支)에 대한 상식

간지(干支)는 십간(10干)과 십이지(12支)로 구별이 되는데 간(干)은 양(陽)에 속하며 지(支)는 음(陰)에 속한다.

그러므로 간(干)은 천(天)이며 지(支)는 땅(地)으로 통한다. 십간(十干)은 甲·乙·丙·丁·戊·己·庚·辛·壬·癸이고 십이지(12支)는 子·丑·寅·卯·辰·巳·午·未·申·酉·戌·亥이다.

또한 간지로 시간을 따지는 법은 일지(1支)는 2시간을 말하며 일시마다 초(初)와 정(正)은 1시간이다. 또 지(支)마다 각(刻)이 있는데 일각(1刻)은 15분이며 각(刻) 밑에 분(分)이 있는데 이 분은 지금 시간의 분과 같고 시간표는 다음과 같다.

　　자시초(子時初)-오후 11시에서 오전 0시까지
　　자시정(子時正)-오전 0시에서 1시까지
　　축시초(丑時初)-오전 1시에서 2시까지
　　축시정(丑時正)-오전 2시에서 3시까지
　　인시초(寅時初)-오전 3시에서 4시까지
　　인시정(寅時正)-오전 4시에서 5시까지
　　묘시초(卯時初)-오전 5시에서 6시까지

묘시정(卯時正)-오전 6시에서 7시까지
진시초(辰時初)-오전 7시에서 8시까지
진시정(辰時正)-오전 8시에서 9시까지
사시초(巳時初)-오전 9시에서 10시까지
사시정(巳時正)-오전 10시에서 11시까지
오시초(午時初)-오전 11시에서 오후 0시까지
오시정(午時正)-오후 0에서 1시까지
미시초(未時初)-오후 1시에서 2시까지
미시정(未時正)-오후 2시에서 3시까지
신시초(申時初)-오후 3시에서 4시까지
신시정(申時正)-오후 4시에서 5시까지
유시초(酉時初)-오후 5시에서 6시까지
유시정(酉時正)-오후 6시에서 7시까지
술시초(戌時初)-오후 7시에서 8시까지
술시정(戌時正)-오후 8시에서 9시까지
해시초(亥時初)-오후 9시에서 10시까지
해시정(亥時正)-오후 10시에서 11시까지

간지법(干支法)은 만세력(萬歲曆)이나 책력(冊曆)에서 자신이 태어난 해를 찾으면 되는 것이나 이때에는 반드시 만(滿)으로 계산해야 한다.
첫째 그 해의 천간(天干)과 지지(地支)를 알아 낸다.
둘째 생일달에서 그 달의 천간지지(天干地支)를 알아 낸다.
셋째 생일날의 천간지지(天干地支)를 알아 낸다.
넷째 생년월일의 天干地支를 알았으면 시를 본다.
1962년 음3월 15일 오전 10시생을 예로 들어 보자.
만세력에서 보면 1962년은 임인년(壬寅年)이고 음3월은 갑진(甲辰)이고 일진은 계유(癸酉)가 초하루이니 15일은 정해(丁亥)가 된다.
또한 정해(丁亥)일은 자시(子時)가 경자시(庚子時)가 되니 이 사람이 오전 10시에 태어났다면 시가 을사(乙巳)가 되어 이 사람은 임인년(壬寅年) 갑진월(甲辰月) 정해일(丁亥日) 을사시(乙巳時)에 해당된다.

> ※ 예. 1962년 음3월 15일 오전 10시생
> 年宮 : 壬寅(생년 간지 年柱)
> 月宮 : 甲辰(생월 간지 月柱)
> 日宮 : 丁亥(생일 간지 日柱)
> 時宮 : 乙巳(생시 간지 時柱)

여기서 年궁은 초년이고 月궁은 청년이며 日궁은 장년이고 時궁은 노년 또는 말년을 나타내며 궁합이란 이 네가지의 궁이 모두 맞으면 좋고 연궁·월궁·일궁·시궁을 남녀 같이 보는 것이다.
  이와같이 계산하여 육십갑자병납음표(六十甲子竝納音表)에 의해서 오행(五行)에 의해 무엇에 해당되는가를 찾으면 된다.

2. 납음(納音)으로 보는 법

(1) 육십갑자병납음(六十甲子竝納音)

납음(納音)이란 자기의 생년육갑(生年六甲)에서 나오는 오행(五行)을 갖고 남녀가 상생(相生)되는 것을 맞추어 보는 것이다.

간지	오 행	간지	오 행	간지	오 행	간지	오 행	간지	오 행
甲子乙丑	海中金	丙寅丁卯	爛中火	戊辰己巳	大林木	庚午辛未	路傍土	壬申癸酉	劍鋒金
甲戌乙亥	山頭火	丙子丁丑	澗下水	戊寅己卯	城頭土	庚辰辛巳	白臘金	壬午癸未	楊柳木
甲申乙酉	泉中水	丙戌丁亥	屋上土	戊子己丑	霹靂火	庚寅辛卯	松栢木	壬辰癸巳	長流水
甲午乙未	沙中金	丙申丁酉	山下火	戊戌己亥	平地木	庚子辛亥	壁上土	壬寅癸卯	金箔金
甲辰乙巳	覆燈火	丙午丁未	天下水	戊申己酉	大驛土	庚戌辛亥	鉤釧金	壬子癸丑	桑梧木
甲寅乙卯	大溪水	丙辰丁巳	沙中土	戊午己未	天上火	庚申辛酉	柘柳木	壬戌癸亥	大海水

오행별상생(五行別相生)과 상극(相剋)이 있는데 상생(相生)이라 함은 金生水(금은 물을 생하고)·水生木(물은 나무를 생하고)·木生火(나무는 불을 생하고)·火生土(불은 흙을 생하고)·土生金(흙은 금을 생한다)을 말한다.

또한 상극(相剋)이란 金剋木(금은 나무를 극하고)·木剋土(나무는 흙을 극하고)·土剋水(흙은 물을 극하고)·水剋火(물은 불을 극하고)·火剋金(불은 금을 극한다)을 말한다.

이와같이 상극이 되면 모든 일이 이루어지지 아니하고 부부가 이별하거나 또는 불상사가 일어나게 된다.

납음오행(納音五行)으로 궁합을 보는 법은 궁합을 볼 남녀의 생년육갑(生年六甲)을 다음 표에서 각각 찾아 그 생년육갑의 아래에 있는 오행(五行·金木水火土)을 맞추어 해당되는 궁합의 해설을 본다.

예를 들면 정해년(丁亥年)에 출생한 남자와 임인년(壬寅年)에 출생한 여자의 궁합을 본다면 정해년의 납음오행은 옥상토(屋上土)이며 임인년의 납음오행은 장류수(長流水)이니 이들의 궁합은 土水(또는 水土)이다. 이와같이 남녀가 서로 오행을 맞추어 남자를 먼저 여자를 나중에 하여 상생(相生)되면 궁합이 좋은 것이고 상극(相剋)되면 나쁜 것이니 가급적이면 상극은 피하여 하지 말아야 할 것이다.

천간상극(天干相剋)을 보면 갑을(甲乙)은 목(木)으로 토(土)인 무기(戊己)와 相剋이며 무기(戊己)는 토(土)로 수(水)인 임계(壬癸)와 상극이며 임계(壬癸)는 수(水)로 화(火)인 병정(丙丁)과 상극이고 병정(丙丁)은 화(火)로 금(金)인 경신(庚申)과 상극이다.

(2) 궁합상극중상생지묘법(宮合相剋中相生之妙法)

① 사중금(沙中金)과 차천금(釵釧金)은 너무나 강한 금이기에 불(火)을 만나야 성취할 수 있다.

② 벽력화(霹靂火)·천상화(天上火)·산하화(山下火)는 물을 만나야 복록과 영화가 있다.

③ 평지목(平地木)은 금(金)이 없으면 성취하지 못한다.

④ 천하수(天下水)와 대해수(大海水)는 흙(土)을 만나면 자연히 형통한다.

⑤ 노방토(路傍土)·대역토(大驛土)·사중토(沙中土)는 나무

(木)를 만나지 않으면 평생을 그르치게 된다.

다음에 있는 남녀의 궁합 길흉표를 보면 남자와 여자의 만남이 좋은가 나쁜가를 빨리 알아보기 쉽게 한 것으로 ○표는 좋고 ×표는 상극이고 △표는 나쁘나 상극은 아니라는 것이다.

男金女金	×	男木女金	×	男水女金	○	男火女金	×	男土女金	○
男金女木	×	男木女木	×	男水女木	△	男火女木	○	男土女木	×
男金女水	○	男木女水	○	男水女水	○	男火女水	×	男土女水	×
男金女火	△	男木女火	○	男水女火	○	男火女火	×	男土女火	○
男金女土	○	男木女土	○	男水女土	○	男火女土	○	男土女土	○

참고로 각 출생년에 따른 궁합을 풀이해 보면 다음과 같다.

갑년생(甲年生)…남자는 무(戊)·기(己)年生의 여자가 좋고 여자는 경(庚)·신(辛)年生의 남자가 좋다. 남녀 모두 甲·丙·癸年生이면 행복한 가정을 이루며 丁·壬·乙年生과는 평생 불행하다.

을년생(乙年生)…남자는 戊·己生의 여자가 좋고 여자는 庚·辛年生의 남자가 좋다. 남녀 모두 乙·丁·壬年生과는 일생 불행하다.

병년생(丙年生)…남자는 庚·辛年生의 여자가 좋고 여자는 壬·癸年生의 남자가 좋다. 남녀 모두 丙·乙年生과는 매우 좋고 己·甲年生과는 나쁘다.

정년생(丁年生)…남자는 庚·辛年生의 여자가 좋고 여자는 壬·癸年生의 남자가 좋다. 남녀 모두 己·丁年生과는 대길하고 戊·乙·丙年生과는 나쁘다.

무년생(戊年生)…남자는 壬·癸年生의 여자가 좋고 여자는 甲·乙年生의 남자가 좋다. 남녀 모두 庚·丁年生이면 좋고 辛·丙·己年生과는 나쁘다.

기년생(己年生)…남자는 壬·癸年生의 여자가 좋고 여자는 甲·乙年生의 남자가 좋다.

경년생(庚年生)…남자는 甲·乙年生의 여자가 좋고 여자는 丙·丁年生의 남자가 좋다. 남녀 모두 庚·壬·己年生과의 상대는 좋고 癸·辛·戊年生과는 매우 나쁘다.

신년생(辛年生)…남자는 甲·乙年生의 여자가 좋고 여자는 丙·丁年生의 남자가 좋다. 남녀 모두 辛·戊·癸年生과는 좋고 壬·己·庚年生과는 나쁘다.

임년생(壬年生)…남자는 丙·丁年生의 여자가 좋고 여자는 戊·己年生의 남자가 좋다. 남녀 모두 辛·壬·甲年生이면 좋고 乙·庚·癸年生과는 나쁘다.

계년생(癸年生)…남자는 丙·丁年生의 여자가 좋고 여자는 戊·己年生의 남자가 좋다. 남녀 모두 癸·乙·庚年生이면 좋고 甲·辛·壬年生과는 나쁘다.

(3) 남녀궁합해설(男女宮合解說)

남금여금(男金女金)

龍變化魚(용변화어)   용이 고기로 변한 격

부부 해로하여 장수할 것이며 많은 자손을 두어 번창하리라.

남녀가 같이 거한즉 불길하니 평생을 무익하게 지내고 우마와 재물이 자연히 없어지고 관재수와 재앙이 많이 생기리라.

남금여목(男金女木)

游魚失水(유어실수)   고기가 물을 잃은 격

금극목하니 관재와 재난이 있으며 가내가 화목하지 못할 것이요, 우마와 재산이 사라지고 부부 이별하여 독수공방을 할 운이로다.

만사 구설이 분분하고 과망지격이요, 우마와 재물이 전진하지 못하리라.

남금여수(男金女水)

駟馬得馱(사마득타)   사마가 짐을 얻는 격

금생수(金生水)하니 기쁜 일이 새로 더하며 부부 화목하고 가도가 넉넉하며 겨울을 지난 초목이니 자손이 만당하여 효도하고 부귀복록이 많고 명예가 높고 영화가 무궁하리라.

자나깨나 잊어지지 않는 것이 처음의 만남과 같도다.

남금여화(男金女火)
瘠馬重駄(척마중타) 파리한 말이 무거운 짐을 실은 격

화극금(火剋金)이니 금과 쇠붙이가 불을 만나면 자연 녹아서 없어지니 부부 역시 물 속에 불이 들어간 것과 같도다.

백년을 근심할 격이며 재산을 태산같이 두었으나 자연 패가할 것이요 이별할 수가 있고 혹 자손을 두었으나 기르기가 어려우리라.

남금여토(男金女土)
山得土木(산득토목) 산이 토목을 얻은 격

토생금(土生金)이니 옥과 구슬로 지은 좋은 집에서 부부가 서로 화락하고 자손이 번성하리라.

부귀공명할 것이며 재물이 많고 명예가 세상에 진동하니 평생에 근심이 없으리라.

남목여금(男木女金)
臥牛負草(와우부초) 누운 소가 풀을 진 격

금극목(金剋木)이니 불길하여 좋지 못하고 부부간에 오랫동안 동거하지 못할 것이며 인생에 빈함을 면치 못할 것이고 자손에 근심이 있으며 재화가 연발할 것이며 아침마다 울음소리가 그치지 않고 서로 이별하여 타향에서 죽는 꼴을 보리라.

남목여목(男木女木)
主失鷄犬(주실계견) 닭과 개를 잃은 격

목과목은 비화(木木比和)니 평생에 길흉이 상반하나 부부 화락하여 생남 생녀할 것이며 재산이 풍족치는 못하나 일생을 안락하게 지내리라.

초년는 부하고 귀하나 말년에는 가난하며 병들게 되리라.

남목여수(男木女水)
鳥變成鷹(조변성응) 새가 매로 변하는 격

물(水)과 나무(木)가 서로 만나니 명과 복이 창성하고 영화와 부귀의

기쁨이 끝이 없으며 부부 금슬이 지극하고 자손이 효성하며 친척이 화목하고 복록이 가득할 것이며 수명장수하고 이름도 떨치게 되리라.

남목여화(男木女火)
三夏逢扇(삼하봉선)   여름에 부채를 만난 격

목생화(木生火)하니 부부가 평생을 같이 장수하며 즐기고 부귀하며 자손이 만당하고 복록이 창성할 것이며 평생을 금의 옥식으로 부러울 것이 없으며 복이 오고 재앙은 사라지리라.

남목여토(男木女土)
人多裁衣(인다재의)   사람이 많으니 지을 옷이 많은 격

목극토(木剋土)하니 부부 금슬이 불합할 것이며 친척과 화목치 못하고 자손이 불효하여 패가망신하기 쉬우리라.

남수여금(男水女金)
三客逢弟(삼객봉제)   삼객이 동생을 만나는 격

금생수(金生水)하니 서로 화합하며 부귀할 것이며 자손이 창성하며 생애가 점점 족해지고 친척이 화목하며 전답이 많으리라.

많은 금은 보화가 창고에 넘치는 격이고 삼남사녀가 있을 것이다.

남수여목(男水女木)
蛟變爲龍(교변위용)   교룡이 변하여 용이 된 격

수생목(水生木)하니 자손이 창성하는 것이 나무가지 같고 서로 자라서 무성하니 그늘이 지고 부귀 장수가 그치지 아니하도다. 재산이 홍왕하며 영화가 무궁하고 공명이 또한 겸비하여 평생이 기쁜 일 뿐이로다.

남수여수(男水女水)
病馬逢針(병마봉침)   병든 말이 침을 만난 격

물과 물이 같이 살면 기쁜 일이 많으며 지위가 더욱 높아지고 세상의 재물이 끝이 없도다.

부부 금슬이 좋고 일가가 화순하며 전답이 사면에 가득하고 자손이 창성하여 일생 안락하리라.

남수여화(男水女火)

花落逢暑(화락봉서) 꽃이 떨어지니 더위를 만난 격

수화상극(水火相剋)이니 부부 불순하고 자손이 불효하며 일가 친척이 화목치 못하며 자연 재액이 이르러 패가하리라.

부부가 항상 귀신 같이 여기며 싸우니 서로 죽이어 명이 짧아지리라.

남수여토(男水女土)

萬物逢霜(만물봉상) 만물이 서리를 만난 격

물과 흙은 상극이니 재액이 많으며 부부가 같이 살아도 상서롭지 못하고 자손은 불효하고 일가 친척이 화목치 못하며 살림은 자연 패하고 재물이 없고 남편의 상고를 당할 격이로다.

남화여금(男火女金)

龍失明珠(용실명주) 용이 구슬을 잃은 격

화극금(火剋金)이니 불 가운데 눈 같이 사라지고 믿을 것이 없도다.

불 속에 금이 있으니 자연히 녹아서 없어지듯 부부가 서로 응할 줄 알면서도 화합치 못하며 자손이 극히 귀하고 인륜이 어지러워 재앙이 끊어지지 않고 재물이 사방으로 흩어진다.

남화여목(男火女木)

鳥變成鶴(조변성학) 새가 변하여 학이 되는 격

목생화(木生火)이니 만사 대길하고 부부 화합하여 자손이 효성하고 사방에 이름이 날리어 재물은 석숭을 비하고 벼슬은 극히 높으리라.

온 나라 안의 부귀와 영화를 다 차지하니 위와 아래가 화목하여 길이 길이 안락하도다.

남화여수(男火女水)

老脚渡橋(노각도교) 늙은이가 다리를 건너는 격

수극화(水剋火)이니 물과 불이 서로 만나면 좋지 못하니 한 방에 같이 있기는 해도 서로 화합하지 못하도다. 혹시 재물과 곡식을 얻어도 속히 흩어지며 가재가 기울어지고 즐거움이 없으며 만사 대흉하여 상처

할 격이로다.

남화여화(男火女火)
　龍變爲魚(용변위어)　용이 변하여 고기가 된 격

　불이 서로 만나니 편안하지 못하며 아침마다 싸우니 어려운 재난이 많도다. 재물이 흩어지고 불화하여 자손이 없으며 화재로 패를 보리라.

남화여토(男火女土)
　人變成仙(인변성선)　사람이 신선으로 변하는 격

　화생토(火生土)니 재물이 풍족하고 자손이 창성하며 일생 근심이 없고 부귀 복록이 자연히 이르며 그 명이 길고 도처에 이름을 떨치리라.

남토여금(男土女金)
　鳥變成鷹(조변성응)　새가 변하여 매가 된 격

　토생금(土生金)이니 부부 해로하여 자손이 창성하고 부귀공명이 겸전하여 재물이 많고 근심이 없으리라.
　밤낮으로 기쁜 일이 있으니 이로 인해 해마다 지위가 오르고 벼슬에 나아가 녹을 많이 받으리라.

남토여목(男土女木)
　枯木逢秋(고목봉추)　고목나무가 가을을 만난 격

　목극토(木剋土)이니 흙과 나무는 원래부터 재화를 부르니 부부 서로 불화하고 관재 구설이 빈번하게 이르며 겉은 비록 부유하나 안으로 가난할 것이며 백년을 근심으로 재낼 것이며 죽지 아니하면 생이별하고 고역이 많도다.

남토여수(男土女水)
　飮酒悲歌(음주비가)　술 마시며 슬픈 노래를 부르는 격

　토극수(土剋水)이니 흙과 물이 같이 하면 괴로움이 많아지며 관재와 구설이 끊어지지 않도다.
　자손이 비록 있어도 동서로 흩어져 외로우며 부부지간에 생이별하고 가산도 탕진 하리라.

남토여화(男土女火)

魚變成龍(어변성용)   고기가 변하여 용이 된 격

화생토(火生土) 하니 부부간의 금슬이 중하고 부귀와 공명이 곳곳마다 성할 것이며 효자 효부를 두어 즐거움을 누리고 장수할 것이며 해마다 경사가 거듭하여 나아갈 것이며 전답이 즐비하리라.

남토여토(男土女土)

開花滿枝(개화만지)   가지마다 꽃이 핀 격

양토가 상합하니 자손이 창성하여 효도를 잘 하며 무병장수할 것이고 부귀할지로다.

금의옥식에 풍류객이 되어 고루 거각에 앉아 영화를 누릴 것이며 해마다 경사롭고 이로우니 녹봉이 두터워지리라.

3. 고과살(孤寡殺)

고과살이란 두 사람의 생년을 대조하여 보는 바, 이 살(殺)에 걸리면 부부가 생사 이별수(生死離別數)가 있기에 고독하고 과부가 되니 고과살이라 한다.

◎해자축생인고술과살(亥子丑生寅孤戌寡殺)…돼지·쥐·소띠인 사람은 범띠와 만나면 고독살이 되고 개띠를 만나면 과부살이 된다.

◎인묘진생사고축과살(寅卯辰生巳孤丑寡殺)…범·토끼·용띠는 뱀띠와 만나면 고독살이 되고 소띠를 만나면 과부살이 된다.

◎사오미생신고진과살(巳午未生申孤辰寡殺)…뱀·말·양띠는 원숭이띠를 만나면 고독살이 되고 용띠를 만나면 과부살이 된다.

◎신유술생해고미과살(申酉戌生亥孤未寡殺)…원숭이·닭·개띠의 사람이 돼지띠를 만나면 고독살이 되고 양띠를 만나면 과부살이 된다.

이 외에도 하늘이 낸 과부살이 있고 땅이 낸 과부살이 있으니 어느 달을 말할 것 없이 토끼날(卯日)에 출생하거나 닭날(酉日)에 출생하면 이

살에 걸리니 이 달에 출생 한 사람은 과부가 된다는 뜻이다. (每月卯日 天寡殺 每月酉日地寡殺)

제 2 장 혼삼재(婚三災)

혼삼재는 띠와 띠끼리 만나게 되면 혼삼재에 걸리게 되는 바 여기 해당 되면 부부가 생사이별(生死離別) 하게 되고 가산(家産)에 패수(敗數)가 있으며 병액으로 고통을 받고 모든 일이 중도에서 좌절하게 된다.

❂ 寅午戌年生人은 子丑寅年生人을 忌한다. 즉 호랑이·말·개띠 해에 태어난 사람은 쥐·소·호랑이띠를 만나면 삼재가 된다.

❂ 亥卯未年生人은 酉戌亥年生人을 忌한다. 즉 돼지·토끼·양띠로 태어난 사람으로서 닭·개·돼지띠를 만나면 삼재가 된다.

❂ 巳酉丑年生人은 卯辰巳年生人을 忌한다. 즉 뱀·닭·소띠로 태어난 사람은 토끼·용·뱀띠를 만나면 삼재가 된다.

❂ 申子辰年生人은 午未申年生人을 忌한다. 즉 원숭이·쥐·용띠로 태어난 사람으로서 말·양·원숭이띠를 만나면 삼재가 된다.

제 3 장 불혼법(不婚法)

이 불혼법은 출생한 달을 상대로 하여 궁합을 보게 되는데 여기에 해당되면 부부가 이별을 하고 자손이 없거나 가난하거나 병액이 있거나 갖은 풍파가 일어나서 불행하게 된다는 것이다.

　　正月生의 남자는 六月生의 여자와 혼인을 아니한다.
　　二月生의 남자는 三月生의 여자와 혼인을 아니한다.
　　三月生의 남자는 九月生의 여자와 혼인을 아니한다.
　　四月生의 남자는 五月과 十月生의 여자와 혼인을 아니한다.
　　五月生의 남자는 八月生의 여자와 혼인을 아니한다.
　　六月生의 남자는 正月이나 七月生의 여자와 혼인을 아니한다.
　　七月生의 남자는 十一月生의 여자와 혼인을 아니한다.
　　八月生의 남자는 十二月生의 여자와 혼인을 아니한다.
　　九月生의 남자는 十月生의 여자와 혼인을 아니한다.
　　十月生의 남자는 五月과 七月生의 여자와 혼인을 아니한다.
　　十一月生 남자는 二月生의 여자와 혼인을 아니한다.
　　十二月生 남자는 五月生의 여자와 혼인을 아니한다.

나도 역술가가 될 수 있다

이름짓는법

성명학
육십일수리해설
오행해설
좋은작명법
획수별인명용한자

제 1 장 성명학(姓名學)

1. 성명의 대의(大意)

성명(姓名)은 수리(數理)와 삼원오행(三元五行)으로 이루어져 있다. 수리(數理)라 함은 성자(姓字)의 획수와 이름자의 획수를 계산하여 원(元), 형(亨), 이(利), 정(貞)으로 구분하여 조직되어 있음을 말하고 삼원오행(三元五行)이라 함은 성(姓)이 일원(一元)이요, 성(姓)과 이름웟자(上名)와 합수(合數)하여 이원(二元)이요, 이름웟자와 이름밑자를 합수하여 삼원(三元)이라하며 금(金), 목(木), 수(水), 화(火), 토(土)를 오행(五行)이라 한다.

2. 음양 오행(陰陽 五行)

(1) 음파(音波)의 영동력(靈動力)

작명(作名)은 수리 영동력과 삼원 오행의 구성에 조화가 이루어져야 한다. 또한 수리나 오행상으로는 아무런 결함이 없는 이름이라도, 부르기 어렵다거나 알아 듣기 어려운 이름은 좋은 이름이라고 할 수가 없다.

불러서 좋은 느낌이 드는 이름, 들어서 좋은 느낌이 드는 이름을 의식적이든 아니든 그와 같은 이름을 염두에 두어야 한다. 그러나 소리, 곧 음파의 영동력을 엄밀히 따지고 들면, 불러서 좋은 이름, 들어서 좋은 이름만을 가지고는 충분하지가 못하다. 소리에 있어서도 또한 소리 상호간의 상생, 상극 관계를 무시할 수는 없기 때문이다.

음령은 5종 음성의 종별로 분류할 수 있다. 「아」라는 근본 모음으로 만물을 발생, 양육하는 양토와도 같은 성질을 지니고 있다.

또 「차」라는 음은 앞니 상하의 간격에서 발성되는 이른바 치음으로, 쳇소리에서 느낄 수 있는 것과 같은 예기를 지니고 있다.

• 음령은 모두 오행으로 표시할 수 있다. 그것을 도표로 정리한다.

주·종음의 종류와 오행

	5행	주 음	종 음	음성	특 징
음령의 특징	木	가·카행	ㄱ·ㅋ	아음	견실하다. 이상을 향해 독보적인 기반을 닦아 성공한다. 자존심이 강하다.
	火	나·다·라·타행	ㄴ·ㄷ·ㄹ·ㅌ	설음	명랑하고 활달하다. 재치가 있다. 과단성이 있다. 다소 경솔한 면이 있다.
	土	아·하행	ㅇ·ㅎ	후음	독실·온후하다. 치밀한 계획과 노력으로 대성한다. 침착하다.
	金	사·자·차행	ㅅ·ㅈ·ㅊ	치음	용감하다. 강인한 실천력으로 고난을 극복한다. 냉정하다.
	水	마·바·파행	ㅁ·ㅂ·ㅍ	순음	임기응변의 재치가 있다. 지모는 있으나, 의심이 많다.

오행의 상생·상극관계

5행의 상생관계	木	→ 火	木	생	火	木은 火를 생한다.
	火	→ 土	火	생	土	火는 土를 생한다.
	土	→ 金	土	생	金	土는 金을 생한다.
	金	→ 水	金	생	水	金은 水를 생한다.
	水	→ 木	水	생	木	水는 木을 생한다.
5행의 상극관계	木	× 土	木	극	土	木은 火를 극한다.
	土	× 水	土	극	水	土는 水를 극한다.
	水	× 火	水	극	火	水는 火을 극한다.
	火	× 金	火	극	金	火는 金를 극한다.
	金	× 木	金	극	木	金은 木을 극한다.

(2) 오음의 상생·상극 관계

| 木 아음 | : | 木 아음 | 동화·비화(同化·比和)하여 그 힘이 더욱 커진다.

| 木 아음 | : | 火 설음 | 다소 힘이 약해지기는 하나, 상당한 위력을 발휘한다.

| 木 아음 | : | 土 후음 | 반발해서 도리어 그 힘이 증대된다.

| 木 아음 | : | 金 치음 | 억압당하여 힘을 발휘하지 못한다.

| 木 아음 | : | 水 순음 | 그 특성이 증대되어 그 위력이 더욱 왕성해진다.

| 火 설음 | : | 木 아음 | 특성이 증대되어 그 힘이 증대된다.

| 火 설음 | : | 火 설음 | 동령이 비화하여 힘이 증대된다.

| 火 설음 | : | 土 후음 | 조화를 이뤄, 그 힘이 더욱 강대해 지나 그 특성이 다소 감소된다.

| 火 설음 | : | 金 치음 | 한때는 크게 반발하나 이내 소모되고 만다.

| 火 설음 | : | 水 순음 | 특성이 완전히 제압당하여 그 힘이 무력해진다.

| 土 후음 | : | 木 아음 | 그 힘이 억압당하여 영력을 거의 발휘할 수 없게 된다.

| 土 후음 | : | 火 설음 | 영의(靈意)가 가중되어 그 특성이 크게 증진된다.

| 土 후음 | : | 土 후음 | 동령이 비화하여 특성을 순조롭게 발휘할 수 있다.

| 土 후음 | : | 金 치음 | 다소 그 힘이 감소되나, 상당한 힘을 가지게 된다.

| 土 후음 | : | 木 순음 | 서로가 반발, 도리어 그 힘이 소모되고 무력해진다.

| 金 치음 | : | 木 아음 | 일시적으로 그 위력이 강화되나, 이내 그 힘이 감소되고 만다.

| 金 치음 | : | 火 설음 | 그 힘이 제압되어 무력해진다.

| 金 치음 | : | 土 치음 | 특성이 증대, 위력을 발휘하게 된다.

| 金 치음 | : | 金 치음 | 동령이 반발하여 힘이 수축된다.

| 金 치음 | : | 水 순음 | 어느 정도 힘이 소모되나 순조롭다.

| 水 순음 | : | 木 아음 | 특성이 다소 감소되나, 순조롭다.

| 水 순음 | : | 火 설음 | 강한 반발력이 생겨 힘이 소모된다.

| 水 순음 | : | 土 후음 | 그 힘이 제압당하여 무력해진다.

| 水 순음 | : | 金 치음 | 특성이 증대하여 힘이 강해진다.

| 水 순음 | : | 水 순음 | 동령이 비화하여 그 힘은 비록 커진다 할지라도 변화가 무상하다.

(3) 주음과 종음의 연결관계

「홍길동」하면 「홍」의 「호」, 「길」의 「기」, 「동」의 「도」는 주음이라 하고 「홍」의 받침인 「ㅇ」, 「길」의 받침인 「ㄹ」, 「동」의 받침인 「ㅇ」은 종음이라 한다.

이 주종음은 그 연결이 잘되어 있고, 잘못되어 있음에 따라 좋은 이름이 될 수도 있고 좋지 않은 이름이 될 수도 있다.
성명의 음향 오행에서는 다음과 같은 법칙이 있다.

① 오행을 낼 때는 관용음을 가진다.

예) 李 = 이·리   柳 = 유·류   林 = 임·림   龍 = 용·룡
    禮 = 예·례   梁 = 양·량   良 = 양·량   理 = 이·리

성 명			5 행					
			주음	종음	주음	종음	주음	종음
음 향	홍	길	동	호	ㅇ	기	ㄹ	도	ㅇ
한 자	洪	吉	童	土	土	木	火	火	土

성 명			5 행					
			주음	종음	주음	종음	주음	종음
음 향	김	복	길	기	ㅁ	보	ㄱ	기	ㄹ
한 자	金	福	吉	木	水	水	木	木	火

② 음향 5행 배열의 길흉 판단.
  주 5행이 상호 연결하여 상생하면 길하고, 상극하면 흉하다.

  가) 5행의 상생관계와 상극관계는 앞서 제시한 도표와 같다.
  나) 주 5행이란 성명의 각 글자의 주음에 해당하는 5행을 말한다.
  예) 홍 길 동 = 土 水 火 (주 5행이 상극관계를 이루고 있다.)
      김 복 길 = 木 水 木 (주 5행이 상생관계를 이루고 있다.)

③ 주 5행이 상호 상극하는 경우일지라도 종주음의 하향 연결이 상생관계를 이루고 있으면, 해당 주음의 생극관계가 흉인 경우라도 구제될 수 있다.

④ 주 5행도 상호 상극하고, 종주음의 하향 연결도 상극관계를 이루면 흉하다.

  가) 주종간의 오행 즉, 성명 한 자 한 자의 주음과 종음간에 있어서의 5행에 대한 상호관계의 길흉은 따지지 않는다.

예) 홍길동 = 土土 · 木火 · 火土
    김복길 = 木水 · 水木 · 木火

「홍길동」의 「홍」 「길」 「동」에 있어서 「ㅎ(주음)」와 「ㅇ(종음)」, 「ㄱ(주음)」와 「ㄹ(종음)」, 「ㄷ(주음)」와 「ㅇ(종음)」과의 생극관계 즉, 성명 한 자, 한 자의 주음과 종음의 생극관계는 따지지 않는다는 것이다.

나) 「홍길동」의 주음 생극관계는 「ㅎ(후음=土)」와 「ㄱ(아음=木)」와 「ㄷ(설음=火)」로 구성되어 있다. 다시 말하면 「土 · 木 · 火」로 구성되어 있다. 이때 생극관계를 살펴보면 土와 木은 (木극土)로 상극관계를 이루고 있고, 다음 木과 火는 (木생火)로 상생관계를 이루고 있다.

예) 土 · 木 = 그 힘이 억압당하여 영력을 거의 발휘할 수 없게 된다.
    木 · 火 = 다소 힘이 약해지기는 하나 상당한 위력을 발휘한다.

다) 성명 각 글자의 종음과 주음과의 하향연결의 생극관계를 본다는 것은 「홍길동」에 있어서는 「홍」의 종음인 「ㅇ(후음=土)」과 「길」의 주음인 「ㄱ(아음=木)」와의 생극관계, 「길」의 종음인 「ㄹ(설음=火)」과 「동」의 주음인 「ㄷ(설음=火)」의 생극계를 보는 것이 되는데, 이때 그 생극관계는 다음과 같은 것이 된다.

예) 土 · 木 = 그 힘이 억압당하여 영력을 거의 발휘할 수 없게 된다.
    木 · 火 = 동령이 비화하여 그 힘이 더욱 증대해진다.

라) 「홍길동」을 가지고 볼 때 주음의 생극관계는 「土 · 木 · 火」로 「木 · 火」는 상생관계를 이루고 있으나 「土 · 木」은 상극관계를 이루고 있다. 그런데 종주음의 하향연결의 생극관계 또는 「土 · 木」과 「火 · 火」로 끝내 「土 · 木 · 火」란 주음의 생극관계에 있어서의 「土 · 木」의 상극관계를 구제를 받지 못하고 있다.

마) 「김복길」은 「木水・水木・木火」로 주 5행도 「木・水・木」으로 상생관계를 이루고 있을 뿐만 아니라 종음과 주음의 하향연결에 있어서의 생극관계 또는 「水水・木木」으로 비화를 이루어 적어도 상극관계는 이루지 않고 있다.

바) 주음 상호의 상극관계도 종음 여하에 따라서 상생화하는 경우도 있고 주음관계가 상생관계를 이루고 있어도 종음 여하에 따라 상극화하는 경우가 있다.

사) 주 5행이 상생관계를 이루고 있다고 해서 「길」이라 단정할 수가 없으며, 이와 함께 종・주음(從主音)의 하향연결 또한 길이라야만 비로소 합격한 이름이라 할 수 있다.

아) 원・형・이・정의 수리 배치 및 3원 5행의 구성이 결함없이 좋아야 함은 말할 나위도 없다.

〈음향 오행〉의 법칙은 「한글 이름」에 있어서도 그대로 적용이 된다. 가령 여기에 「박누리」라는 이름이 있다고 하면 주음 오행의 생극관계는 水・火・火가 된다. 따라서 주음 5행이 조화를 이루고 있다고 할 수가 없다. 그러나 종・주음의 하향연결을 보면 「水木・火・火」로 상생관계를 이루고 있다.

한글 이름을 지을 때는 〈음향 오행〉에 의거 작명한다.

3. 음양 배열 (陰陽配列)

● 음(陰)은 정적이며 유한 운의 성질을 내포하고 있다.

| 짝 수 | 2・4・6・8・10 | 음 수 ♌ |

○ 양(陽)은 동적이며 강한 운의 성질을 내포하고 있다.

| 홀수 | 1·3·5·7·9 | 양수 우 |

우주의 삼라만상은 하나같이 음양의 이치로 이루어져 있는 것인즉, 성명의 조직에 있어서도 음양의 배합을 중요시 한다.

(1) 3자 성명의 음양 배열

吉	○	●	●	○	○	●
	○	●	○	●	○	○
	●	●	○	●	○	●

음양이 서로 조화 상응하는 상(象)으로, 순조로운 발달과 부귀·장수·건강을 암시한다. 그러나 수리배치·3원 5행·선천사주와의 조화에 결점이 있으면「길」의 발휘력이 약해진다.

| 凶 | ○ | ○ | ○ | ● | ● | ● |

음양이 편중되어 있는 상으로, 음양이 상생 관계를 이루지 못하고 있다. 그러나 선천 사주와 서로 맞아 조화를 이루고 있을때는「대길」로 화하는 수도 없지 않으나, 성명 자체의 음양조직으로서는「대흉」에 속하는 배열이다.

○ ○ ○ 은 순양격이라 하여, 운기가 지나치게 강함으로써 딱딱한 가지가 바람에 잘 부러지듯이 파괴·분리·단명·중도·좌절 등의 흉암시를 불러오게 한다.

● ● ● 은 순음격이라 하여, 운기가 지나치게 음성적이고 유약함으로써 결단력이 부족하고 진취력이 부족하다. 그리고 비록 수리의 각 격부가 조화를 이루고 있다 할지라도 그 운력을 약화시킨다. 순양격과 마찬가지로 이산·파괴의 흉암시가 있다.

(2) 4자 성명의 음양 배열

吉	○	●	○	●	●	○	●	○
	○	●	○	○	○	●	●	○
	●	○	●	●	●	○	○	●
	○	○	○	●	●	○	○	○
	●	●	○	○	○	○	●	●

음양이 서로 조화 상응하는 상(象)으로, 순조로운 발달과 부귀·장수·건강을 암시한다. 그러나 수리배치·3원 5행·선천사주와의 조화에 결점이 있으면「길」의 발휘력이 약해진다.

凶	○	○	○	○	●	●	●	●

대흉·대길의 양극을 상징하고 있는 상으로, 선천 사주와 불합이면 극흉이요, 선천 사주와 서로 조화 상응할 때는 대길로 화한다. 그러나 성명 자체의 음양 조직에 있어서의「순양격」「순음격」에 대해서는 〈3자 성명의 음양 배열〉에서 설명한 바와 같다.

(3) 2자 성명의 음양 배열

吉	○	●	●	○
凶	○	○	●	●

〈2자 성명의 음양 배열〉의 길흉 역시 〈3자 성명〉과 〈4자 성명〉의 음양 배열에서 상술한 바와 같다.

제 2 장 육십일 수리해설(六十一 數理解說)

원격(元格)이나 형격(亨格)이나 이격(利格)이나 정격(貞格)에 해당하는 각각 수리를 본다.

1. 기본격(基本格) – 삼양회춘지상(三陽回春之像)

제양지중(諸陽之中)에서 으뜸을 가리키니 만물이 소생하는 기상(氣象)으로 유의유덕(有意有德)하며 고귀한 인격은 세상사를 통달하고 발전하여 부(富)와 귀(貴)와 명예가 몸에 따르게 되는 대길한 수이다.

2. 분리격(分離格) – 제천분할지상(諸川分割之像)

재주와 기능은 충천(沖天)하나 원기(元氣)가 상패(喪敗)하니 결국 이루지 못하고 심한 역경에서 벗어나지 못한채 신고(辛苦)를 면할 길이 없으며 가정운의 불행을 초래하여 처자와 생이별 또는 사이별하게 되며 심신이 허약하여 고독과 비애 속에서 즐거움을 모르고 허무한 세월만을 보내게 된다.

3. 성형격(成形格) – 시생만물지상(始生萬物之像)

지모가 출중하고 자성(資性)이 영준(英俊)하여 지기(志氣)와 도량이 바다와 같으며 명철(明哲)한 두뇌는 용감무쌍한 과단성으로 활동적인 천성에 대업을 이루고 권(權)과 위(威)가 사해(四海)에 날리며 30 미만에 입신양명(立身揚名)하여 만인이 축앙하는 지도적 인물이 될수 있다.

4. 부정격(不定格) – 동서각비지상(東西各飛之像)

성질이 온유하여 과단이 부족 혼미하여 종무성사(終無成事)라 한다.
근근하게 노력하여 성공하나 오래 가지 못해 실패의 고배를 맛보게 되며 배우자도 오래 가지 못해 이별하게 되니 그 수심을 씻을 길이 없게 된다. 즉 동문서자에 난심(難尋)한 격이니 곤고실패(困苦失敗)하고 파가망신(破家亡身)하며 집장천리(執杖千里)를 등정(登程)하는 수(數)라 한다.

5. 정성격(定成格) – 능성만물지상(能成萬物之像)

자성(資性)이 온후하고 독실하며 지덕겸비(知德兼備)하여 도고문장(道高文章)으로 배우지 않아도 지습(知習)하여 웅지(雄志)로 발전하며 능성(能成)하여 조달용문(早達龍門)하고 내활외활(內活外活)하며 천하에 양명부귀(揚名富貴)하여 만인이 극앙하고 두뇌가 명철(明哲)하여 만인의 장(長)이 될 수 있다.

6. 계성격(繼成格) – 음덕시태지상(陰德始胎之像)

천성이 온후하며 독실하고 지덕이 건실하여 화기가 자래(自來)하니 부귀와 영화를 누릴 것이며 확고부동한 신념과 인내력이 강하며 불요불굴(不撓不屈)의 노력성으로 조업(祖業)은 안정하게 계승할 것이며 사회적인 업(業)도 창생(創生)하여 일취월장을 가기(可期)여 대성할 수 있는 길수(吉數)이다.

7. 독립격(獨立格) – 강건전진지상(剛健前進之像)

대장부의 지조가 철석과 같아 일도(一到)에 모든일이 순성(順成)되며 그세력이 맹호가 수풀로 부터 뛰어나오는 격이다.
그 위력이 강하여 다른 사람이 모두 따르게 되며 모든 어려움을 극복하고 목적을 달성하여 자기의 노력으로 기초를 확립하게 된다.
단 완고한 성품을 유화(柔化)하여 여인화지(與人和之)하면 그 사이에 묘미가 있으나 그렇지 못하면 다문비방(多聞誹謗)하게 된다.

8. 개물격(開物格) – 자발자활지상(自發自活之像)

천품이 가을의 서릿발과 같이 강렬하여 독립적인 뜻을 세워 그 의기(義氣)가 철석과 같아 모든 장해를 극복하고 초지를 관철하여 목적을 달성하여 부귀장수(富貴長壽)하게 된다.

부부의 운에 있어서는 다소의 의견충돌은 있으나 자손에 영화가 있어 공명이 잔잔하게 된다.

9. 궁박격(窮迫格) – 대재무용지상(大材無用之像)

큰지혜(大智)로 큰꾀를 세워 민첩한 수완과 영준고매(英俊高邁)한 재질로 천하지대업(天下之大業)을 완수하고 부귀영화로 명진사해(名振四海)를 하다가 중도 또는 성공후에 좌절을 당하여 비참한 환경에 함입(陷入)하게 된다.
그리고 부부와 불합하여 이중생활이 아니면 이별을 면치 못하게 되며 자손에 근심이 많게 되고 화란(禍亂)이 많고 풍파(風波)가 많은 길중흉수(吉中凶數)이다.

10. 공허격(空虛格) – 만반허무지상(萬盤虛無之像)

모든일에 능력이 풍부하여 재지와 기량이 풍성하며 신규적인 계획은 잘 수립하나 의욕이 과대(過大)하여 유두무미(有頭無尾)한 형상이라 육친(六親)의 덕이 없고 사교성은 민첩하나 피동적인 유약성과 침체력이 있어 언제나 좋은 기회를 잃게 되며 대개는 타향에 전전하여 온갖 신고와 고난 끝에 친우나 윗사람의 도움을 받아 자립소성(自立小成)하거나 진연(塵緣)에 탈출하여 청귀(淸貴)하게 되는 일이 있다.
간혹 수리(數理)가 중복되면 장수하거나 대귀현달(大貴顯達)하는 수가 있으나 처자와 이별 또는 질병등으로 고생하며 단명하기 까지의 불행을 겪게 되는 일이 있다.

11. 신성격(新成格) – 자력갱생지상(自力更生之像)

자성이 순직하고 온순하며 궁리가 묘하여 학이시습(學而時習)하고 자진성취(自進成就)하여 면밀한 이지적 사고력이 진취하는 기상(氣象)으로 목적을 달성하고 사회적인 기초를 튼튼히 세우고 중인(衆人)

의 신망(信望)을 얻어 부귀영락할 것이다. 여자에 있어서는 양녀(養女)로 가는 경우가 많은 수리(數理)이다.

12. 박약격(薄弱格) - 연약실조지상(軟弱失調之像)

재지와 기량은 있으나 선계(善計)가 도시불능(都是不能)이라 자립대성(自立大成)이 난망이고 의외의 변란으로 많은 고통을 면할 길이 없으며 심신이 허약하여 부부와 상별 또는 무자녀로 실패가 많고 병약하며 고독하고 신고하게 되며 사업에 실패하여 기력(氣力)이 상실되어 질풍욕우의 고배를 마시게 되며 모든일에 뜻을 세우지 못하고 공허한 세월로 동분서주하게 될것이다. 만일 선조의 여덕이 있을 때는 평길 할 수도 있는 수(數)라 하겠으나 흉수를 면하지 못한다.

13. 지모격(智謀格) - 구이자명지상(久而自明之像)

자성이 영매(英邁)하며 지략이 출중하고 능히 천하의 대세를 간파하고 임기응변하여 매사를 선처하는 경륜재사(經倫才士)임. 지모(知謀)가 특출하여 대지대업(大志大業)으로 고명한 발전하여 안락을 초래하게 된다. 또 적수공권으로 지도적 선견지명이 있어 삼군(三軍)의 참모도 당할수 없을 교묘한 재모력(才謀力)을 가졌다.

14. 이산격(離散格) - 운둔사산지상(運遁四散之像)

천성이 온유하고 심사적(深思的) 지혜와 매사를 쉽게하며 상당한 지위와 가계를 수립하더라도 대개는 일시적인 성공에 불과하며 가정에 파란과 부부의 운이 불길하여 생사이별하여 타향에서 천신만고(千辛萬苦)하고 육친(六親)의 덕까지 없어 고독번민(孤獨煩悶)으로 실패하며 혹은 단명 병약에 실의 수객이 된다.
단, 인내성을 함양하여 내면적 우울을 극복하면 평길평안을 얻을 수 있으나 이것은 선천적 운기가 양호함이라 할 것이다. 혹 만난사선을 돌파한 연후에 대성대귀(大成大貴)하는 사람이 있다.

15. 통솔격(統率格) – 천지안전지상(天地安全之像)

　고귀한 천성과 지혜와 덕망이 겸비한 원만하고 쾌활한 성품이 구비되어 순조로운 자립대성과 무한한 발전으로 상하의 신망이 돈독하며 명성이 천하에 풍미하여 부귀장수하는 호길한 운이라 하겠다.
　혹 처음에 곤고가 있다하여도 반드시 대기만성하여 통솔의 위덕으로 대영상(大領相)의 운이다.

16. 덕망격(德望格) – 온후유덕지상(温厚有德之像)

　강유상제(剛柔相濟)의 온순하고 정직한 性品은 윗사람의 신망을 득하여 입심양명하게 되며 제지가 과인하며 부귀공명으로서 현달하는 대길수임.
　특히 여성은 기품이 화하고 정숙하여 선조내정할 것이며 부운(夫運)을 발달하게 하고 오복을 겸전하게 한다.

17. 건창격(健暢格) – 건전창달지상(健全暢達之像)

　천품이 강직한 기품으로 만난을 극복하고 처음의 의지를 관철하고 천지대업(天地大業)으로 성취하여 임신양명하여 중인의 존경을 받게 되며 적수(赤手)로 자수성가하여 편안을 누리게 될 것이다. 심신의 건전과 인내력이 강하여 능성대공 할 것이며 명예가 사해에 진진하게 될것이다. 그러나 사교성이 부족하여 완강한 고집으로 인한 불의의 재앙을 초래하게 되니 이점을 유의하면 大吉한다.

18. 발전격(發展格) – 진취발전지상(進取發展之像)

　유기유능(有技有能)한장부의 기상으로 의지가 강건하여 대업을 완성하고 목적을 달성하며 부귀영달하여 발전하게 된다. 다만 완고한 고집을 온순한 성품으로 고치면 비상한 발전으로 상단한 지위와 다른 사람의 존경을 얻어 대길할 수라 하겠다. 그러나 처음의 곤란이 있다고하여 낙심하지말라. 끝에 가서는 좋은 발전으로 부귀필겸(富貴必兼)하여 명진사해(名振四海)하고 자손에 공명이 있는 길수라 하겠다.

19. 고난격(苦難格) - 봉학상익지상(鳳鶴傷翼之像)

위인(爲人)이 지혜가 출중(出衆)하여 대지대업으로 성취하고 뜻은 의기(意氣)가 충천할 듯하나 모든 일이 거개(擧皆) 수포(水泡)가 되어 중도에 실각불행이 닥치게 된다. 부부의 인연이 특히 박약하여 생이별 또는 사이별의 불길수를 면하기 어렵게 되며 육친의 덕이 없고 심한즉 불구(不具) 병고(病苦)에 조난 또는 형액(刑厄)이나 재해가 속출하게 되어 자손에 수심이 많게 되며 가정의 모든 운이 파괴 되는 극히 좋지 않은 흉수(凶數)라 하겠다.

20. 허망격(虛望格) - 만사공허지상(萬事空虛之像)

천성이 박약하여 지모(智謀)는 있다 할지라도 매사가 쇄패하고 파멸에 함입(陷入)하여 신고(辛苦)하게 되며 심신의 허약과 육친(六親)의 덕도 희박하여 지며 부부의 상별과 자손에 수심(愁心)으로 불락의 생활끝에 신병으로 신고(辛苦)하게 되며 심지어는 단명 또는 불성이 되고 만다. 만일 조업(祖業)의 여덕(余德)이 클때는 초년안과할 수 있다가 중년후운 사이에 파패를 가져와 빈곤을 면한 길이 없는 허수(虛數)라 하겠다.

21. 두령격(頭領格) - 만인앙시지상(萬人仰視之像)

귀중하고 무비한 지략과 위인이 출중하여 자립으로 대지대업(大志大業)을 완성하고 공명이 해외해내에 전파되어 부귀영달하는 대길수이며 모든 사람을 지도하는 인물로 만인이 앙시(仰視)하는 영수격이라 하겠다. 단 여자에 있어서는 독신생활을 하여야 부귀할 수 있으며 가정생활을 하면 부운(夫運)을 극(剋)하고 과부운을 면치 못하는 수라 하겠다.

22. 중절격(中折格) – 추풍낙엽지상(秋風落葉之像)

활동력은 의기양양하여 충천할듯 하나 자성이 유약하여 저해가 많고 선계(善計)를 수립하나 모든 일이 중도에서 좌절이 많으며 실패를 초래하게 된다. 천신만고로 자활난경(自活難境)하나 고독과 번민으로 곤고가 심하여 부부가 상별하게 되고 병난하며 단명까지의 불행이 닥치게 되어 피살과 객사가 암시되는 불길한 수로 역경에 방황하다가 비참한 운에 함입(陷入)하는 흉수라 하겠다.

23. 공명격(功名格) – 개화만발지상(開花萬發之像)

자성(資性)이 영매(英邁)하며 지덕이 겸비하며 천성적인 영도(領導)의 기질을 갖추고 있으며 대지대업을 완수하여 부귀영달로 천하의 무비(無比)한 칭호(稱號)를 받으며 만인의 앙시를 받게 되는 길수라 하겠다.
　다만 후천적 극심한 무리를 하지 않음이 현명한 처사라 할것이며 여자에 있어서는 부운(夫運)을 극(剋)하는 수로써 독신출세하는 수라 하겠다.

24. 입신격(立身格) – 우후개화지상(雨後開花之像)

처음에는 빈곤함이 있다 할지라도 불굴의 노력으로 인내하여 가자면 점진적인 발전으로 대업(大業)을 완성하고 공명이 천하에 날리게 되어 특히 재복의 혜택이 클 것이며 부귀현달하고 수복강녕하여 후손에 까지 많은 재물을 상속하게 되며 자손의 공명이 사해에 기여하게 되고 만인 앙시를 받을 대길수라 하겠다.

25. 안전격(安全格) – 순풍항해지상(順風航海之像)

성품이 은중(隱重)하고 지모(智謀)가 심원하며 대지대업으로 성취하여 자주성가하고 안락한 생활로 권위가 당당하게 된다. 그러나 완강하고 소극적인 고집이 망진(妄進)하기 쉬우니 이점을 유의하면 좋을 것이며 부부의 정이 특히 좋으며 한평생 대파(大破)를 모르고 평과(平過)하게 되는 대길수(大吉數)라 하겠다.

26. 영웅시비격(英雄是非格) - 평지풍파지상(平地風波之像)

　일종의 영웅수(英雄數)로써 위대한 발전을 득하나 파죽지세(破竹之勢)와 같이 공명(功名)과 대성은 일시적이요 운명이 풍전등화격과 같으며 영매(英邁)하고 준걸(俊傑)하고 쾌활한 성품으로 불석신명(不惜身命)하고 대사를 광정(匡正)하나 파란이 중중하여 일생에 분주한 생활이며 실속이 없는 허무(虛無)한 세월을 돌이켜 탄식하게 되더라 만난사선을 돌파한 후에 성공 장수(長壽)하는 수가 있으나 대개는 가정 불행을 초래할 뿐 아니라 처자(妻子)와 생사이별하게 되며 이구난설할 재난이 닥치게 된다.

27. 중단격(中斷格) - 낙마절골지상(落馬切骨之像)

　선천의 재지가 영명투철하고 용모(用謀)가 비상하여 선계를 수립하나 모든일이 중도에서 좌절되며 천한(千恨)을 미신(未伸)하여 중년에 행운과 복록이 있다할지라도 만년에는 신고(辛苦)를 초래하여 부부가 상별하는 불행과 자손 형액(刑厄)의 불길운(不吉運)이 있어 가산의 파란과 재앙이 속출하여 선세(善世)의 영웅이라도 비참한 불길(不吉)을 면하기 어려울 것이다.

28. 파란격(波亂格) - 대해편주지상(大海片舟之像)

　만경창파(萬頃蒼波)에 일엽편주(一葉片舟)와 같은 운명으로 변란이 많으며 일신(一身)에 영화(榮華)가 있으면 가정에 재앙이 생기게 되며 가정이 평안하면 일신에 신고가 속출하게 되는 불길한 수리(數理)라 하겠다. 혹 행운을 얻어도 일시적 성공이요, 거개가 수포로 돌아가고 말며 모든 일이 중도 좌절되는 일이 많은 불성의 흉수라 하겠다. 또헌 처자의 인연이 박약하여 조난고 형액(刑厄) 등의 재란으로 중년을 넘지 못한채 승천하게 되는 불행수라 하겠다.

29. 성공격(成功格) - 신록유실지상(新綠有實之像)

위인이 출중하여 영지(英智)가 능하여 대지대업을 달성하고 부귀 쌍전하고 수명장수로 무쌍한 행복을 누릴 수 있는 대길수로써 무한한 발전과 상당한 지위와 명예가 수신하게 되는 길수라 하겠다. 혹 반생전에 신고가 있었다 할지라도 만년에는 안락이 찾아올 것이며 옛것은 없어지고 새로운 발전이 거듭되어 적은 일도 크게 이룰수 있는 좋은 수리(數理)라 하겠다.

30. 부몽격(浮夢格) - 무정세월지상(無情歲月之像)

중무소주(中無所主)하여 모든일이 미정되고 현직과 재능이 있더라도 기초의 난립으로 동분서주 전전 방황 할지라도 뜻을 세우지 못하고 모든일이 쇄패하여 도로무공(徒勞無功)하고 만태가 무진하여 신고가 그칠 사이없고 용두사미격으로 시작은 그럴 듯하나 종말에 가서는 좋은 결과가 없으며 허무한 과욕으로 일악천금을 꿈꾸고 투기에 몰두하니 성공은 일시적이요 실패를 거듭하니 돌이켜 허무한 세월만을 탄식하게 됨이라. 만일 이와같은 망동만 없으면 소유평안으로 안과할 수 있겠으나 그렇지 않으면 박명(薄命) 또는 피살의 우려가 있게 되는 불길수라 하겠다.

31. 융창격(隆昌格) - 만화방창지상(萬花芳暢之像)

자성(資性)이 원만하고 재지가 영수하며 만난을 극복하여 자립갱생하고 적소성대(積小成大)하여 부귀와 안락을 누리게 되며 공명영달(功名榮達)하여 수복강녕(壽福康寧)하는 대길수로서 부부가 다정하여 자손이 서경하는 행복한 수리라 하겠다.

그리고 혹 부모의 유업을 받게 되어도 자수성가하여 입신양명하게 될 것이다.

32. 요행격(僥倖格) — 녹수주유지상(綠水周遊之像)

비바람이 지난 뒤에 일변한 해천(海天)과도 같아 청강녹수(淸江綠水)에 주유(周遊)하는 형상이며 뜻밖에 재물이 생겨 지위가 높아지고 만사가 형통하며 수복강녕(壽福康寧)하는 대길수라 하겠다. 단, 여자에 있어서는 능조가사(能助家事)하여 살림이 부흥하며 부운을 상조하는 길한 수리며 특히 기예(技藝)의 재조가 영특하여 사회적인 발전도 좋은 수가 될 것이다.

33. 승천격(昇天格) — 노룡득운지상(老龍得雲之像)

위인(爲人)이 현출(賢出)하여 소년시부터 특이한 두뇌와 뛰어난 재능으로 자립대성의 대망이 있어 대모대성(大謀大成)하여 만인의 우러름을 받을 것이요 일약승천하는 발전이 충천할 것이며 재지가 영수하여 소사무정하고 대사유정하여 큰 포부를 가지고 굳은 의지로써 목표를 향하게 될 것이니 마침내 공명이 사해에 떨칠 것이요 권위와 명망이 천하에 전파되어 만물이 충익되는 양기왕성의 대공격(大功格)인 길수이다.

34. 파멸격(破滅格) — 평지풍파지상(平地風波之像)

파멸과 파란이 많은 흉수로써 운이 비록좋다 할지라도 불의의 재해가 속출하여 모든 일에 궤멸(潰滅)하고 불행에 배지하여 실패를 거듭하며 비록 식복은 있어 안과(安過)할 지라도 위험한 앙화(殃禍)가 많으며 심하면 단명하기까지 되며 한평생 신고가 많고 비참한 고액을 면하기 어렵게 된다. 그리고 처자 사별할 불행한 수리이며 끝에 가서는 살상이나 발광으로 일신을 망치게 되는 대흉수라 하겠다.

35. 평범격(平凡格) — 안과태평지상(安過泰平之像)

지달(知達)한 능력을 가지고 성품이 온화하며 문예기술에 뛰어난 발달이 암시되어 있고 적당한 신분과 천직을 가지며 충직한 선심으로 현직에 종사하여 일생이 행복하게 되며 부귀장수하게 되고 상하의 신망을 얻게 되며 튼튼한 기초를 확립하게 된다.

처음에는 비록 소극적인 일로 시작된다 하여도 천지인 삼재(三才)의 배치가 순의되어 권위가 있는 큰 성공이 될수 있는 길수라 하겠으며 특히 여자의 이름에 이 수가 배치되면 대길한 수라 하겠다.

36. 영걸시비격(英傑是非格) － 골육상쟁지상(骨肉相爭之像)

명철한 두뇌와 심심한 지략과 웅지로써 달성하였으나 일정한 운기가 없어 실패와 성공이 잦으며 방종전락(放縱轉落)하므로 희비쌍곡선이 윤전하게 된다.

성공했을 때 요신(要愼)하면 안과태평할 수 있으나 경거망동하면 고배를 마시게 되며 곤궁함이 많으며 불의의 재액을 초래하게 되는 불행이 있을 것이며 변란과 신고 끝에 단명하게 되는 흉수라 하겠다. 혹 모든 어려움을 극복하고 이겨낸다면 크게 평안함도 있으며 장수하게 되는 경우도 있게 된다.

37. 인덕격(人德格) － 고목생화지상(枯木生花之像)

지모와 재략이 출중하며 담대하고 강의(剛毅)하여 과단성이 능히 천하의 난사를 선처하는 경륜천재(經綸天才)가 되어 대지대업을 성취하여 명성이 사해(四海)에 전(傳)하여 일종의 영웅격이 되어 부귀와 명예를 크게 떨치게 되며 특히 독립성이 강하고 권위있으며 모든 일에 충실하고 여러 사람들로 부터 신의와 신망을 받게 되며 초지일관하여 큰 뜻을 달성할 수 있는 길수라 하겠다.

특히 평생동안 쌓은 공덕이 후세에 까지 전파(傳播)되어 명진사해(名振四海)하게 될 것이다.

38. 복록격(福祿格) - 입신양명지상(立身揚名之像)

영명(英明)한 재지와 현철한 성품은 문학적인 소질과 기술방면에 유력한 발달이 있게 되며 선진적인 인물로 입신양명 대지대업을 순성하며 성품이 쾌활하여 고귀한 발전이 있으며 다만 분수에 어긋나는 계획을 주의하지 않으면 목적을 달성하기 어려우니 오직 능력측정을 자기 스스로 하여 과대한 허욕을 피하여야 좋겠다.

39. 안락격(安樂格) - 개화영춘지상(開花迎春之像)

천품(天品)이 고결하여 인격적 존경을 받게 되며 모든 일을 현철하게 계획하고 처리하는 민활성이 있어 파죽지세(破竹之勢)로 성공을 하게 되며 향략이 무궁하나 자폭적(自暴的)인 망동에 간혹 대사를 잘못하여 실패의 고배 끝에 가산의 탕진과 역경에 신음하게 되는 염려가 있으니 이점을 요신하면 대길하지만 그렇지 않으면 가정의 파란이 거듭할 것을 암시한다.

특히 관직의 운수가 호길(好吉)하며 덕망이 높고 자손에게 유산도 많아 안락으로 행복한 생활을 할수 있겠으며 천지인(天地人) 삼재(三才)의 배합에 결함이 없이 자중자애함이 좋다.

40. 무상격(無常格) - 도로무공지상(徒勞無功之像)

임기응변 되는 재지가 도시무용되어 무의무존하게 되며 경영하는 일마다 거개(擧皆)가 도로무공이며 주위의 모든 친지가 무덕하여 조업을 오래 지키지 못하고 평생을 여한(餘恨)에 잠긴채 승천하게 될것이다.

특히 인덕이 없어 아무리 어렵고 불쌍한 사람을 구제하여 주어도 결국 은혜를 원수로 갚게 되는 박덕(薄德)한 수라 하겠으며 투기심이 많아 일조일석에 문전걸식을 면하기 어려울 비참한 운명에 처하게 되는 흉수이다.

41. 대공격(大功格) - 명진사해지상(名振四海之像)

위인(爲人)이 준수하고 영명투철(英明透徹)하여 홍진(紅塵)에 초출되어 대귀현출(大貴顯出)하고 대업을 수립하여 제제창생(濟濟蒼生)하게 되고 자포고명하여 천추에 기할 대길수라 하겠다. 특히 선각식견의 밝음이 있어 만인의 사표(師表)요 지도자가 될수 있으며 상하의 신망이 두텁고 처리하는 일마다 순성(順成)되어 마침내 대공(大功)의 결실을 맺게 되어 그이상과 위세가 파죽지세와 같아 공명이 사해에 떨치게 될 길수이다.

42. 고행격(苦行格) - 조절죽장지상(早節竹丈之像)

성품이 완강하여 신전운기(伸展運機)가 저해되고 편견암미(偏見暗迷)로 자취고난(自取苦難)과 형로(荊路)에 분파(奔波)되어 가족상별의 변동과 생애가 박하여 질병과 불구와 형액고독(刑厄孤獨)을 암시하는 흉수라 하겠다.

특히 내향성에 있어 과감한 실천력이 약하여 좋은 기회를 잃게 되는 경우가 많으며 성공하기 까지 온갖 신고와 실천력이 약하여 좋은 기회를 잃게 되는 경우가 많으며 성공하기까지 온갖 신고와 고통이 있게되며 성공을 이루었다 하여도 지속하기 어려우며 거의 이루지 못하는 흉수임.

43. 미혹격(迷惑格) - 대해광풍지상(大海狂風之像)

선천적인 박약과 방만을 암시하여 아무리 재능과 기예가 뛰어났다 하여도 곤고(困苦)가 많으며 표면적인 외양으로 볼때는 행복하게 보이나 내용은 허실하여 파란속에서 신고가 많으며 실패한 후에 혹 정신착란 등의 불측한 재앙을 초래하게 되는 흉수임.

특히 여자에 있어서는 정조를 지탱하기 어려운 경솔한 성품을 갖게 되는 일이 많으며 재운도 없어 늘 흩어지는 흉수임.

44. 마장격(魔障格) - 평지풍파지상(平地風波之像)

안상(安想)이 과대(過大)하나 마래장해(魔來障害)를 부르니 호사경패(好事傾敗)되고 일시적인 성공은 있으나 실패의 고배를 마시게 되니 적벽강(赤壁江)의 탄식이라. 이와 같이 패군지장(敗軍之將)이 무면(無面)하여 강을 건너가지 못한채 탄식만하고 있는 격이며 미로(迷路)에 방황하여 우고(憂苦)를 면치 못하고 극히 악한 재액이 속출하는 대흉수임.

특히 부부가 생사이별하여 타향에서 전전하다가 객사의 비참한 불행을 초래하는 수이다.

45. 대지격(大智格) - 명월광채지상(明月光彩之像)

지모(智謀)가 뛰어나게 경륜이 깊고 순풍에 돛을 달고 잔잔한 물결을 저어가는 것과 같이 대지대업을 성취하고 일세에 관절(冠絶)한 명성과 영예가 무비(無比)하며 특히 달세(達世)의 선견지명이 있어 만인의 사표(師表)가 되며 고귀한 인격으로서 타인의 신망과 지덕으로 모든일을 현명하게 처리하여 마침내 대의대성하게 되는 길수라 하겠다. 이 수리는 남녀를 막론하고 좋은 수라 하겠으며 후손에 까지 공명이 거듭하여 명진사해하게 되는 대길수이다.

46. 부지격(不知格) - 암행심야지상(暗行深夜之像)

선천적 대지(大志)와 유재유능(有才有能)하고 지모(智謀)가 출중하나 부지세사(不知世事)하니 개세지위준(蓋世之偉俊)에 불과하다. 자립대성이 어렵고 모든일이 부운지격(浮雲之格)과 같이 허무한 결과로써 어두운 밤에 길을 가는 나그네와 같아 답답과 수심으로 자탄만을 거듭할 뿐으로 불길한 수임. 그리하여 결국 병약과 고독으로 단명하기까지 이르는 불행을 암시하고 있으며 혹 일종의 변괴적(變怪的)인 운을 갖는 사람 가운데 큰 성공을 이루는 사람도 있으나 어느 한편에 있어서는 불행을 면할길이 없는 흉수라 하겠다.

특히 부부의 불합(不合)으로 가정의 파탄까지 초래하게되는 흉수이다.

47. 출세격(出世格) – 일악천금지상(一握千金之像)

　선천이 영명준달(英明俊達)하여 아무리 어려운 일도 천부(天賦)의 대행(大幸)을 얻어 대지대업을 성취하여 재명권도(才名權度)가 사해에 전파되는 대길수임.
　특히 재물은 자손에 까지 물려주게 되며 명예가 사회에 진진하고 부부가 상합(相合)하니 전정(前庭)에 유실이라. 상하의 신망이 높고 유덕하여 급진적인 출세의 길운이 수신하고 만사가 순탄하여 경사가 언제나 가문에 도래하는 대길수임.

48. 유덕격(有德格) – 우순풍조지상(雨順風調之像)

　모든 일이 사통오달하는 발전운이 있으며 지모와 재능이 가득하여 천하지사를 통달하게 되며 만인의 지도자가 될 수 있으나 세사(世事)의 번란을 원시(遠視)하여 백운산성(白雲山城)에서 야학(野鶴)으로 위우(爲友)하여 한평생을 안과태평하게 되며 때가 오면 세사(世事)를 받아 덕으로 치정(治政)하게 되어 백성들은 태평으로 세월을 즐기게 되는 길수라 할것이며, 후손에 여경(餘慶)하여 공명이 사해에 거듭하는 수이다.

49. 은퇴격(隱退格) – 일확천금지상(一攫千金之像)

　비상한 재지(才智)와 수완으로 자수성가하나 사업의 영모(營謨)에는 도취되어 도시(都是) 실패를 초래하니 반평생 신고(辛苦)와 반평생의 안락이 있으나 길흉의 변화가 무쌍하다.
　특히 공명이 있을시는 큰 발전을 하여 만인이 우러러보고 상하의 덕이 있다고 하겠으나 길지못하여 흉수가 돌아와 모든일에 파패(破敗)되니 이것은 삼재(三才)의 배합이 불안전한 원인이다.

50. 불행격(不幸格) – 용변어성지상(龍變魚成之像)

위인(爲人)이 혼매(昏昧)하여 자립 불능하고 타력으로 간혹 소성(小成)은 있으나 풍전등화와도 같이 위험한 불행이 초래되며 심신이 허약하고 병난과 고액을 야기하여 결국 단명하게 까지되는 흉수임. 이 수에 있어서도 한때의 대업은 성취 할수 있으나 말년에 가서는 패가망신하게 되며 부부가 무정하여 독좌수심(獨坐愁心)의 세월속에서 고독과 병고 끝에 객지의 외로운 신세를 자탄하게 되는 비운의 흉수임.

51. 춘추격(春秋格) - 일소일노지상(一笑一怒之像)

진출(進出)하는 기상이 강건하여 위인이 정직하여 처음 난경을 극복하여 나가면 대업(大業)을 성취하게 되며 안과세월(安過歲月)하게 된다. 그러나 부부의 운은 불길한 결과가 생기게 되며 이혼의 불행을 면할 길이 어렵게 되는 경우가 있게 된다. 자손의 운에 있어서는 공명을 떨치게 되고 명예가 세상에 거듭하게 된다.

52. 능직격(能直格) - 성림백호지상(盛林白虎之像)

자성(資性)이 영준(英俊)하여 사물처리에 능하고 대업을 창립하여 자수성가하여 명영투철(明英透徹)하여 대사를 성취 할수 있으며 대학자나 대정치가를 배출할수 있는 길수이다.

특히 무형에서 유형을 만들어 내며 세력이 강대하여 대업을 달성하고 공명이 높고 상회적 신망을 얻을 수 있으며 하위의 존경을 받게 되어 순성대업(順成大業)하게 되며 여자에 있어서는 온유(溫柔)한 품성으로 현모양처가 되어 부운(夫運)을 북돋우며 자손에 경사가 거듭하며 모든 가운이 순조로워 능성능대(能成能大)하게 되는 대길수임.

53. 불화격(不和格) - 태산난월지상(泰山難月之像)

겉으로 볼때는 평안하게 보이나 실속은 없어 외부내빈격(外富來貧格)이며 의지가 견고하지 못하여 대개 반생은 길운이 있겠으나 만년에는 길변파가(吉變破家)로 망신하게 되며 완강한 성질이 있어 목적은 달성하나 박약 불합의 흉수임.

특히 천성을 자숙하고 망동하지 않으면 안정한 운수가 있으니 이점을 유의하기 바란다.

54. 신고격(辛苦格) – 낙마절골지상(落馬折骨之像)

천품이 박약하여 모든일이 불화되며 신고(辛苦)가 많고 고독우고(孤獨憂苦)하여 파가망신(破家亡身)하게 되며 불구폐질에 형액단명(刑厄短命)하게 도는 대흉수임.

55. 불인격(不忍格) – 백사불성지상(百事不成之像)

견인(堅忍)을 불발(不拔)하고 확고부동한 정신은 모두 난관을 극복하여 대성할 수 있는 수라 하겠으나 극성즉도흉액(極盛則都凶厄)이 다 출하여 반위전락(反爲轉落)하고 신고가 많으며 모든 일이 불안정하여 위난이 많고 병액과 파산의 불행을 초래하게 되며 표면으로는 번영, 행복하게 보이나 숨은 재해와 병고가 극성하여 흉화를 면할 길이 없게 되며 三才의 불합으로 인한 소치라 하겠으며 혹 만년의 평안을 누리는 행복의 수도 있으나 극히 희귀한 일이다.

56. 부족격(不足格) – 소심담대지상(小心膽大之像)

모든 일에 실행력이 부족하여 진취성이 박약하고 모든 일에 실패가 거듭되며 자립력이 전혀 없어 일찌기 유리고향하여 타향에서 많은 신고와 고통의 세련(洗練) 끝에 행복할 수도 있겠으나, 대개는 욕대심소(慾大心小)하여 뜬 구름에 한숨이 서리게 되며 모든 일이 순조롭지 못하여 끝에 가서는 병고와 재난으로 패가망신하게 되는 흉수다.

57. 노력격(努力格) – 일심불공지상(一心佛功之像)

자성(資性)이 강의(剛毅)한 재질이 천부(天賦)되어 대달(大達)할

운으로 형수부귀영낙할 발달격이라 하겠다. 만약 타격의 수리가 불합되면 일생중 재액이 있고 만사(萬死)의 사선을 지나고서는 백사여의형통(百事如意亨通)하게 되는 길수임.

특히 여자에 있어서 어려운 고비를 넘지 못하고 마치 강태공의 부인과 같은 비참한 결과를 갖게 되는 경우가 많으니 끝까지 인내, 고난을 극복하여 가면 반드시 낙원의 동산이 있을 것이니 명심함이 유익하다.

58. 자력격(自力格) － 우후향화지상(雨後香花之像)

흥망과 고락이 양윤(兩輪)에 강의(剛毅)하여 회전되는 대성패의 대액과후(大厄過後)에 현달하게 되며 파가(破家)한 후에 흥가(興家)하는 수라 하겠으며 만년에 복록을 누리게 되는 행운수임.

모든 일이 초지일관하며 인내와 노력으로 끝까지 이겨 나가면 결국 평안과 공명의 사해에 떨치게 되며 삼복(三伏)에 지루한 장마를 원망하지 말고 끈기 있는 인내를 가지면 마침내 행운의 기쁨이 찾아오게 된다.

59. 불우격(不遇格) － 의외실안지상(意外失眼之像)

의지가 부족하고 인내성이 부족하여 용기가 결핍하니 매사가 불성(不成)이라 유유재능이나 무용이라 실의수객(失意愁客)으로 방황하다가 일생을 공과세월(空過歲月)하는 수임.

특히 의지가 박약한 원인으로 실의망산(失意亡産)하게 되며 부모와 인연이 없고 형제가 불합(不合)하여 일찌기 홀로 천신만고로 간신히 기초를 세우나 불의의 재앙으로 가산이 파탄되고 질병과 신고의 불운이 닥치게 되는 흉수임.

60. 암흑격(暗黑格) － 심야행인지상(深夜行人之像)

모든 일이 유두무미하고 소영(所營)의 일이 언제나 불안하게 되며 처세에 풍파가 미정(未定)하니 동분서주하고 실패와 곤고가 거듭하여 극악의 운기(運氣)를 초래한다.

　처음에는 선천(先天)의 여덕(餘德)으로 큰 고생은 없이 지내겠으나 성장에 따라 단독으로 자영(自營)을 꾀하다가는 실패의 곤고(困苦)를 맛보게 되며 부부의 정은 평길(平吉)하나 자손에 근심이 있게 되며 심하면 형벌과 살상과 병약으로 인하여 단명하기 까지의 흉수이다.

61. 영화격(榮華格) – 개화만발지상(開花萬發之像)

　견고한 지조와 매사에 결단성이 있고 재지가 출중하여 대지대업을 순성(順成)하고 상하의 신망을 얻게 되며 능히 목적을 달성하여 부귀안정할 격이니 사회적인 신망이 돈독하여 만인의 사표(師表)가 된다.
　특히 여자에 있어서 순성하는 수리로써 부운(夫運)을 북돋우며 평안과 안락을 누리게 되며 자손에 영화가 있고 공명이 사해에 떨게 되는 대길수임.

제 3 장　오행해설(五行解說)

金 金 金 – 고독 재난격(孤獨災亂格)
　　　　　형액을 당하고 재산탕진, 병고신음, 부부생이별, 육친무덕하여 객사 한다.

金 金 木 – 평생 병고격(平生病苦格)
　　　　　가내불화, 매사불성, 처자 이별하며 뜻밖의 조난화를 면키 어려우며 부모덕으로 일시 편하나 곧 불행이 닥친다.
　　　　　천업에 종사하면 가히 화를 면하나 형액을 면할수 없고 신경계통에 발병이 있다.

金 金 水 – 발전 향상격(發展向上格)
　　　　　천품강직 두뇌영민 문무겸한 덕인이 될것이며 부모형제의 덕이 있고 부부화락 부귀공명이 사해에 떨친다.

金 金 火 – 패가 망신격(敗家亡身格)
　　　　　뇌환, 재화, 난치병에 속패함. 형제불화하고 부부이별, 자손덕 없고, 수심으로 세상을 떠난다.

金 金 土 – 대지 대업격(大志大業格)
천성이 결백하여 의지가 굳고 외교능력있어 두령이 될수 있는 사람이다. 부모형제 화목, 부부융화, 자손덕 있고 부귀공명, 평생안락 백세 살것이다.

金 木 金 – 유전 실패격(流轉失敗格)
부모형제 유리분산, 부부상별하며 모든 일에 유두무미요 위장 신경병으로 세상을 떠난다.

金 木 木 – 추풍 낙엽격(秋風落葉格)
형제무덕하고 부부불화하며 천신만고 성사해도 속패고 신경질환으로 객사를 면키 어렵다.

金 木 水 – 고통 난면격(苦痛難免格)
매사 난성하고 질병으로 고생하며 부부 화합하나 조석 부부합심 근신하면 가이 액을 면하게 된다.

金 木 火 – 한산 공가격(寒山空家格)
일찍이 조실부모하고, 부부 불길하며, 속성속패하여 단명한다.

金 木 土 – 심심 과로격(心身過勞格)
초년에는 부모덕으로 평탄하나 점차 추풍낙엽으로 파패하여 신경쇠약으로 단명한다.

金 水 金 – 부귀 공명격(富貴功名格)
성공이 순조롭고 만사형통하며 부모형제가 화합하고 자손의 공명이 높고 일신무병하여 수명장수한다.

金 水 木 – 발전 성공격(發展成功格)
부모 형제 화합하고 명성이 사해에 떨치며 평탄 성공을 얻게 된다. 만일 수리가 나쁘면 단명한 한다.

金 水 水 – 발전 평안격(發展平安格)
모든 사람의 신망을 받으며 부모형제가 상생 상합하고 부부화합 자손에 영화있어 일생을 안과한다.

金 水 火 – 선무 공덕격(善無功德格)
상극, 상쟁, 부부 불합 급변재화로 불성이 자자하여 고통이 많다.

金 水 土 － 불의 재난격(不意災難格)
　　　　　일시 성공있으나 불의의 재화, 가재를 탕진하나 자식 덕이
　　　　　있고 한때 재성하나 존속하기 어렵다.

金 火 金 － 조기 만패격(早起晩敗格)
　　　　　초년에 부모덕으로 편안 하겠으나 얼마 못가고 타향에서
　　　　　고생하다 세상을 떠나게 된다. 특히 뇌에 병이 치명적이 된
　　　　　다.

金 火 木 － 욕구 불만격(欲求不滿格)
　　　　　부모덕은 좋으나 형제는 고독하다. 풍병과 치질병으로 고
　　　　　생하며 이복자손이 수심있다. 재운은 평길하다.

金 火 水 － 무주 공산격(無主空山格)
　　　　　매사 불상사로 부모형제가 객지산재며 불구자손으로 수심
　　　　　있고 뇌익혈등의 불행이 닥친다.

金 火 火 － 병고 신음격(病苦呻吟格)
　　　　　부모사별하여 양부모를 섬기며 형제간이 무덕하며 부부사
　　　　　별하고 일생 고독 객사불면이다.

金 火 土 － 입신 양명격(立身揚名格)
　　　　　부모 형제 화목하고 부부화합하며 재운도 좋아 부귀 하되
　　　　　뜻하지 않은 재앙으로 고통을 받으나 끈기 있는 투지로 부
　　　　　활한다.

金 土 金 － 의외 득재격(意外得財格)
　　　　　뜻밖의 재물이 생겨 장수안태한다. 부모 형제 유덕 하고 귀
　　　　　자를 가지며 화락한다.

金 土 木 － 평지 풍파격(平地風波格)
　　　　　부모 형제가 부덕하고 부부 불화하고 매사 도로무공이요.
　　　　　신고끝에 객사한다.

金 土 水 － 재변 재난격(災變災難格)
　　　　　항상 재난과 병란으로 고통을 당하게 되며 조난 급사의 위
　　　　　험 여덕은 있으나 부부운과 자손은 무자격 독좌 염불이다.

金 土 火 － 고목 봉춘격(枯木逢春格)

유순 유덕 하여 화목하고 일가화평 만인지휘하여 대성대업 할 것이요. 불굴의 대지대모하여 영화롭다.

金 土 土 - 입신 출세격(立身出世格)
모든 사람이 우러러 보며 형제 융합 자손 출세 부귀 영화 순풍에 배를 몰고가는 격이요, 작은일 꾀하나 위험한 일꾀이다.

木 金 金 - 불화 쟁론격(不和爭論格)
성공이 어려우며 천성 완강하여 시비 고독에 함입 뇌상하기 쉽고 늦게 결혼 좋으며 자손으로 수심, 재운, 신수, 구설 관재수 있다.

木 金 木 - 골육 상쟁격(骨肉相爭格)
성공운 부족 과뇌 고문 불안 조난과 불구의 우려가 있다. 조실 부모하여 만리타향 고생 겪다가 신체불구 초혼실패 단명 신수이다.

木 金 水 - 만사 불성격(萬事不成格)
성공운 불안 비운이 몰락하고 질병으로 고심 초년 고생 없고 차츰 재산이 줄고 의탁할것 없어 무남독녀 수심격이다.

木 金 火 - 독좌 탄식격(獨坐歎息格)
성공운이 약하며 가정불화 그칠 사이없고 호흡계통질환 발광 조난 신수 무덕 독좌 염불하는 격이고 고독과 수심이 가득 하다.

木 金 土 - 초실 후득격(初失後得格)
성공운이 약하며 고통을 면키 어려우나 중년부터 발전 부모, 형제 불합하여 부부불화 불효유자하고 신고 끝에 발전한다.

木 木 金 - 고난 신고격(苦難辛苦格)
성공운은 있으나 아랫사람으로 인한 손실과 박해와 모략이 심하다. 부모형제 무정하여 분산 부부불합 신체의 하부에 불구를 면하기 어렵다.

木 木 木 - 입신 출세격(立身出世格)
향상발전하고 희망 달성 건강 장수 부모형제 화목하고 번창 개문만복이 자래하여 복록이 진진하다.

木 木 水 – 성공 발전격(成功發展格)
성공 발전이 순조롭다. 부모형제 화목하고 자손 번창하며 재물과 명예가 사방에 떨치고 일생의 영화가 진진하다.

木 木 火 – 입신 출세격(立身出世格)
발전향상하며 부모형제 화목하고 부부 다정하며, 재산은 자손에 유적하고 만인의 도움을 받고 부귀를 누리며 태평하다.

木 木 土 – 고난 신고격(苦難辛苦格)
매사가 순조롭지 못하고 고통속에 해결 부모운은 평길 자유실 부부운은 불화 자수성가로 근근득실한다.

木 水 金 – 어변 용성격(魚變龍成格)
성공 발전이 대성대업 부모형제 유덕하고 육친의 정이 화합 자손이 출세하며 평생무병 단 수리가 나쁘면 뇌를 상한다.

木 水 木 – 부귀 쌍전격(富貴雙全格)
매사 여의 형통 이상 높고 불의를 모른다. 부모형제 화목, 부부 화락, 자손 창성, 재산여적하며 심산유곡에 백호 지상으로 일생동안 평안하다.

木 水 水 – 대부 대귀격(大富大貴格)
판단력과 추진력이 강해 항상 발전하며 부모형제 화합하고 부부 다정, 자손 창성하며 적소성대한다.

木 水 火 – 속성 속패격(速成速敗格)
일시적인 성공운은 좋으나 급변급화 몰락을 당한다. 조실부모하고 타향에서 신고 끝에 단명하다. 형제가 분산하여 고독 결혼에는 실패가 많다.

木 水 土 – 조기 만패격(早起晚敗格)
부모의 여덕으로 처음은 평안하나 실패가 잦고 질병으로 단명, 부모형제가 유리 분산, 부부상별하고, 자손에 수심이 많고 신고가 많다.

木 火 金 – 평지 풍파격(平地風波格)

일시적인 성공도 불행을 초래하여 파산과 질환으로 신고한다. 부모형제 덕이 없고 독좌탄식하며 자손이 불효하고 질환으로 단명하다.

木火木 - 춘산 화개격(春山花開格)
부모형제 화목하고, 부부 화합으로 부귀영화를 누리며 권세가 충천한다. 특히 중년부터 향상 발전이 있다.

木火水 - 선부 후빈격(先富後貧格)
뜻밖에 재앙이 닥쳐 병으로 고생한다. 천리타향에서 부부 상별하고 홀몸으로 전전한다. 꾀하는 일마다 신고하고 심장과 신경이 상해 허약단명 하다.

木火火 - 고목 봉춘격(枯木逢春格)
한때의 부주의로 어려움은 있으나 큰 불행은 없으며 무한히 발전한다. 부모형제 화목하고, 부부화락하며, 자손에 영화가 있어 부귀영화를 누린다.

木火土 - 대지 대업격(大志大業格)
천성이 고귀하여 비범한 이상으로 성공한다. 부모형제 화목하고, 부부안락하며, 자손에 길성이 도래하여 부귀영화를 누린다.

木土金 - 패가 망신격(敗家亡身格)
성공운이 부족하고 병난으로 뇌를 상한다. 초년에 약간 발전이 있으나 부모와 헤여져 타향에서 방화타가 불구의 몸으로 불행한 종말을 맞는다.

木土木 - 사고 무친격(四顧無親格)
시시로 불안이 생기고 호흡기에 병이 생기고 고독하며 몰락한다. 부모형제 분산하고, 부부 상별하고 계획은 실패로 끝난다.

木土水 - 고목 낙엽격(枯木落葉格)
조상의 재산을 파산시킨다. 만일 그렇지 않으면 복부에 병을 얻는다. 양부모를 보기쉽고, 부부 상별하며, 자수성가하나 재산이 몰락되고 병으로 고통한다.

木土火 - 골육 상쟁격(骨肉相爭格)

성공이 불행에 닥쳐 타향에서 객사한다. 부모운은 좋으나 부모상별하고 타향에서 심장병으로 천하게 죽는다.

木 土 土 - 속성 속패격(速成速敗格)
모든일이 잠시 흥하고 망하며 부모의 유산까지 파산하고 만다. 가난으로 부부간에 불화하며 위장병과 폐병으로 고생한다.

水 金 金 - 순풍 순성격(順風順成格)
꾀하는 일마다 순조롭게 성공을 본다. 천성이 영명하고 부모형제, 부부가 안락하며, 자손창성하며 부귀장수한다.

水 金 木 - 암야 행인격(暗夜行人格)
선천적으로 기초가 약해 재앙을 피할길 없다. 수리가 좋으면 큰 재앙은 면한다. 부모형제가 부덕하고 심장병 신경통 치질로 고통을 받고 단명한다.

水 金 水 - 어변 용성격(魚變龍成格)
학문에 발달이 크고, 부모형제 유덕하고, 자손에 영화가 있어 부귀영화를 누리고 후세까지 명성을 떨친다.

水 金 火 - 개화 광풍격(開花狂風格)
부모형제의 운이 부덕하여 이복형제를 보게 되고 부부운은 만혼이 평길하며 폐와 뇌에 질병이 생기며 모든일이 용두사미가 된다.

水 金 土 - 발전 성공격(發展成功格)
천품이 착실하고 두뇌가 명민하다. 부모 유덕하고, 부부 다정하며, 자손이 창성하니 부귀영화를 누린다.

水 木 金 - 일길 일흉격(一吉一凶格)
부모형제 무덕하고 부부상별하며, 재혼을 면키 어렵고 꾀하는 일이 속성속패 패가 망신하여 만년에는 타향에서 변사하게 된다.

水 木 木 - 만화 방창격(萬花芳暢格)
성품이 온화하고, 공명을 세운다. 부모형제 화목하고, 부부가 다정하며, 자손에 출세가 있고 부귀영화를 누린다.

水 木 水 - 청풍 명월격(清風明月格)

천성이 강직하고 두뇌가 영달하다. 부모형제 화목하고, 부부 화합하여 자손에 부귀영화를 누리며 자선을 쌓는다.

水 木 火 – 입신 출세격(立身出世格)
부모형제 부부가 상합하여 자손이 창성하고 두령으로 만민을 통솔하며 부귀영화를 누린다.

水 木 土 – 망망 대해격(茫茫大海格)
발전은 있으나 재앙으로 신고한다. 초년은 좋으나 가산을 탕진하고 타향에서 헛수고를 한다. 심장과 폐병으로 단명한다.

水 水 金 – 춘일 방창격(春日芳昌格)
결단력이 강하여 자수성가하고 부모형제 화목하고 부부 다정하니 자손에 부귀영화가 가득하다.

水 水 木 – 만경 창화격(萬景暢花格)
천성이 명랑하고 고결하다. 초년에 부모의 도움을 받으나 자립성가한다. 형제 부부하며 자손에 경사가 있다.

水 水 水 – 평지 풍파격(平地風波格)
의외의 일로 가산을 탕진하고 의탁 할곳이 없이된다. 부모형제가 산재객지하고 부부가 필유이별한다. 자손의 불효로 종신무자하며 신병끝에 수재로 목숨을 잃는다.

水 水 火 – 고독 단명격(孤獨短命格)
고난과 실패가 분분하고 병으로 단명한다. 초년 고생을 면할길 없고 속성속패 한때 순환기가 있겠으나 재화를 입어 심상으로 일찍 죽는다.

水 水 土 – 백모 불성격(百謀不成格)
치밀한 계획이 달성되지 못하여 병난과 신고로 패가 망신하게 된다. 조실부모하고 독좌염불격으로 항상 수심에 쌓여 있고 매사가 방해와 음모로 이루어 지지 않으며 불구의 신병으로 단명한 평생을 고통으로 넘긴다.

水 火 金 – 심신 파란격(心身波亂格)
부모 박덕, 형제 불화, 부부 불화로 중년실패하여 폐와 뇌를 상하여 신고단명함.

水 火 木 – 병난 신고격(病難辛苦格)
> 조실부모 형제 무정, 부부 무자 독좌수심하고 신경통, 위장병 등으로 신고한다.

水 火 水 – 선무 공덕격(善無功德格)
> 부모형제 부덕, 부부 무정하여 무자종신하고 신경과 심장 질환으로 고통받다 살상변사하게 됨.

水 火 火 – 일엽 편주격(一葉片舟格)
> 초년 부모 여덕있어 평안하나 형제 불화, 부부 상별하여 조자난양하고 뇌와 심장의 병으로 불행이 생긴다.

水 火 土 – 선빈 후곤격(先貧後困格)
> 부모형제 덕이 없고 부부정은 평길하나 불구자손있어 수심 끝에 폐병 뇌일혈로 고생하다 단명한다.

水 土 金 – 선고 후안격(先苦後安格)
> 부모형제 박덕, 부부 조혼 불행, 자손의 덕으로 안과하나 한평생 병고는 떠나지 않는다.

水 土 木 – 풍전 등화격(風前燈火格)
> 초년 부모 덕으로 평안하나 부부 무정 생사이별하여 무자종신으로 수심, 중년 사망한다.

水 土 水 – 병난 신고격(病難辛苦格)
> 부부 형제 무덕, 조혼 실패 하여 매사 속성속패하고 신경난치로 고생할것이다.

水 土 火 – 낙마 실족격(落馬失足格)
> 부모 형제 객지산재로 고독하며 유자무덕하여 사고무친하며 절골신병으로 신고, 단명함.

水 土 土 – 강상 풍파격(江上風波格)
> 부모 무덕, 형제 분산으로 타향에서 천업으로 고생하다 비참한 죽음을 당함.

火 金 金 – 사고 무친격(四顧無親格)
> 부모의 덕없이 타향에서 고생하다 절골신병으로 신고하다. 형제 부덕, 부부 불화, 자손에 독좌수심이 있고 유리방황중에 객사한다.

火 金 木 - 개화 풍란격(開花風亂格)
　　　　부모형제 무정으로 이복형제 상쟁하며, 부부 불화, 자손에
　　　　평생수심이요 폐뇌와 심장병으로 고통받다 병중망신한다.

火 金 水 - 개화 무실격(開花無實格)
　　　　초년 부모 유덕으로 평길하나 후에 형제 분산, 부부 상별하
　　　　며, 자손의 수심으로 심장 신경등 난치로 불구를 면키 어렵
　　　　다.

火 金 火 - 무주 공산격(無主空山格)
　　　　형제 무덕, 부부 논쟁 조자난양하고 자수성가하나 속패불
　　　　기하여 뇌와 폐의 질환으로 병사를 면할 길이 없다.

火 金 土 - 선고 후길격(先苦後吉格)
　　　　부모 인연 박약, 형제 무정 이복형제가 있고, 부부 무정하
　　　　여 초중년에 고생하나 말년에는 평온을 누린다.

火 木 金 - 선고 후파격(先苦後破格)
　　　　부모 박덕, 부부 불화, 자손 무덕으로 수심중 무자종신으로
　　　　불행을 면할 길이 없다.

火 木 木 - 부귀 안태격(富貴安泰格)
　　　　부모 여덕, 자손의 공명으로 부귀태평하며, 천주만대까지
　　　　복록이 진진한다.

火 木 水 - 자수 성가격(自手成家格)
　　　　부모 여덕, 형제 화목, 부부 화합하며, 자손 번창으로 태평
　　　　안과하게 된다.

火 木 火 - 용득 봉운격(龍得逢雲格)
　　　　부모 여덕, 형제 화합, 자손 번창하며, 평생 재물이 풍성하
　　　　며 복록이 면면한다.

火 木 土 - 만화 방창격(萬花芳暢格)
　　　　부모 후덕 가택평안하고, 형제 출세 명진사해하며, 부부 화
　　　　합, 자손 영화있고, 부귀 공명한다.

火 水 金 - 설상 가상격(雪上加霜格)
　　　　부모 부덕하여 타향에서 고생하다 변사한다.

火 水 木 - 의외 재란격(意外災亂格)

초중년에 재난과 파산 신병으로 고생하다 후에 자손의 입신출세하여 평안할것이나 신수 불길하여 평생고심한다.

火 土 水 - 대해 편주격(大海片舟格)
초운은 좋으나 자손이 좋지 않아 불효하고 모든일에 속성속패하며 고독단명한다.

火 土 火 - 일흥 중천격(日興中天格)
부모와 형제가 상광하화하고 자손에 영화가 있어 무병장수하여 평생 안과하며 후세공명한다.

火 土 土 - 만화 방창격(萬花芳暢格)
선조의 덕이 좋아 심신이 건전하며 안태 장수하게된다. 부부상합 평생영화롭다.

土 金 金 - 유곡 회춘격(幽谷回春格)
성품이 완고과강하여 백모순성하다 신수대길하고 태평이 지낸다.

土 金 木 - 봉학 상익격(鳳鶴傷翼格)
초년에는 대화없이 지나나 차츰 동분서주 방황타 유선무공으로 끝친다.

土 金 水 - 금상 유문격(錦上有紋格)
적소성대하여 자수성가로 대업을 이루며 금옥만당에 평생 영화롭게 지낸다.

土 金 火 - 골육상쟁격(骨肉相爭格)
부부의 불합으로 골육상쟁하고 종신무자의 수심이 끝이지 아니한다.

土 金 土 - 일광 춘풍격(日光春風格)
한가지일에 두가지 경사로 성사를 하며, 이름이 떨치고 부유하게 일생을 지내며 안태수복한다.

土 木 金 - 소사 난성격(小事難成格)
불신불성으로 실패유전하며, 급전파란으로 고생하다 급변재액한다.

土 水 水 - 허명 무실격(虛名無實格)
외견은 좋으나 실속이 없어 독좌염불하는 격이다. 폐장과 신경통의 질환으로 단명한다.

土 木 水 - 유두 무미격(有頭無尾格)
허허 탄식으로 세월을 보내다 자살하는 흉운이다. 부부 이별하고 운수가 비색하다.

土 木 火 - 운중 지월격(雲中之月格)
형제의 부덕으로 유리분산하여 불구지자로 수심하고 종말에는 폐장의 이상으로 단명한다.

土 木 金 - 선빈 후고격(先貧後苦格)
객지 분산하고 고독 단신으로 부부 이별에 무자수심하고 불구단명한다.

土 水 木 - 노이 무공격(勞而無功格)
선무공덕으로 조절죽장 불구단명하게 된다.

土 水 水 - 일장 춘몽격(一場春夢格)
매사 불성하여 형제가 분산하여 혈압의 질환이나 신경쇠약으로 단명한다.

土 水 火 - 풍파 절목격(風波折木格)
부부 형제 사방분산하고 말년에는 걸식하기에 이르러 신경이나 폐의 질환으로 단명한다.

土 水 土 - 패가 망신격(敗家亡身格)
속성속패하여 대지모사하나 일시변란으로 수포화하여 객사한다.

土 火 金 - 고난 자성격(苦難自成格)
고독한 단신으로 근근득실하여 정전유실로 일가여경하다가 위장병으로 단명한다.

土 火 木 - 일광 춘성격(日光春城格)
모사순성하여 여경여덕하며, 부귀쌍전함에 부모형제 고루 화목 성공한다.

土 火 水 - 진퇴 양난격(進退兩難格)
조자난양하고 기초가 불안하여 불상사가 생기고 재산탕진 난치망신한다.

土 火 火 - 춘일 방창격(春日芳暢格)

부모 형제 상통하달하고 화기애애하며 영화부귀가 충만하고 공명을 떨쳐 평안한 일생을 보낸다.

土 火 土 — 입신 출세격(立身出世格)
매사가 순조, 선천의 덕을 입어 육친이 화목하고, 부부 해로하여 자손이 영화로움에 평생 안락하다.

土 土 金 — 고원 회춘격(古園回春格)
대기만성으로 형제 화목하며 위기를 순조로이 모면하여 일지다실하고 재백이 뚜렷하여 부귀공명이 따른다.

土 土 水 — 사고 무친격(四顧無親格)
부모 형제가 객지분산하고, 고독 단신으로 방랑일생하고, 부부 불합에 평생을 탄식으로 지낸다.

土 土 火 — 금상 유문격(錦上有紋格)
초운은 평길하나 의외의 횡재가 있어 부모 화합, 형제 부부 화목, 재백자래하여 부귀가 쌍전, 일확천금하게 된다.

土 土 土 — 일경 일고격(一慶一苦格)
부모 형제 유정하고, 부부 정이 평길하나 화개무실이라 한편에는 기쁨이요, 한편에는 근심이 감돈다.

제 4 장 좋은 작명법(作名法)

1. 좋은 작명의 구성(構成)

이름이 하나의 독자적인 영동체로서의 「이름」이 되기에는 「5대 요소」를 결함없이 두루 갖추고 있어야 한다.

따라서 이름을 지음에 임해서는 고운 이름을 할 것이냐, 웅장한 이름으로 할 것이냐에 앞서, 이 5대 요소부터 머리 속에 확고히 새겨 둘 필요가 있다. 그리하여 한 요소, 한 요소 확인에 확인을 거듭하는 절차를 서두름없이 밟아 나가도록 한다.

다시 말하면 고운 이름, 웅장한 이름, 부르기 좋은 이름, 보기 좋은

이름 할것없이 모두가 허락된 얼개 속에서 무리없이 자연스럽게 자아
내어 진 이름이어야만 한다.

(1) 음양배열(陰陽配列)
성자(姓字)는 「고정 획」으로 처음부터 양이면〈양〉, 음이면〈음〉으로
바꿀 수 없게 되여 있다.
① 성자가〈음〉일 때는   ●○○   ●●○   ●○●
② 성자가〈양〉일 때는   ○●●   ○○●   ○●○
③ ●●●   ○○○   순음격, 순양격은 절대로 피해야 한다.

(2) 수리배치(數理配置)
원·형·이·정의 각 격부가 저마다 길격을 이루도록 길수를 골라,
성자를 제외한 이름 각자의 자리에〈수〉를 배치한다.
수리 가운데는 여느 수에 비해 영향력이 강한수가 있다.
이 영향력이 강한 수는 형격(성자+이름윗자), 이격(성자+이름밑
자), 원격(이름윗자+이름밑자), 정격(성자+이름윗자+이름밑자),
어느 격부에 있든 그 사람의 평생에 커다란 영동력을 발휘한다. 최대
행운수로 알려져 있는〈15〉,〈16〉은 어느 격부에 있든, 남성은 재운이
왕성하고, 여성은 현모양처로서의 소지가 다분하다.

좋은 영향을 주는 강한 수리
5. 15 위의 도움을 입어 파죽지세로 성공을 한다. 아량과 화합이 부귀
를 가져다 주는 수리이다.
6. 16 인망 또는 사회적지위와 인연이 깊다. 재록이 풍부하고 중년 이
후에 대성하는 암시가 있다.
11. 31 순풍에 돛을 단 듯, 견인불발, 개척정신으로 자립대성한다. 여
성에게도 길수이다.
17 예능·예술 계통에서 성공함을 암시한다. 단, 사고·조난·병
약·역경의 일면도 동시에 지니고 있다.
18 지모출중·의지견고, 거기에 스태미나까지 왕성하다.
23 당대에 지위·재산을 한 손에 쌓는다. 단, 여성에게는 과부가

되는 흉수이다. 파란의 징조 또한 내포하고 있다.
24 무에서 유를 생산, 재운이 강하다. 또 재략, 지모가 출중하다.
33 이상적인 발달을 할 수 있다. 단, 여성에게는 불길하다. 재혼・삼혼도 마다 하지않는다.

나쁜 영향을 주는 강한 수리
7 여성이 가지면 고독을 면하기가 어렵다.
9. 19 머리도 좋고 활동력도 있으나 방종・방탕・병약・역경의 암시를 내포하고 있다.
12. 22 과욕을 부리면 역부족, 중도에서 좌절한다. 단, 분수를 지키면 성공을 할 수 있다. 저력은 있다.
14 패가망신, 가정운이 좋지 않다. 고독・번뇌・불우・불행 등 흉암시가 잠잘 사이 없다.
21 길수이기는 하나, 이성(아내도 포함)과의 사이에 트러블이 잘 생긴다. 여성은 혼자 되기가 쉽다.
28 백사가 불여의로, 조난・상해의 위험성이 있다.
33 〈23〉과 함께 여성이 가지면 부부운이 좋지 않다. 단, 남성이 가지면 크게 발달한다.
34 건강운・가정운 모두 나쁘다. 단명・형액・자살・발광 등 흉력이 매우 강한 수리이다.
43 여성이 가지면 불륜・부정・색욕에 빠질 위험이 있다.

※ 남성에게는 좋은 영향을 주는 수리라도, 여성에게는 나쁜 영향을 주는 수리가 있다. 여성일때는 이점에 특히 유의하여야 한다.

(3) 삼원 오행(三元五行)

　배치가 끝난「수리배치」를 두고 천・인・지의「삼원 오행」이 상생관계로 상호 조화를 이루고 있나를 확인한다. 조화가 이루어질 수 없을 때는 이「수리배치」는 미련없이 버려야 한다.「수리배치」는 어디까지나,「오행」의 조화를 전제로 한「수리배치」이어야 하기 때문이다.

(4) 음향 오행(音響五行)
① 「주 오행」이 상생관계를 이루고 있으면 길하다.
② 「주 오행」이 상극관계를 이루고 있으면 흉하고 이때 종·주음의 하향 연결이 상생관계를 이루고 있으면 구제를 받아서 길하다.
③ 「주 오행」이 상생관계를 이루고 있더라도 「종·주음」의 하향 연결이 상극관계를 이루도록 다른 음을 찾아, 이를 대체하도록 한다. 이때 동일한 획수를 가지고 대체할 때는 앞서 마무리지어 놓은 수리 배치나 5행에는 아무런 변동도 가져오지 않는다.

(5) 자의(字義)
글자의 뜻, 곧 자의는 이름의 정신이다. 고상한 뜻을 지닌 글자는 이름을 고상한 방향으로 유도한다. 야비하고 천한 뜻을 지닌 글자는 이름을 야비하고 천한 방향으로 유도한다.

따라서 이름 자를 고를 때는 진·선·미를 상징하는 글자나, 웅대하고 고상한 뜻을 지닌 글자를 골라야 한다.

동시에 자의와 관련하여 시각적으로도 보기 좋은 글자이어야 한다. 자의가 내용이라면, 글자의 형체는 내용을 그 속에 담은 기물로 비유해도 좋다.

2. 한자(漢字)

우리나라에서는 이름을 지음에 있어서 통상 한자(漢字)로서 짓고 있으나 한자(漢字)를 사용치 않고 한글로서만 표기하여 작명하는 수도 있다.
한글자(字)로 작명하는 극단적인 측에서는 한자(漢字)를 우리말 또는 우리문자가 아니라는 주장까지를 내세워 한글로서만 이름짓기를 고집하는 예를 보는데 이는 큰 잘못이다.

이름은 고유명사이기 때문에 의사에 따라 한글로서도 작명하는 것은 지극히 당연한 것이나 한자(漢字)를 마치 외국어 다루듯하여 한자(漢字)를 외국문자 보듯하여서는 안된다.

단도직입적으로 말하자면 우리나라 글자에는 한글자(字)와 한자(漢字)가 있다. 우리나라는 한글자(字) 이전에 한자(漢字)를 우리말 특유의 글자로 사용하여 왔음을 알 수 있다.

지금 동양권의 중국(中國) 일본(日本) 그리고 우리나라에서 한자(漢字)를 각기 자국어(自國語)로서 사용하고 있다.

한자(漢字)로 〔學校〕라 표기하고서 일본에서는 〔각고〕로 읽고 중국에서는 〔쌴쟌〕로 읽는다. 지금 이 경우 발음상 우리 한글자(字)로 표기하여 〔각고〕 또는 〔쌴쟌〕로서 표기한 것 뿐이다. 일본에서는 (學校)라 표기하고서 「がつこう」로 표기하고 읽으며 중국에서는 한자(漢字)를 고유(固有)하게 표기하고 중국나라 말로서 따로 읽는다.

한국·일본·중국 공용 문자	한국어문자 한 글	일본어문자 히라가나	중국어문자	한글발음표기 중 국 어
學 校	학 교	がつこう	學 校	쌴 쟌
飛 行 機	비 행 기	ひこうき	飛 行 機	볘 씽 지

위에서보듯이 "學校"라 표기하여 〔학교〕로 읽으면 한국어(韓國語)가 되고, (がつこう)로 읽으면 일본어(日本語)가 된다.

"학교"(學校) "비행기"(飛行機) 등은 오직 한국에서만 사용하는 우리 고유(固有)의 말과 글자임은 재언을 논할 것도 없다.

우리나라 사전 즉 국어사전을 보면 한자(漢字)로서 표기한 단어가 九〇%를 차지하고 나머지 一〇%정도가 한글자(字) 표기의 단어를 해석하고 있다.

지금 "라디오" "아파트" 등 수많은 외래어(外來語)가 우리말이 되었는데 하물며 우리나라가 아니면 어느나라에서도 〔學校〕를 〔학교〕라 말하고 읽고 있지 않는데 학교(學校)를 〔배움집〕 비행기(飛行機)를 〔날틀〕이어야 한다고 하면 너무 가소로운일이 아닐 수 없다.

중국은 당연히 자국문자로하고 있으며 일본에서는 자기나라 독특의 일본국문자가 있음에도 한자(漢字)를 자국어화하고 사용하고 있어 이렇게 인접한 두나라사이에 있는 우리나라가 한자를 사용하여 나쁠 이유가 하나도 있을 수 없다. 국제화시대에 살면서 한자사용은 지극히 당연하다고 하겠다.

공항의 안내표시판에 편리하도록 한글 한자 영문자로 표기하고 있음을 상기할 필요가 있다.

재언의 필요도 없이 우리나라 글자인 한자(漢字)는 한글과 함께 소중한 우리의 문자임을 자랑스럽게 여기여 더욱 발전시켜 나가야 하겠다.

3. 좋은 성명의 조직 (組織)

(1) 작명의 조직

아래 〈표〉는 「삼원 오행」의 상생·조화를 또한 동시에 더불은 「수리 배치」의 보기이다.

획	성 자	성 이 름	삼원오행	성 이 름	삼원오행
2	卜丁乃 力刀又	2 1 14 2 14 19 2 14 9 2 23 14	土 火 土 木 土 火 木 土 火 土 土 金	2 19 22 2 22 13 2 21 14	火 木 木 土 火 土 土 火 土
3	千弓干凡 山也大子	3 10 22 3 13 12 3 13 22 3 20 12	土 火 木 土 土 土 土 土 土 土 火 火	3 22 13	土 土 土
4	方卞毛王元 孔尹文夫太 公仇午天化 井牛日仁木 巴才中水	4 12 13 4 14 11 4 9 12 4 9 2 4 13 12	金 土 土 土 火 土 土 火 木 土 火 木 土 金 土	4 19 12 4 21 12 4 21 14	土 火 木 土 土 火 金 土 土
5	石玉丘玄 平田申白史 皮召弘占永 功巨台北册 包令瓜只禾 司左丕乙支	5 8 8 5 8 16 5 6 18 5 10 3 5 20 13	火 火 土 木 火 火 火 木 火 金 土 火 金 土 火	5 16 8	火 木 火
6	朴朱全吉牟 安任伊米印 守先好宅羽 在圭光有庄 列仰老西	6 18 17 6 17 18 6 18 5 6 9 9 6 10 7	火 火 土 火 火 土 木 火 火 土 土 金 水 金 土	6 12 23 6 15 18	火 木 火

7	吳呂杜成延	7 8 9	土土金	7 8 10	金土金
	余李宋辛車	7 8 8	土土土	7 9 8	土土金
	汝池采甫何	7 17 14	木火木	7 18 6	火土火
	吾良君佐谷	7 8 16	火土火		
	克見江	7 10 8	土金金		
8	金具林松孟	8 7 9	金土土	8 9 7	土金土
	房沈明卓昔	8 7 10	金土金	8 13 16	火木水
	周艾昇奉表	8 7 16	火土火		
	宗周知明承	8 8 9	金土金		
	門於忠長叔	8 8 15	火土火		
	斧奇虎尙昌	8 5 16	火火木		
9	柳兪姜南咸	9 8 7	土金土	9 20 9	金水水
	秋河禹泗宣	9 12 12	木木火		
	韋施奏泰炭	9 12 20	水木火		
	相則姚要思	9 8 8	金金土		
	昭星	9 7 16	土土火		
10	洪高唐骨桂	10 8 7	金金土	10 15 8	金土火
	徐殷孫馬晉	10 14 11	木火木	10 13 22	土火土
	芮宮翁貢時	10 15 23	火土金	10 8 27	金金土
	袁桑桓耿訓	10 7 8	金土金		
	曺凉夏花剛	10 6 7	金土火		
11	許魚張梁扈	11 4 14	土土金	11 14 10	木土火
	崔章胡范康	11 14 4	土土金		
	曹邦異梅浪	11 24 13	火土金		
	海啓那麻畢	11 2 4	土火土		
	國尉邢商苗	11 21 20	木木木		
	彬海				
12	景尋能黃邵	12 12 13	土火土	12 12 9	木火木
	馮閔堯童智	12 4 13	土土金		
	程彭順勝會	12 23 12	火土土		
	邱斯森荀庚	12 13 12	火土土		
	異雲雁酕	12 9 12	火木木		

13	廉溫琴楊賈 楚睦莊阿郁 新敬登頓慈 路揚 司空	13 4 12 13 12 12 13 8 16 13 12 4	土 金 土 土 土 火 水 木 火 金 土 土	13 22 10	火 土 火	
14	裘連趙慎 鳳箕槐端 菊種輿甄 兢翟碩福 壽 西門 公孫	14 4 11 14 10 11 14 3 15 14 7 17 14 10 21	土 金 土 土 火 木 水 金 金 木 木 火 土 火 木	14 23 15 14 17 7	水 金 金 木 木 火	
15	葛郭劉魯董 葉漢價廣德 樑蔦慶萬	15 8 8 15 8 16 15 17 16 15 3 14	火 火 土 木 火 火 木 火 火 水 金 金	15 6 18 15 16 16 15 10 8	火 木 火 木 木 木 火 土 金	
16	陣都龍陰潘 錢盧陸燕道 穆諸閻謂 陶 皇甫	16 8 7 16 8 15 16 8 17 16 9 7	火 火 土 木 火 火 火 火 土 火 土 土	16 16 9 16 8 15 16 8 5	土 火 土 木 火 火 木 火 火	
17	韓蔡蔣鞠謝 獨陽鮮鍾澤 鄒聰鄉彌	17 8 16 17 8 8 17 7 8	火 土 火 土 土 土 土 火 土	17 18 6 17 6 18 17 16 8	火 土 火 土 火 火 土 火 火	
18	簡魏禮戴歸 鞦顏	18 6 7 18 14 7 18 6 17	土 火 火 土 火 木 土 火 火	18 6 5 18 6 15 18 15 6	火 火 木 火 火 木 火 火 木	
19	薛龐鄭羅離 關疆醋	19 4 2 19 18 20 19 20 18	木 火 土 水 金 金 金 水 金	19 14 2 19 10 19	木 火 土 金 水 水	
20	嚴曦還 鮮于	20 1 12 20 4 11 20 15 3 20 19 18	火 木 火 木 火 土 火 土 金 金 水 金	20 9 9 20 12 13 20 13 12	水 水 金 火 木 土 木 火 土	

| 21 | 釋 隨 顧 | 21 8 10
21 20 11
21 14 10 | 木 水 金
木 木 木
木 土 火 | 21 11 20
21 4 14 | 木 木 木
土 土 金 |
| --- | --- | --- | --- | --- | --- |
| 22 | 蘇 邊 權 蘆 襲 隱 | 22 7 10
22 13 10 | 木 水 金
木 土 火 | 22 13 2
22 1 10 | 火 土 土
木 火 木 |
| 23 | 欒 | 23 12 12 | 土 土 火 | | |
| 25 | 驪 | 25 8 8 | 火 火 土 | 25 7 16 | 木 木 火 |
| 30 | 鸛 | 30 9 9 | 水 水 金 | 30 15 3 | 火 土 金 |

(2) 수를 잘못 잡기 쉬운 획

획	원 자	바른 획수	획	원 자	바른 획수
氵	水	4	衤	衣	6
忄	心	4	月	肉	6
犭	犬	4	四	网	6
扌	手	4	艹	艸	6
王	玉	5	辶	辵	7
礻	示	5	(右) 阝	邑	7
歹	歺	5	(左) 阝	阜	8

수	一	二	三	四	五	六	七	八	九	十
바른 수	1	2	3	4	5	6	7	8	9	10

(3) 작명에서 특히 좋은 글자

斗 · 承 · 正 · 濬 · 秀 · 哲 · 晳 · 愚 · 永

위에 든 글자는 양호하고 강한 영동력을 발휘하는 예가 많다. 물론 성명의 각 격부(원 · 형 · 이 · 정)의 수리 구성 및 삼원 오행이 결함없이 조화를 이루고 있을 때의 일이다.

4. 작명에서 피하는 글자

亐 천한 인상을 줄 뿐만 아니라, 단명의 암시 유도가 있다.
福 사주에「복성(福星)」이 있을 때 사용하는 것은 무방하다.
龍 사주에「용(辰)」이 필요할 때는 사용해도 무방하다. 그렇지 않을 때 불길한 암시로 유도한다. 특히 개(戌)띠, 돼지(亥)띠 태생의 사람은 써선 안된다.
壽 장수하기를 원하여 흔히 사용들을 하나, 이 글자가 유도하는 운기는 그 반대이다. 단명한다.
愛 역시 소원과는 정반대 되는 운기로 유도한다. 사랑받기는 커녕 비애의 표본 같은 신세로 전락하기 쉽고, 부부간의 사랑도 반대로 깨어지기가 쉽다.
雲 형제간에 우애가 없고, 재물이 흩어지기가 쉽다. 단, 아호나 상호에 쓰는 것은 무방하다.
梅 과부 또는 화류계의 여인으로 전락되기가 쉽다. 화류계의 여성 이름으로는 제격이다.
花 화류계의 여성 이름으로는 무방하나, 부부운이 불길하다.
吉 천한 인품으로 유도하는 흉자이다.
童 인품, 사람됨이 그릇, 모두 볼 것이 없다.
春 일시 대성할 수는 있으나, 봄바람을 탄 것처럼 허영심이 많아 실패한다.
星 수를 다하지 못하는 암시가 있다.
子 사주에「子」자가 필요할 때에만 사용한다. 특히 말(午)띠, 양(未)띠 태생이 사용하면 좋지 않다고 한다.
玉 총명하고 인품이 수려한 사람이 많다. 대성할 길암시를 지니고 있기는 하나, 수를 다하기 어렵다.
順 눈물 속에 사는 인생일 수가 많다. 부부운도 박하다.
風 「豊」자와 함께 있던 재산이 하루 아침에 날아가버리는 좋지 않은 글자이다.
極 「天」자와 함께 부모덕이 없다. 또 가난하다.
分 「粉」자와 함께 과부수를 지녔다.

四	단명, 조난으로 유도하는 흉자이다.
海	인생 행로에 파란이 많다.
滿	선부후빈운으로 유도하는 암시를 지녔다.
九	수의 종말을 고하는 글자로 조난의 암시가 있다.
馬	짐승처럼 비천하다.
了	「末」자와 함께 사물의 종말을 뜻한다.
寅	「虎」자와 함께 사주에 「寅」이 필요한 경우 이외에는 사용 안하는 것이 좋다. 사용하면 사람이 불손해진다. 특히 원숭이(申)띠, 닭(酉)띠 태생은 피하는 것이 좋다.
敏	성질이 날카로와 불화를 초래하는 유도가 있다. 하는 일도 성사가 잘 안된다.
龜	거북은 천년을 산다지만, 이 글자를 가진 사람은 대개 단명하다.
伊	고독하고 천하다.
勝	이기기는 커녕, 조그마한 장해에도 좌절되기가 쉽다.
大	형이 사용하는 것은 무방하다. 동생이 쓰면 형을 극하게 되고 신병이 따르게 된다.
鶴	성품이 고결하여 존경을 받기는 하나, 재물을 쌓지 못한다. 만년 또한 고독하다.
長	동생이 쓰면 형이 망한다. 자신도 좋지 않다.
新	새것이 반대는 낡은 것이다. 매사에 머리는 있어도 꼬리는 없다.
庚	인덕이 없을 뿐더러 불구, 폐질의 나쁜 암시로 유도한다.
孝	조실부모하기 쉽다. 효도를 하려해도 효도를 할 길이 없다.
錦	「菊」자와 함께 고생, 고독을 상징하는 흉자이다.
千	육친이 덕이 없다.
完	장자가 사용하는 것은 무방하다. 차자가 사용하면 형을 극하게 된다. 또 중풍, 반신불수의 암시가 따른다.
喜	기쁨의 반대이다. 비애·고독, 거기다가 손재수까지 있다.
元	장자가 사용하는 것은 무방하다. 여성은 불길.
南	남자가 사용하는 것은 무방하다. 여성이 사용하면 과부수, 이혼수가 따르게 된다.
姬	남자의 뒷바라지만 하게 된다. 고생만 하고 손해만 보게 된다.

紅　단명한다.
光　빛이 아닌 어두운 그림자를 유도해 온다.
地　기초가 약하여 매사에 재액이 따른다.
命　재액이 항상 따라다닌다. 의지할 곳 없는 고독으로 유도하는 흉자이다.
月　고독하다.
夏　파란이 많고, 도모함은 있으나 이루어짐이 없다.
冬　도모는 하나 이루어지지는 않는다.
川　모든 일이 분산, 실패하는 암시가 있다.
日　매사에 장해가 많고, 건강이 나쁜 흉암시가 따른다.
山　성질이 고지식하다. 또 슬픔이 끊일 사이 없다.
雪　빨리 이루어지고, 빨리 망하는 암시가 있다.
笑　불의의 재난이 들이닥치는 암시가 따른다. 하는 일도 잘 이루어지지 않는다.
石　천격이다. 중도 좌절의 유도가 있다.
榮　수심이 떠날 날이 없고 매사가 여의치 않다.
銀　마음은 착하나 인덕이 없다. 굴곡 기복이 또한 심하다.
松　고독을 면하기 어려운 흉자이다.
美　성품은 나무랄 데 없으나, 허영심이 강하고 고독을 면하기가 어렵다.
桃　인내력이 부족하고, 질병의 흉암시를 유도한다.
淸　건강이 좋지 않다. 뿐만 아니라 슬하에 자식이 없기도 한다.
德　말년이 고독하다.
文　만년이 고독하다.
實　과부수의 암시가 있다.
初　불행이 끊일 사이 없다.
鐵　고독하고 가난하다. 또 남의 업신여김을 받는 흉암시가 있다.
仁　몸에 고질을 가지게 되는 암시가 있다. 평생 불행이 끊일 사이가 없다.
女　천함과 고독을 뜻하는 흉자이다.
明　머리는 명석하나 파란 굴곡이 심하다.

생일별로 피함이 좋은 글자를 적어 보면 다음표와 같다.

생 일	피함이 좋은 글자
甲일생	庚敬慶戊武茂 … 등「경」또는「무」소리가 나는 글자.
乙일생	辛信新己基氣 … 등「신」또는「기」소리가 나는 글자.
丙일생	壬任妊庚敬慶 … 등「임」또는「경」소리가 나는 글자.
丁일생	癸啓桂辛信新 … 등「계」또는「신」소리가 나는 글자.
戊일생	甲匣壬妊姙任 … 등「갑」또는「임」소리가 나는 글자.
己일생	乙癸啓契桂溪 … 등「을」또는「계」소리가 나는 글자.
庚일생	丙炳柄秉甲匣 … 등「병」또는「갑」소리가 나는 글자.
辛일생	靜貞政廷禎乙 … 등「정」또는「을」소리가 나는 글자.
壬일생	戊武茂丙秉柄 … 등「무」또는「병」소리가 나는 글자.
癸일생	基己氣廷禎晶 … 등「기」또는「정」소리가 나는 글자.
子일생	五午吳吾悟伍 … 등「오」소리가 나는 글자.
丑일생	美渼未味米彌 … 등「미」소리가 나는 글자.
寅일생	信身申辛新伸 … 등「신」소리가 나는 글자.
卯일생	柔有由裕唯兪 … 등「유」소리가 나는 글자.
辰일생	術戌述 … 등「술」소리가 나는 글자.
巳일생	亥海解 … 등「해」소리가 나는 글자.
午일생	者慈滋子 … 등「자」소리가 나는 글자.
未일생	祝丑軸逐 … 등「축」소리가 나는 글자.
申일생	寅人因印 … 등「인」소리가 나는 글자.
酉일생	卯苗妙 … 등「묘」소리가 나는 글자.
戌일생	鎭眞珍辰進振 … 등「진」소리가 나는 글자.
亥일생	司士事私斯 … 등「사」소리가 나는 글자.

5. 작명에 많이 쓰여지는 글자

1획
- 一 한 일
- 乙 새 을

2획
- 二 두 이
- 入 들 입
- 又 또 우
- 乃 이에 내
- 力 힘 력
- 丁 고무래 정
- 人 사람 인
- 卜 점 복

3획
- 三 석 삼
- 久 오랠 구
- 凡 무릇 범
- 士 선비 사
- 女 계집 녀
- 山 뫼 산
- 干 방패 간
- 上 윗 상
- 也 잇기 야
- 千 일천 천
- 夕 저녁 석
- 子 아들 자
- 川 내 천
- 工 장인 공
- 万 일만 만
- 于 어조사 우
- 土 흙 토
- 大 큰 대
- 小 작을 소
- 己 몸 기
- 弓 활 궁

4획
- 四 넉 사
- 云 이를 운
- 介 클 개
- 允 진실로 윤
- 公 귀공 공
- 升 오를 승
- 壬 북방 임
- 丑 소 축
- 卞 법 변
- 天 하늘 천
- 尹 다스릴 윤
- 文 글 문
- 日 날 일
- 水 물 수
- 中 가운데 중
- 互 서로 호
- 今 이제 금
- 元 으뜸 원
- 化 될 화
- 友 벗 우
- 太 클 태
- 予 나 여
- 孔 통할 공
- 夫 지아비 부
- 巴 파초 파
- 斗 말 두
- 月 달 월
- 牛 소 우
- 丹 붉을 단
- 井 우물 정
- 仁 어질 인
- 內 안 내
- 午 낮 오
- 日 가로 왈
- 之 갈 지
- 仍 그대로 잉
- 尤 더욱 우
- 少 젊을 소
- 心 마음 심
- 方 모 방
- 木 나무 목
- 亢 높을 항

5획
- 五 다섯 오
- 됴 언덕 구
- 且 또 차

以 써 이
充 찰 충
可 가히 가
史 사기 사
外 바깥 외
平 평평 평
末 끝 말
永 길 영
生 날 생
甲 갑옷 갑
石 돌 석
主 임금 주
本 밑 본
市 저자 시
弁 고깔 변

丙 남녘 병
仙 신선 선
右 오른 우
司 맡을 사
召 부를 소
左 왼 좌
必 반드시 필
民 백성 민
玉 구슬 옥
由 말미암을 유
目 눈 목
北 북녘 북
用 쓸 용
功 공 공
戌 천간 무

世 세상 세
仕 벼슬 사
出 날 출
古 옛 고
台 별 태
巨 클 거
弘 클 홍
正 바를 정
玄 감을 현
田 밭 전
白 흰 백
立 설 립
申 펼 신
令 하여금 령
幼 어릴 유

6 획

任 맡을 임
先 먼저 선
再 두번 재
向 향할 향
在 있을 재
好 좋을 호
存 있을 존
宅 집 택
伍 다섯 오
列 벌릴 렬
式 법 식
旭 해돋을 욱
朱 붉을 주
汀 물가 정

丞 도울 승
光 빛 광
共 한가지 공
吉 길할 길
圭 홀 규
多 많을 다
宇 집 우
守 지킬 수
仰 우러러볼 앙
兆 조짐 조
印 도장 인
收 거둘 수
有 있을 유
求 구할 구
百 일백 백

六 여섯 육
仲 버금 중
全 온전 전
冲 화할 충
同 한가지 동
地 따 지
如 같을 여
安 편안 안
州 고을 주
休 쉴 휴
米 쌀 미
年 해 년
早 일찍 조
次 버금 차
车 클

竹老臣舟 대늙은신하배	죽로신주	羊考自行	염소생각할스스로다닐	양고자행	羽而至西	깃말이을이를녘	우지서서

7획

七佐佛兵助均孝希伶何判材江池甫究谷豆告宋	일곱도울부처군사도울고를효바랄영리할어찌판단할재목물못클궁리할굴팥알릴송나라	칠좌불병조균효희령하판재강지보구곡두고송	亨作體冶君坂完廷伸余成村汝汎男良辰采呂延	형통할지을몸쇠불릴임금언덕완전할조정펼나이마너울사어별캘풍	형작체야군판완정신여성촌여범남량진채려연	佑伯兌利吾壯局志位攸杜汐打秀言里角扚步	도울맏별이로울나씩씩할판뜻슬음처녁물옥소리빼말마뿔자걸	우백태리오장국지위초유두석수언리각표보

8획

八京坪奈朋	여덟서울들어찌벗	팔경평내붕	事佳宙府杰	일아름다울집마을인	사가주부걸	享並侍弦玖	누릴아우를모시시위옥	향병시현구

사구도숙명기계관정암충승이승왕림직금우
具 갖출구 제비명특할계관정암충승이승왕림직금우
使 하여금사
到 이를도
叔 아제비숙
命 목숨명
奇 기특할기
季 끝계
官 벼슬관
定 정할정
岩 바위암
忠 충성충
承 이을승
易 쉬이오
昇 오를승
旺 성할왕
林 수풀림
直 곧을직
金 쇠금
雨 비우

供 받그제받두언비마정창밝동먹범문
其 제制 받을제
受 받을수
周 두루주
坡 언덕파
始 비로소시
宜 마땅의
秉 잡을병
岸 언덕안
庚 별경
所 바소
政 정사정
昌 창성창
明 밝을명
東 동녘동
牧 먹일목
虎 범호
門 문문
岡 언덕강

佶 바올법상화따반만마오다생붙밧옛솔기알
來 올래
典 법전
卓 탁자탁
和 화할화
坤 곤곤
奉 받들봉
孟 맏맹
尚 오히려상
幸 다행행
念 생각념
扶 붙을부
昆 곤곤
昔 옛석
松 솔송
欣 기쁠흔
知 알지
長 길장
青 푸를청

9 획

九 아홉구
俊 준걸준
南 남녘남
垠 언덕은
妍 고을연
玟 옥돌민
映 비칠영
炤 밝을소
禹 임금우

亮 밝을량
保 지킬보
厚 두터울후
奎 별규
宣 베풀선
冠 갓관
奐 클환
昱 밝을욱
玧 붉은옥윤

信 믿을신
勉 힘쓸면
哉 비롯재
姬 계집희
泫 물다함
律 법률
柳 버들류
皇 임금황
者 놈자

요 성 춘 주영치	성품 봄 기둥 칠 영치	할 구성 봄기헤엄스릴 다스릴	要性春柱泳治相美貞奎	屋思昶昭柄泉炳秋表音泰	집생각날을바루자우빛가바소리	옥사창소병천병추표음태	호도시성백하법성치중향	오래살법도 이별 잣물법 필 거울살이무거울 향기	胡度是星柏河法省致重香

수원하궁황환락진진조방기고봉손경진	닦을언덕여름궁뫼뿌리밝군살물보배참꽃다울일어날높을녹이자길나라	修原夏宮峯晃桓活洛珍祚芳起高俸孫徑晋	俱剛城家容恭時根洋烈盆崇芝貢馬紋洵庭悟	함께굳셀집재집얼공때뿌물매더높지바말문물뜰깨달을	구강성가용공시근양렬익숙지공마문순정오	십륜철아재은서계홍홍령우소부헌훈사열	열인륜밝을집상은글게수나무넓은빛날옥소리도본연마가르칠요즐거울	十倫哲娥宰恩書桂洪烘玲祐素芙軒訓俇師悅

10획

校	집	교	展	펼	전	耆	늙은이	기
記	적을	기	躬	몸	궁	埈	높을	준
11획 凰	새	황	偉	클	위	健	군셀	건
國	나라	국	卿	벼슬	경	啓	열	계
培	북돋울	배	基	터	기	常	떳떳할	상
庵	집	암	寅	범	인	彗	지혜	혜
彩	빛날	채	康	편안	강	得	얻을	득
敎	가르칠	교	彬	빛날	빈	晧	밝을	호
晨	새벽	신	晚	늦을	만	朗	밝을	랑
海	바다	해	浩	넓을	호	烽	봉화	봉
珠	구슬	주	祥	상서	상	第	집	제
翌	다음날	익	習	익힐	습	章	글	장
英	꽃부리	영	參	셋	삼	商	헤아릴	상
埴	찬진흙	식	毫	붓	호	將	거느릴	장
敏	민첩할	민	晟	밝을	성	梧	오동	오
12획 傑	영걸	걸	勝	이길	승	喜	기쁠	희
善	착할	선	堯	요임금	요	堤	언덕	제
報	갚을	보	弼	도울	필	惠	은혜	혜
敦	도타울	돈	景	빛	경	晶	수정	정
晴	개일	청	智	지혜	지	普	넓을	보
曾	인찍	증	朝	아침	조	植	심을	식
棟	기둥	동	棒	막대	봉	淵	못	연
淸	맑을	청	淑	맑을	숙	淳	순박할	순
爲	위할	위	淨	깨끗한	정	然	그럴	연
琇	옥돌	수	球	옥	구	現	나타날	현
登	오를	등	理	이치	이	皓	밝아날	호
盛	성할	성	發	필	발	童	아날	동
軫	별	진	統	거느릴	통	翔	날	상
舜	순임금	순	草	풀	초	證	증거	증
採	딸	채	梁	대들보	량	博	넓을	박

	喬	큰나무 교		富	넉넉할 부		復	돌아올 복
	詔	조서 조		悳	큰 덕		詠	읊을 영
	雅	맑을 아		賀	하례 하		貴	귀할 귀
	絡	경락 락		順	순할 순		黃	누루 황
	集	모을 집		凉	서늘 량		捧	받들 봉
13획	意	뜻 의		園	동산 원		廉	청렴할 렴
	新	새 신		敬	공경 경		勢	권세 세
	業	업 업		暉	빛날 휘		會	모을 회
	楚	초나라 초		椿	참죽나무 춘		督	살필 독
	殿	집 전		溫	따스할 온		楊	버들 양
	湘	물이름 상		渡	건널 도		湖	물 호
	熙	빛날 희		煌	빛날 황		煇	빛날 휘
	照	비칠 조		琴	거문고 금		煥	빛날 환
	琢	구슬 탁		琳	옥 림		當	마땅 당
	睦	화목할 목		祿	녹 녹		經	글 경
	義	옳을 의		聖	성인 성		豊	넉넉할 풍
	勤	부지런할 근		湜	묽맑을 식		琪	옥이름 기
	琫	칼장식옥 봉		農	농사 농		載	실을 재
	鉉	솥귀 현		鼎	솥 정		頌	칭송할 송
	詮	법 전		靖	편안할 정		號	이름 호
	詩	글귀 시		愚	어리석을 우		裕	넉넉할 유
14획	嘉	아름다울 가		壽	목숨 수		夢	꿈 몽
	實	열매 실		彰	밝을 창		慈	사랑 자
	愼	삼갈 신		暢	화창할 창		榮	영화 영
	源	근원 원		準	법 준		溶	호를 용
	瑞	상서 서		碩	클 석		碧	옥돌 벽
	福	복 복		箕	키 기		綺	비단 기
	豪	호걸 호		華	빛날 화		郎	사내 랑
	誠	정성 성		赫	빛날 혁		連	이을 련

제 5 장 획수별 인명용한자
(劃數別 人名用漢字)

1. 대법원선정(大法院選定) 2,962자(字)

— 1 劃 —

〔아音 土部〕 乙 새을   〔아音 土部〕 一 하나일

— 2 劃 —

〔나音 火部〕 乃 이에내   〔다音 火部〕 刀 칼도   〔라音 火部〕 力 힘력   了 마칠료

〔바音 水部〕 卜 점복   〔아音 土部〕 又 또우   二 두이   人 사람인

入 들입   〔자音 金部〕 丁 고무래정

— 3 劃 —

〔가音 木部〕 干 방패간   巾 수건건   工 장인공   口 입구   久 오랠구

弓 활궁   己 몸기   〔나音 火部〕 女 계집녀   〔다音 火部〕 大 큰대

〔마音 水部〕 万 일만만   亡 망할망   〔바音 水部〕 凡 무릇범

〔사音 金部〕 士 선비사   巳 뱀사   山 뫼산   三 셋삼   上 윗상

夕 저녁 석	小 적을 소			
[아音 土部] 也 잇기 야	于 어조사 우	已 이미 이	刃 칼 인	
[자音 金部] 子 아들 자	丈 장인 장	才 재주 재	[차音 金部] 叉 깍지낄 차	
千 일천 천	川 내 천	寸 마디 촌	[타音 火部] 土 흙 토	
[하音 土部] 下 아래 하	丸 둥글 환			

― 4 劃 ―

[가音 木部] 介 클 개	犬 개 견	公 귀 공	孔 구멍 공	戈 창 과	斤 날 근
今 이제 금	及 미칠 급	[나音 火部] 內 안 내	[다音 火部] 丹 붉을 단		
斗 말 두	屯 모일 둔	[마音 水部] 毛 터럭 모	母 어미 모	木 나무 목	
文 글월 문	勿 말 물	[바音 水部] 反 돌아올 반	方 모 방	卞 법 변	
夫 지아비 부	父 아비 부	分 나눌 분	不 아니 불	比 견줄 비	
[사音 金部] 四 넷 사	少 젊을 소	水 물 수	手 손 수	升 되 승	
氏 성씨 씨	心 마음 심	什 열사람 십(습)	[아音 土部] 牙 어금니 아	厄 액 액	

予 나여	午 낮오	曰 가로왈	王 임금왕	夭 예쁠요	友 벗우
尤 더욱우	牛 소우	云 이를운	元 으뜸원	月 달월	尹 믿을윤
允 진실로윤	仁 어질인	引 이끌인	日 날일		壬 북방임
[자音 金部] 切 끊을절	井 우물정	弔 조상조	中 가운데중	止 그칠지	
之 갈지	支 지탱할지	[차音 金部] 尺 자척		天 하늘천	
丑 소축	[카音 木部] 夬 쾌이름쾌		[타音 火部] 太 클태		
[파音 水部] 巴 땅이름파	片 조각편	匹 짝필	[하音 土部] 亢 높을항		
兮 어조사혜	互 서로호	戶 지게호	火 불화	化 될화	
幻 변화할환	爻 괘효	凶 흉할흉			

— 5 劃 —

[가音 木部] 加 더할가	可 옳을가	刊 새길간	甘 달감	甲 갑옷갑	
巨 클거	去 갈거	古 예고	叩 두두릴고	功 공공	瓜 외과
巧 교할교	句 글귀구	丘 언덕구	叫 부를규	[나音 火部] 奴 종노	

[다音水部] 旦 아침단	代 대신대	冬 겨울동	[라音火部] 立 설립
令 하여금령	[마音水部] 末 끝말	矛 창모	目 눈목	卯 동방묘
戊 별무	未 아닐미	民 백성민	[바音水部] 半 절반반	白 흰백
丙 남녘병	本 근본본	付 줄부	北 북녘북	弗 말불	氷 어름빙
[사音金部] 仕 벼슬사	司 맡을사	史 사기사	生 날생	石 돌석
仙 신선선	世 인간세	召 부를소	囚 가둘수	示 보일시	市 저자시
申 납신	失 잃을실	[아音金部] 央 가운데앙	永 길영	五 다섯오
玉 구슬옥	外 바깥외	瓦 기와와	用 쓸용	右 오를우	幼 어릴유
由 말미암을유	以 써이	[자音金部] 仔 질자	田 밭전	占 점칠점
正 바를정	左 왼자	主 임금주	只 다만지
[차音金部] 且 또차	册 책책	斥 내칠척	仟 천사람천	出 날출
[타音火部] 他 다를타	台 삼태성태	[파音水部] 平 평할평	布 배포
包 쌀포	皮 가죽피	必 반드시필	[하音土部] 玄 검을현	穴 구멍혈

兄 맏형	乎 어조사호	弘 클홍	禾 벼화				

－ 6 劃 －

[가音 木部]	各 각각각	艮 간방간	价 클개	件 물건건	考 상고할고		
曲 굽을곡	共 한가지공	光 빛광	匡 도울광	交 사귈교	求 구할구		
圭 홀규	亘 뻗칠긍	企 바랄기	吉 길할길	[나音 火部]	年 해년		
[다音 火部]	多 많을다	乭 돌돌	同 한가지동	[라音 火部]	劣 용렬할렬		
列 벌릴렬	礼 예도례	老 늙을로	六 여섯륙	吏 아전리	[마音 水部]	妄 망녕될망	
名 이름명	牟 클모	米 쌀미	[바音 水部]	朴 성박	百 일백백	伐 칠벌	
氾 뜰범	帆 돛대범	犯 범할범	伏 엎드릴복	妃 왕비비	[사音 金部]	糸 가는실사	
丞 도울승	寺 절사	死 죽을사	色 빛색	西 서녁서			
先 먼저선	舌 혀설	守 지킬수	收 걷을수	旬 열흘순	戌 개술		
式 법식	臣 신하신	[아音 土部] 安 편안안	仰 우럴을앙	羊 양양			
如 같을여	亦 또역	伍 다섯사람오	宇 집우	羽 깃우			

旭 빛날 욱	危 위태로울 위	有 있을 유	肉 고기 육	衣 옷 의
耳 귀 이	而 말이을 이	夷 평평할 이	弛 놓을 이	伊 저 이	因 인할 인
印 도장 인	任 맡을 임	[자音 金部]	字 글자 자	自 스스로 자	再 두번 재
在 있을 재	庄 전장 장	匠 장인 장	全 온전 전	汀 물가 정	兆 억조 조	早 이를 조
存 있을 존	州 고을 주	舟 배 주	朱 붉을 주	竹 대 죽	仲 버금 중	汁 즙낼 즙
至 이를 지	地 땅 지	旨 맛 지	[차音 金部]	此 이 차	次 버금 차	尖 끝 첨
艸 풀 초	冲 화할 충	充 채울 충	[타音 火部]	打 칠 타	宅 집 택	吐 토할 토
[하音 土部]	合 화합 합	亥 둘 해	行 다닐 행	向 향할 향	血 피 혈
刑 형벌 형	好 좋을 호	灰 재 회	回 돌아올 회	后 황후 후	休 쉴 휴
屹 산오뚝할 흘

― 7 劃 ―

| [가音 木部] | 却 물리칠 각 | 角 뿔 각 | 杆 방패 간 | 江 물 강 | 杠 깃대 강 |
| 坑 빠질 갱 | 更 고칠경 다시갱 | 改 고칠 개 | 車 수레 거 | 見 볼 견 | 戒 경계할 계 |

系 맬 계	告 고할 고	谷 골 곡	困 곤할 곤	攻 칠 공	宏 클 굉
究 궁리할 구	局 판국 국	君 임금 군		均 고를 균	克 이길 극
杞 구기자 기		忌 꺼릴 기		岐 높을 기	圻 지경 기
[나音 火部]	男 사내 남	努 힘쓸 노	[다音 火部]	但 다만 단	杜 막을 두
豆 팥 두	[라音 火部]	卵 알 란	冷 찰 랭	良 어질 량	呂 성 려
伶 영리할 령		弄 희롱할 롱		里 마을 리	利 이로울 리
李 오얏 리	[마音 水部]	忙 바쁠 망	忘 잊을 망	每 매양 매	免 면할 면
妙 묘할 묘		尾 꼬리 미	[바音 水部] 伴 짝 반		彷 방황할 방
坊 막을 방		妨 해로울 방	伯 맏 백	汎 띠울 범	別 다를 별
兵 군사 병		步 걸음 보	甫 클 보	孚 믿을 부	否 아니 부	佛 부처 불
庇 덮을 비	[사音 金部]	似 같을 사	私 사사 사	杉 스기목 삼	床 평상 상
序 차례 서		汐 물갓 석	成 이룰 성	束 묶을 속	宋 송나라 송
秀 빼어날 수		巡 순돌 순	伸 펼 신	辛 매울 신	身 몸 신

[아音 土部]	我 나 아	冶 불무 야	言 말씀 언	余 나 여	汝 너 여	役 부릴 역
延 맞을 연	吾 나 오	吳 나라 오	汚 더러울 오	完 완전할 완		佑 도울 우
妊 애밸 임	位 벼슬 위	酉 닭 유	吟 읊을 음			邑 고을 읍
矣 어조사 의	忍 참을 인	[자音 金部]	灼 사를 작			作 지을 작
壯 장할 장	杖 지팡이 장	材 재목 재	災 재앙 재		低 굽힐 저	
甸 경기 전	赤 붉을 적	町 지경 정	呈 들어낼 정	廷 조정 정	叮 옥소리 정	
弟 아우 제	助 도울 조	足 발 족	佐 도울 좌	坐 앉을 좌	住 머무를 주	
走 달아날 주	址 터 지	志 뜻 지	辰 별 진		池 못 지	
[차音 金部]	車 수레 차	肖 같을 초	初 처음 초	村 마을 촌	吹 불 취	
七 일곱 칠	[타音 火部]	妥 편안할 타	托 밀 탁	呑 삼킬 탄	兌 서방 태	
兎 토끼 토	[파音 水部]	判 판달할 판	坂 고개 판	貝 자개 패	杓 자루 표	
[하音 土部]	何 어찌 하	汗 땀 한	旱 가물 한	含 먹음을 함	杏 은행 행	
亨 형통할 형	形 형상 형	孝 효도 효		吸 마실 흡	希 바랄 희	

－ 8 劃 －

[가音 木部] 佳 아름다울 가	刻 새길 각	玕 예쁜돌 간	岡 뫼 강
坵 언덕 구	居 살 거	杰 호걸 걸	決 결단할 결	庚 별 경	京 서울 경
冏 빛날 경	坰 들 경	季 끝 계	姑 시어머니 고	固 굳을 고	孤 외로울 고
昆 맏 곤	坤 땅 곤	供 이바지 공	空 빌 공	果 과실 과	官 벼슬 관
侊 클 광	具 갖출 구	玖 검은돌 구	屈 굽을 굴	卷 책 권	券 문서 권
金 쇠 금	汲 물기를 급	技 재주 기	奇 기이할 기	其 그 기	汽 물김 기
玘 패옥 기	沂 무이름 기	佶 바를 길	侃 군셀 간	[나音 火部] 奈 어찌 나(내)
秊 해 년	念 생각 념	[다音 火部] 坮 집터 대	到 이를 도	東 동녘 동	枓 주두 두
[라音 火部] 來 올 래	兩 두 량	冽 맵게추울 렬	姈 계집영리할 령	例 견줄 례
彔 나무깎을 록	侖 뭉치 륜	林 수풀 림	[마音 水部] 罔 없을 망	妹 아래누이 매
枚 줄기 매	孟 맏 맹	盲 어둘 맹	明 밝을 명	命 목숨 명	沐 목욕할 목
牧 기를 목	沒 죽을 몰	武 호반 무	炆 연기날 문	汶 물 문	門 문 문	物 물건 물

味 맛 미	岷 산이름 민	旻 하늘 민	旼 화할 민	〔水音 水部〕	放 놓을 방
昉 밝을 방	房 방 방	杯 술잔 배	帛 비단 백	佰 백사람 백	秉 잡을 병
幷 아으를 병	服 옷 복	奉 받들 봉	扶 분들 부	府 마을 부	汾 물흐를 분
朋 벗 붕	非 아닐 비	卑 낮을 비	枇 비파 비	批 칠 비	〔사音 金部〕 社 모일 사
祀 제사 사	事 일 사	使 하여금 사	沙 모래 사	舍 집 사	尙 오히려 상
狀 형상 상 문서 장	抒 펼 서	昔 옛 석	析 나눌 석	姓 성 성 所 바 소	松 솔 송
受 받을 수	垂 드릴 수	叔 아제비 숙	刷 문지를 쇄	承 이을 승	昇 오를 승
侍 모실 시	始 비로소 시	沁 물 심	沈 성심 잠길침	〔아音 土部〕	
亞 버금 아	兒 아이 아	岳 뫼 악	岸 언덕 안	岩 바위 암	
昻 높을 앙	厓 언덕 애	夜 밤 야	於 늘 어	奄 문득 엄	
沇 물이름 연	易 바꿀역 쉬울이	炎 불꽃 염	旿 밝을 오	沃 그름질 옥	臥 눌 와
枉 굽을 왕	旺 왕성할 왕	往 갈 왕	汪 못 왕	玗 옥 우	雨 비 우 沄 끓을 운
沅 물이름 원	委 맡길 위	乳 젖 유	侑 짝 유	依 의지할 의	宜 마땅 의

- 319 -

[자音金部]	刺 찌를 자	姉 누이 자	長 긴 장	爭 다툴 쟁	底 밑 저
的 밝을 적	佺 이름 전	典 법 전	折 꺾을 적	店 가게 점	政 정사 정
征 칠 정	定 정할 정	娗 계집단정할 정	制 법제 제	卒 군사 졸	宗 마루 종
周 두루 주	宙 집 주	枝 가지 지	知 알 지	沚 물가 지	直 곧을 직
[차音金部]	昌 창성할 창	采 일 채	妻 아내 처	帖 문서 첩	妾 첩 첩
靑 푸를 청	抄 베낄 초	沖 화할 충	忠 충성 충	取 가질 취	枕 벼개 침
沈 잠길 침	[카音木部] 快 쾌할 쾌	[타音火部] 卓 높을 탁	坦 평탄할 탄
汰 씻길 태	投 던질 투	[파音水部] 把 잡을 파	坡 언덕 파	板 널 판
版 조각 판	八 여덟 팔	佩 찰 패	坪 들 평	彼 적 피	[하音土部] 函 함 함
沆 물 항	抗 항거할 항	巷 거리 항	幸 다행 행	享 드릴 향	弦 활시위 현
協 화할 협	呼 부를 호	虎 범 호	昊 하늘 호	或 혹 혹	昏 어둘 혼
忽 문득 홀	和 화목 화	欣 기쁠 흔	炘 화끈거릴 흔	昕 해돋을 흔

— 9 劃 —

[가音 水部]	架 시렁 가	竿 대줄기 간		肝 간 간		看 볼 간
姦 간사할 간	姜 성 강	勁 굳셀 경	皆 다 개	客 손 객		拒 막을 거
建 세울 건	徑 곧을 경	係 이을 계	契 계약할 계	癸 북방 계		界 지경 계
計 셀 계	枯 마를 고	故 연고 고		怪 괴이할 괴		科 과거 과
冠 갓 관	拘 잡을 구	狗 개 구	九 아홉 구	軍 군사 군		奎 별 규
畇 밭개간할 균	軌 굴대 궤	剋 제할 극	急 급할 급	矜 자랑할 긍		紀 벼리 기
祈 빌 기	姞 성 길	[나音 火部] 南 남녘 남	奈 어찌 내			耐 견딜 내
怒 성낼 노	泥 진흙 니	[다音 火部] 段 조각 단	畓 논 답			待 기다릴 대
度 법도 도 헤아릴 탁	毒 독할 독	突 우뚝할 돌	[라音 火部] 亮 밝을 량			
侶 짝 려	昤 날빛영롱할 령	柳 버들 류	律 법 률	俚 속될 리		
[마音 水部] 勉 힘쓸 면	面 낯 면	冒 무릅쓸 모	某 아무 모	拇 엄지손가락 무		
眉 눈썹 미	美 아름다울 미	玟 옥돌 민	[바音 水部] 拍 칠 박			泊 쉴 박
叛 배반할 반	拔 뺄 발	拜 절 배	法 법 법	炳 빛날 병		

昞	빛날 병	昺	밝을 병	柄	자루 병	保	보전할 보	封	봉할 봉	負	짐질 부			
赴	다다를 부	盆	동이 분	拂	떨칠 불	飛	날 비	〔사音 金部〕		泗	물 사			
砂	모래 사	思	생각 사	査	사실할 사			削	깎을 삭	相	서로 상			
庠	학교 상	宣	베풀 선	星	별 성			性	성품 성	省	살필성 덜생			
沼	못 소	炤	밝을 소	昭	밝을 소	俗	풍속 속	帥	거느릴솔 장수수	首	머리 수	盾	방패 순
是	이 시	屍	주검 시	施	베풀 시	柴	나무 시	食	밥 식	信	믿을 신	室	집 실
甚	심할 심	〔아音 土部〕		押	누를 압	殃	재앙 앙	哀	슬픈 애	約	언약 약	抑	누를 억
彦	클 언	疫	역병 역	沿	좇을 연			衍	넓을 연	姸	고울 연	染	물들일 염
泳	헴칠 영	映	비칠 영	盈	찰 영	屋	집 옥	畏	두려울 외			玩	구경할 완
要	중요 요	勇	날날 용	禹	임금 우	昱	날빛 욱	怨	원망할 원	垣	담 원	威	위엄 위
韋	가죽 위	俞	대답할 유	幽	그윽할 유			油	기름 유	柔	유할 유	宥	용서할 유
玧	붉은옥 윤	垠	언덕 은	音	소리 음	泣	울 읍	怡	화할 이	姻	혼인 인	姙	애밸 임
〔자音 金部〕		姿	맵시 자	者	놈 자	芍	작약 작	昨	어제 작	哉	비로소 재		

抵 막을저	前 앞전	点 검은점점	柾 나무바를정		訂 평론할정	
亭 정자정	貞 곧을정	帝 임금제	拙 옹졸할졸		柱 기둥주	
注 물댈주	炷 심지주	冑 투구주	奏 아뢸주	俊 준걸준	重 무거울중	
卽 곧즉	祉 복지	姪 조카질	[차音 金部]	昶 밝을창	拓 열척 박을탁	
泉 샘천	招 부를초	促 재촉할촉	抽 뺄추	秋 가을추	春 봄춘	
衷 속충	峙 재치	治 다스릴치	勅 신칙할칙	則 법칙칙	侵 침노할침	
[타音 火部]	炭 숯탄	眈 빠질탐	怠 게으를태	殆 위태할태	泰 클태	
垞 언덕택	[파音 水部]	波 물결파	便 편할편	扁 작을편	枰 바둑판평	
抱 안을포	表 겉표	品 품수품	風 바람풍		泌 물흐를필	
[하音 土部]	河 물하	昰 여름하	咸 다함	姮 계집이름항	香 향기향	
革 가죽혁	泫 깊을현	炫 밝을현	俠 협기협	型 모형형	洞 찰형	
炯 빛날형	胡 어찌호	泓 물깊을홍	紅 붉을홍	虹 무지개홍	奐 클환	
皇 임금황	況 하물며황	廻 돌아올회		侯 제후후	垕 두터울후 의고자	

厚 두터울 후	後 뒤 후	姬 계집 희					

－ 10 劃 －

[가音 木部]	家 집 가	珏 쌍옥 각	恪 삼가할 각	剛 굳셀 강	個 낱 개	虔 공결할 건	
格 이룰 격	肩 어깨 견	缺 이끄러질 결	兼 겸할 겸	烓 화덕 계	徑 지름길 경	倞 멀 경	
耕 갈 경	耿 빛날 경	洸 물솟을 광	桄 베틀 광	矩 법 구	拳 주먹 권		
衾 이불 금	桔 도라지 길	桂 계수나무 계	高 높을 고	庫 곳집 고			
哭 울 곡	骨 뼈 골	恭 공손 공	貢 바칠 공	恐 두려울 공	括 헤아릴 괄		
校 학교 교	俱 함께 구	宮 궁궐 궁	鬼 귀신 귀	根 뿌리 근			
級 등급 급	肯 즐길 긍	記 기록할 기	起 일어날 기	耆 늙은이 기	氣 기운 기		
豈 어찌 기	[나音 火部]	娜 아름다울 나	納 들일 납	娘 아씨 낭	紐 맺을 뉴		
[다音 火部]	唐 당나라 당	玳 대모 대	倒 거꾸러질 도	徒 무리 도	島 섬 도		
桃 복숭아 도	挑 돋을 도	洞 고을 동	桐 오동 동	凍 얼 동	[라音 火部]	洛 낙수 락	
倆 공교할 량	涼 서늘할 량	旅 나그네 려	烈 매울 렬	玲 옥소리 령			

料	헤아릴 료	留	머무를 류	倫	인륜 륜	栗	밤 률	离	밝을 리
[마音 水部]		馬	말 마	梅	매화 매	埋	묻을 매	眠	졸면	冥	어둘 명
紋	무늬 문	珉	옥돌 민	畝	밭이랑 무	[바音 水部]		珀	호박 박	般	일반 반
畔	밭두룩 반	芳	꽃다울 방	倣	본받을 방	配	짝 배	倍	갑절 배	栢	잣 백
病	병들 병	峯	봉우리 봉	峰	봉우리 봉	俸	녹 봉	芙	부용 부	芬	향기 분
粉	가루 분	紛	시끄러울 분	秘	비밀할 비	肥	살찔 비	倂	나란할 병
[사音 金部]		紗	집 사	射	쏠 사	師	스승 사	朔	초하루 삭	珊	산호 산
殺	죽일 살	桑	뽕나무 상	索	찾을 색	恕	용서할 서	書	글 서	徐	천천히 서
席	자리 석	秳	섬 석	扇	부채 선	娍	아름다울 성	城	재 성
洗	씻을 세	素	본디 소	笑	웃음 소	孫	손자 손	衰	쇠할 쇠	修	닦을 수
洙	물가 수	殊	다를 수	洵	믿을 순	殉	구할 순	純	순전할 순	拾	주을 습(십)
乘	탈 승	時	때 시	息	쉴 식	神	귀신 신	迅	빠를 신	訊	물을 신
十	열 십	娑	너풀거릴 사	栖	쉴 서	釗	힘쓸 쇠	栻	점판 식

[아음土部]	娥 예쁠아	峨 산아	芽 싹아	按 누를안	晏 늦을안
案 책상안	弱 약할약	洋 바다양	俺 나엄	娟 예쁠연	宴 잔치연
烟 연기연	芮 풀예	烏 까마귀오	娛 기쁠오	翁 늙은이옹	埦 바를완
辱 욕될욕	容 얼굴용	祐 도울우	迂 굽을우	彧 빛날욱	原 언덕원
袁 성원	員 관원원	洹 흐를원		洧 물이름유	育 기를육
殷 나라은	恩 은혜은	益 더할익	倚 의지할의	[자음金部]	玆 이자
恣 방자할자	酌 술잔작	奘 클장	財 재물재	栽 심을재	宰 재상재
栓 나무전	展 펼전	庭 뜰정	祖 조상조	租 부세조	曹 무리조
晁 아침조	祚 복조조	倧 신인종	座 자리좌	洲 물가주	株 줄기주
酒 술주	峻 높을준	埈 높을준	准 법준	烝 찔증	症 병증증
持 가질지	指 손가락지	紙 종이지	祗 공경지	芝 지초지	晉 나라진
晋 나라진	津 나루진	珍 보배진	眞 참진	秦 나라진	疾 병질	秩 차례질
[차음金部]	差 어긋날차	借 빌릴차	倉 창고창	哲 밝을철	畜 기를축

祝 빌 축	臭 냄새 취	値 만날 치	恥 부끄러울 치	致 이를 치	針 바늘 침
秤 저울 칭	[타音 火部]	託 부탁할 탁	倬 클 탁	耽 흘겨볼 탐	討 칠 토
特 특별할 특	[파音 水部]	芭 파초 파	派 갈래 파	破 깨질 파	砲 대표 포
豹 표범 표	疲 피곤할 피	珌 칼장식할 필	[하音 土部]	夏 여름 하	恨 한할 한
航 배 항	恒 항상 항	奚 어찌 해	害 해할 해	核 씨 핵	軒 마루 헌
峴 고개 현	玹 옥돌 현	峽 산골 협	祜 복 호	烘 햇불 홍	
洪 넓을 홍	花 꽃 화	桓 나무 굳셀 환	活 살 활	晃 밝을 황	恢 클 회
候 기후 후	效 본받을 효	訓 가르칠 훈	烋 아름다울 휴	恰 마침 흡	洽 화할 흡

― 11 劃 ―

[가音 木部]	假 거짓 가	勘 마감할 감	強 힘쓸 강	崗 산등성이 강	堈 언덕 강
康 편안 강	健 건정할 건	乾 하늘 건		堅 굳을 견	牽 이끌 견
涇 통할 경	竟 마침 경	頃 이랑 경	卿 벼슬 경	械 기계 계	啓 열 계	苦 쓸 고
崑 산이름 곤	珙 크고둥근옥 공	貫 꿰일 관	珖 옥피리 광	敎 가르칠 교	苟 진실로 구

區 구역 구	救 구원할 구	國 나라 국	躬 몸 궁	訣 비결 결	梗 정직할 경
皐 언덕 고	梡 토막나무 관	圈 우리 권	珪 서옥 규	近 가까울 근	
規 법 규	崎 산길험할 기	寄 부탁할 기	埼 낭떨어지 기	基 터 기	
飢 주릴 기	旣 이미 기	[나音 火部] 那 어찌 나	[다音 火部] 堂 집 당	帶 띠 대	
袋 자루 대	豚 돼지 돈	動 움직일 동	得 얻을 득	[라音 火部] 珞 목걸이 락	
浪 물결 랑	朗 밝을 랑	崍 산이름 래	略 간략할 략		
梁 들보 량	鹿 사슴 록	累 얽힐 루	流 흐를 류	崙 산이름 륜	
率 헤아릴 률	梨 배 리	笠 갓 립	粒 쌀알 립		
[마音 水部] 麻 삼 마	晚 늦을 만	曼 길멀 만	望 바랄 망		
麥 보리 맥	冕 면류관 면	苗 싹 묘	務 힘쓸 무		
茂 무성할 무	問 물을 문	敏 민첩할 민	密 빽빽할 밀		
[바音 水部] 返 돌아올 반	班 반렬 반	邦 나라 방	訪 찾을 방	培 북돋을 배	
背 등 배	范 벌 범	屛 병풍 병	烽 봉화 봉	符 병부 부	浮 뜰 부

婦	며느리 부	副	버금 부	崩	무너질 붕	婢	여종 비	彬	빛날 빈
貧	가난할 빈	斌	빛날 빈	[사音 金部]		徙	옮길 사	蛇	뱀 사	邪	간사할 사
斜	빗길 사	産	낳을 산	參	셋 삼	商	장사 상	常	항상 상	爽	시원할 상	祥	상서 상
敍	지을 서	庶	뭇 서	旋	돌 선	船	배 선	雪	눈 설	卨	이름 설
設	베풀 설	涉	건늘 섭	晟	밝을 성	細	가늘 세	紹	이을 소	消	사라질 소
疎	성길 소	巢	새집 소	率	거느릴 솔	訟	송사할 송			珣	옥그릇 순
宿	잘 숙	孰	누구 숙	術	꾀 술	崇	높을 숭			習	익힐 습
埴	진흙 식	紳	큰띠 신	晨	새벽 신	悉	알 실	[아音 土部]		堊	백토 악
眼	눈 안	庵	암자 암	崖	낭떨어질 애	野	들 야	若	같을 약	魚	고기 어
御	모실 어	焉	어조사 언	域	지경 역	涓	가릴 연	研	갈 연	宴	잔치 연	軟	부드러울 연
悅	기뻐할 열	英	꽃부리 영	迎	맞을 영	梧	오동 오	悟	깨달을 오	晤	밝을 오
浣	옷빨 완	婉	예쁠 완	欲	하고자할 욕	浴	목욕할 욕	涌	권할 용	庸	떳떳 용
偶	우연 우	釪	요령 우	尉	성울 벼슬위	堉	살찔땅 육	苑	동산 원

胃 밥통위	偉 클위	唯 오직유	悠 멀유	胤 씨윤	珥 귀거리이
移 옮길이	翊 도울익	寅 동방인	[자音金部] 紫 붉을자	瓷 오지그릇자	雀 참새작
帳 장막장	張 베풀장	章 글장	將 장수장	梓 가래나무재	苧 모시저
笛 피리적	寂 고요적	專 오로지전	桯 걸상정	頂 이마정	偵 탐문할정
挺 뺄정	停 머무를정	梯 사다리제	悌 공경제	第 차례제	
祭 제사제	組 인끈조	窕 깊을조	曹 무리조	彫 새길조	釣 낚시조
條 가질조	鳥 새조	族 일가족	從 좇을종	終 마침종	珠 구슬주
晝 낮주	浚 취할준	晙 밝을준	焌 불탈준	埻 과녁준	苗 풀싹줄	趾 발지
振 떨진	執 잡을집	[차音金部] 捉 잡을착	參 참여할참		
唱 부를창	窓 창창	彩 채색채	埰 사패지채	寀 동관채	責 꾸짖을책
處 곳처	戚 친척척	阡 밭둑길천	崔 높을최	側 곁측	
浸 적실침	[타音火部] 貪 탐할탐	胎 애밸태	桶 통통		
堆 쌓을퇴	[파音水部] 販 팔판	浿 물가패	敗 패할패	偏 치우칠편	

肺 허파 폐	閉 닫을 폐	浦 물가 포	捕 잡을 포	胞 애밸 포	票 쪽지 표
彪 침범 표	被 입을 피	苾 향기날 필	畢 마칠 필	[하音 土部]	偕 함께 해
海 바다 해	珦 옥이름 향	許 허락할 허	絃 줄 현	晛 햇발 현	浹 둘릴 협	挾 낄 협
邢 나라이름 형	珩 노리개 형	彗 비 혜	晧 해돋을 호	浩 넓을 호	胡 어찌 호
毫 터럭 호	扈 발호할 호	婚 혼인할 혼	貨 재물 화	晥 밝을 환	凰 봉황새 황
悔 뉘우칠 회	晦 그믐 회	涍 물가 효	焄 향내 훈	晞 마를 희

― 12 劃 ―

[가音 木部] 街 거리 가	殼 껍질 각	間 사이 간	渴 목마를 갈	堪 견딜 감
敢 구태 감	凱 화할 개	開 열 개	距 상거 거	傑 호걸 걸
結 맺을 결	景 볕 경	硬 굳을 경	控 끄을 공	款 두드릴 관	掛 걸 괘
喬 큰나무 교	球 옥경쇠 구	邱 언덕 구	貴 귀할 귀	厥 그 궐
鈞 근 균	筋 힘줄 근	給 줄 급	淇 물이름 기	棋 뿌리 기	期 기약할 기
欺 속일 기	幾 거의 기	棄 버릴 기

[나音 火部] 捺 손으로누를 날	能 능할 능	[다音 火部] 茶 차 다	單 홀 단
短 짧을 단 / 淡 맑을 담	答 대답 답	貸 빌릴 대	悳 큰 덕 / 盜 도적 도
棹 노 도 / 堵 담 도	敦 도타울 돈	童 아이 동	棟 들보 동
惇 두터울 돈 / 鈍 둔할 둔	登 오를 등	等 무리 등	[라音 火部] 絡 연락할 락
琅 옥소리 랑 / 掠 노략할 략	量 헤아릴 량	裂 찢을 렬	勞 수고로울 로
淚 눈물 루 / 琉 유리 류	理 다스릴 리		
[마音 水部] 茫 망망할 망 / 買 살 매	脈 맥 맥	猛 날낼 맹	棉 목하 면
斌 아름다운돌 무 / 無 없을 무	貿 무역할 무	閔 성 민	[바音 水部] 博 넓을 박
迫 핍박할 박 / 發 펼 발	防 막을 방	傍 의지할 방	排 밀 배
番 차례 번 / 棅 자루 병	堡 막을 보	普 넓을 보 / 報 고할 보	復 돌아올복 다시부
棒 칠 봉 / 捧 받들 봉	富 부자 부	賁 클 분	備 갖출 비
費 비용 비 / 悲 슬플 비	扉 싸리문 비	傅 스승 부	[사音 金部] 詞 말씀 사
詐 거짓 사 / 捨 놓을 사	奢 사치할 사	斯 이 사	絲 실 사 / 散 흩일 산

傘 일산 산	森 삼엄할 삼	象 코끼리 상	喪 초상 상	翔 나를 상	婿 사위 서
棲 쉴 서	舒 펼 서	壻 사위 서	惜 아낄 석	晳 분석할 석	淅 비소리 석
善 착할 선	琁 옥돌 선	盛 성할 성	珹 옥이름 성	稅 부세 세	掃 쓸 소
訴 송사할 소	疏 클 소	疎 클 소	邵 땅이름 소	粟 조 속	巽 낮을 손	授 줄 수
須 잠깐 수	琇 옥돌 수	淑 맑을 숙	肅 나아갈 숙	循 돌 순
焞 밝을 순	荀 풀 순	筍 댓순 순	順 순할 순	淳 순박할 순
舜 순임금 순	述 지을 술	勝 이길 승	視 볼 시	殖 번식할 식	植 심을 식
寔 이 식	尋 찾을 심	深 깊을 심	[아音 土部] 雅 맑을 아	惡 악할 악
雁 기러기 안	涯 물가 애	液 진액 액	掩 거둘 엄	晹 날흐릴 역
硯 벼루 연	淵 못 연	然 그럴 연	詠 읊을 영	珸 옥돌 오	琓 서옥 완	堯 요임금 요
茸 풀날 용	寓 붙일 우	堣 우땅 우	雲 구름 운	雄 수컷 웅	媛 예쁠 원
圍 에울 위	爲 할 위	越 넘을 월	庚 노적 유	惟 생각할 유	喩 비유할 유	鈗 창 윤
閏 윤달 윤	淫 음난할 음	貳 두 이	異 다를 이	壹 한 일	剩 남을 잉

| [자음
金部] 殘 쇠잔할 잔 | 場 마당 장 | 粧 화장할 장 | 掌 손바닥 장 | 裁 판결할 재 |

貯 쌓을 저　邸 집 저　迪 나아갈 적　絕 끊을 절　接 접할 접　珽 옥돌 정

情 뜻 정　淨 맑을 정　程 법 정　晶 맑을 정　理 패목 정　幀 화분 정　淀 배댈 정

堤 막을 제　朝 아침 조　措 둘 조　詔 조서 조　尊 높을 존　淙 물소리 종

惊 즐거울 종　椶 종려나무 종　註 주낼 주　竣 마칠 준　畯 농부 준　衆 무리 중

曾 일찍 증　智 지혜 지　軫 수레뒤덕나무 진　集 모을 집　[차음
金部] 着 입을 착

敞 넓을 창　創 비롯할 창　淸 맑을 청　晴 갤 청　採 캘 채　策 꾀 책　悽 슬플 처

淺 얕을 천　喆 밝을 철　添 더할 첨　捷 이길 첩　替 대신할 체　焦 델 초

超 멀 초 넘을 초　草 풀 초　最 가장 최　推 밀 추　軸 굴대 축　就 나갈 취

[타음
火部] 琢 옥다듬을 탁　晫 환할 탁　探 정탐할 탐　邰 나라이름 태

統 거느릴 통　痛 아플 통　[파음
水部] 阪 언덕 판　彭 성 팽　評 평론할 평

幅 폭 폭　筆 붓 필　弼 도울 필　[하음
土部] 賀 하례할 하　廈 큰집 하

閑 한가할 한　閒 겨를 한　寒 찰 한　割 벨 할　項 목 항

虛 빌 허	現 보일 현	脅 갈빗대 협	惠 은혜 혜	皓 밝을 호	壺 병 호
淏 맑을 호	惑 의혹될 혹	混 섞일 혼	惚 황홀할 홀	畫 그림 화	喚 부를 환
黃 누를 황	荒 거칠 황	媓 여자이름 황	喉 목구멍 후	勛 공 훈	胸 가슴 흉
喧 지껄일 훤	黑 검을 흑	欽 공경 흠	翕 합할 흡	稀 드물 희	喜 기쁠 희

— 13 劃 —

[가音 木部]	暇 겨를 가	嫁 시집갈 가	賈 값가 장사고	脚 다리 각	幹 줄기 간	揀 가릴 간
揭 높이들간 높이들게	感 느낄 감	減 덜 감	鉀 갑옷 갑	渠 개천 거	楗 문빗장 건	
絹 비단 견	經 글 경	敬 공경 경	莖 줄기 경	鼓 북 고	琨 아름다울옥 곤	
塊 땅덩이 괴	誇 자랑할 과	琯 옥저 관	郊 들 교	較 비교할 교	鳩 비들기 구	
群 무리 군	窟 굴	揆 헤아릴 규	極 극할 극	僅 겨우 근	勤 부지런할 근	
禁 금할 금	琴 거문고 금	禽 새 금	祺 길할 기	嗜 즐길 기	琦 옥 기	琪 옥 기
[나音 火部]	煖 더울 난	暖 따뜻할 난	湳 물이름 남	楠 남나무 남	農 농사 농	
惱 번뇌할 뇌	[다音 火部]	塘 못 당	當 마땅 당	塗 진흙 도	跳 뛸 도	

逃 도망할 도	渡 건늘 도	督 독촉할 독	頓 쪼아릴 돈
[라音火部] 酩 타락 락	亂 어지러울 란	廊 월랑 랑	煉 쇠불릴 련	廉 청렴할 렴
鈴 종 령	零 떨어질 령	路 길 로	祿 복록 록	雷 우뢰 뢰	裡 옷속 리	裏 속 리
莉 마리꽃 리	琳 왕이름 림	[마音水部]	莫 말 막	盟 맹세 맹	募 부를 모	睦 화목 목	描 그림 묘
迷 미혹한 미	渼 물결무늬 미	微 작을 미	[바音水部]	頒 나눌 반	飯 밥 반	鉢 바릿대 발
渤 안개자욱할 발	煩 번민할 번	瓶 병 병	補 기울 보	蜂 벌 봉	琫 옥 봉	附 붙일 부
琵 비파 비	碑 비석 비	聘 장가들 빙	湃 물결찰 배	[사音金部]	插 꽂을 삽	湘 물 상
想 생각 상	傷 상할 상	詳 자세할 상	塞 변방새 막을색	嗇 인색할 색	暑 더위 서
鉐 놋 석	羨 부러울 선	渲 물적실 선	愃 쾌할 선	聖 성인 성	惺 깰 성
勢 형세 세	歲 해 세	頌 칭송할 송	送 보낼 송	愁 근심할 수	睡 졸 수	琡 옥이름 숙	脣 입슬 순
詩 글 시	試 시험할 시	湜 맑을 식	軾 수레 식	新 새 신	莘 세신 신	[아音土部]	阿 언덕 아
衙 마을 아	暗 어둘 암	愛 사랑 애	耶 어조사 야	楊 버들 양	揚 들날릴 양
業 업 업	逆 거스릴 역	鉛 납 연	煙 연기 연	筵 대자리 연	琰 비치옥 염	暎 비칠 영

煐 빛날 영	溁 물맑을 영	預 미리 예	奧 속 오	琓 순할 완	莞 왕골 완
湧 날뛸 용	愚 어리석을 우	煜 빛날 욱	郁 문채날 욱	圓 둥글 원	園 동산 원
援 구원할 원	渭 위수 위	暐 빛날 위	猶 같을 유	愈 나을 유	裕 넉넉할 유
猷 꾀 유	飮 마실 음	傲 거만할 오	鳴 탄식할 오	鈺 보배 옥	項 이름 옥
媼 할미 온		雍 화할 옹		楡 느름나무 유	義 옳을 의
意 뜻 의		賃 세낼 임	稔 풍년들 임	[자音金部] 資 재물 자	
滋 부를 자	莊 장중할 장	裝 꾸밀 장	溨 맑을 재	載 실을 재	跡 발자국 적
賊 도적 적	塡 막힐 전	琠 옥이름 전	傳 전할 전	殿 대궐 전	電 번개 전	詮 갖출 전
靖 편안 정	鼎 솥 정	綎 인끈 정	湞 물이름 정	楨 쥐똥나무 정	
朂 햇발치밀 정	鉦 징 정	雋 뛰어날 준	提 들 제	照 비칠 조	
琮 옥 종	湊 물모일 주	稙 벼직	楫 돛대 집	[차音金部] 粲 선명할 찬	
債 빚질 채	僉 다 첨	楚 나라 초	催 재촉할 최	追 쫓을 추	楸 노나무 추
椿 참죽나무 춘		測 측량할 측		雉 꿩 치	馳 달릴 치

稚 어릴치	[타音火部] 琢 구슬탁	琸 이름탁	脫 벗을탈	塔 탑탑	湯 끓을탕
退 물러갈퇴	[파音水部] 琶 비파파		稟 품할품		牌 패패
楓 단풍나무풍	[하音土部] 荷 연꽃하	廈 집하	涵 젖을함		港 항구항
楷 본뜰해	鉉 솟귀현	號 이름호	湖 물호	琥 호박호	渾 흐릴혼	話 이야기화
煥 빛날환	換 바꿀환	渙 물부를환	煌 빛날황	解 풀해	會 모을회
逅 우연히만날후	塤 질나팔훈	暄 따뜻할훤	揮 지휘할휘	暉 햇빛휘
煇 빛날휘	彙 무리휘	毁 헐훼	熙 빛날희	詰 물을힐

― 14 劃 ―

[가音木部] 嘉 아름다울가	歌 노래가	閣 집각	監 볼감	綱 벼리강
降 내릴강	箇 낱개	愷 즐거울개 편안할개	輕 가벼울경	逕 동안뜰경	境 지경경
誡 경계할계	溪 시내계	敲 두드릴고	菓 실과과	寡 적을과
管 왕굴관 대통관	愧 부끄러울괴	廓 클곽	僑 우거할교	溝 개천구	構 지을구
菊 국화국	郡 고을군	閨 계집규	菌 버섯균	墐 고을근

墐 진흙근	兢 조심할긍	箕 깍지기	旗 표지기	暣 볕기운기
綺 아름다울기	緊 긴한긴	[나音 火部] 寧 편안녕	[다音 火部] 端 끝단	
團 둥글단	臺 집대	對 대답답	途 길도	圖 그림도	銅 구리동
[라音 火部] 郞 사내랑	萊 쑥래	連 련할련	領 거느릴령	
綠 초록바록	僚 동관료	屢 자주루	綸 버릴륜	菱 마름릉	綾 비단릉
[마音 水部] 幕 장막막	網 그믈망	萌 싹맹	綿 솜면	滅 멸할멸	銘 새길명
溟 바다명	鳴 울명	貌 모양모	夢 꿈몽	墓 무덤묘	舞 춤출무
聞 들을문	蜜 꿀밀	[바音 水部] 裵 성배	閥 문벌벌	碧 푸른구슬벽
輔 도을보	福 복복	逢 만날봉	鳳 새봉	溥 클부	腐 썩을부
賦 부세부	鼻 코비	賓 손빈	[사音 金部] 算 수놓을산	酸 실산
像 형상상	裳 치마상	嘗 맛볼상	瑞 상서서	碩 클석	銑 무쇠선
瑄 구슬선	誓 맹세할서	說 말씀설/기쁠열	瑆 빛날성	誠 정성성	韶 이을소
速 빠를속	損 덜손	誦 욀송	粹 순전할수	壽 목숨수	需 음식수

銖 저울눈 수	塾 사랑 숙	瑟 비파 슬	僧 중 승	飾 꾸밀 식	愼 삼갈 신
實 열매 실	[아音 土部] 菴 암자 암	語 말씀 어	與 더불 여	楹 기둥 영	
瑛 옥빛 영	榮 영화 영	睿 성인 예	誤 잘못할 오	獄 옥 옥	溫 따슬 온
搖 흔들 요	溶 녹을 용	踊 뛸 용	榕 나무 용	墉 담 용	瑀 옥돌 우
熊 곰 웅	源 근원 원	瑗 옥 원	僞 거짓 위	瑜 아름다울옥 유	
瑋 보배스러울 위	維 벼리 유	銀 은 은	爾 너 이	認 알 인	溢 넘칠 일
馹 역마 일	愿 삼갈 원	諛 아첨할 유	[자音 金部] 慈 사랑 자	雌 암컷 자	
奬 권면할 장	銓 저울질할 전	節 마디 절	禎 상서 정	精 가릴 정	齊 모두 제
製 지을 제	瑅 옥이름 제	造 지을 조	趙 나라 조	肇 비로소 조	綜 모을 종
種 심을 종	準 법 준	罪 허물 죄	誌 기록할 지	塵 티끌 진	盡 다할 진
[차音 金部] 察 살필 찰	菖 창포 창	滄 서늘할 창	暢 화창할 창	彰 빛날 창	
菜 나물 채	綴 맺을 철	銃 총 총	逐 좇을 축	瑃 옥이름 춘	翠 비치 취	聚 모일 취
置 둘 치	寢 잘 침	稱 일컬을 칭	[타音 火部] 誕 날 탄	奪 빼앗을 탈	態 태도 태

| 通 통할통 | 透 통할투 | [파音 水部] | 頗 자못파 | 飽 배부를포 | 祕 향내날필 |

| [하音 土部] | 限 한정한 | 該 그해 | 赫 빛날혁 | 瑚 산호호 | 豪 호걸호 |

| 魂 혼혼 | 禍 재화화 | 華 빛날화 | 滉 물넓고깊을황 | 瑝 옥소리황 | 榥 책상황 |

| 劃 그을획 | 熏 불사를훈 | 携 끌휴 | 僖 즐거울희 | | |

— 15 劃 —

| [가音 木部] | 駕 멍에가 | 稼 심을가 | 價 값가 | 葛 칡갈 | 慷 슬플강 |

| 慨 슬플개 | 槪 대개개 | 漑 물댈개 | 儉 검소할검 | 劍 칼검 | 儆 경계할경 |

| 熲 빛날경 | 慶 경사경 | 稿 볏짚고 | 穀 곡식곡 | 課 부세매길과 | 郭 성곽 | 館 객사관 |

| 慣 익숙할관 | 寬 너그러울관 | 廣 넓을광 | 銶 끌구 | 窮 궁할궁 | 逵 큰갈규 |

| 劇 연극극 | 槿 무궁화근 | 摜 씻을근 | 漌 맑을근 | 嬌 아릿다울교 | 畿 경기기 |

| [나音 火部] | 腦 머리골뇌 | [다音 火部] | 緞 신뒤축단 | 談 말씀담 | 踏 밟을답 | 德 큰덕 |

| 稻 벼도 | 墩 돈대돈 | 董 동독할동 바를동 | | [라音 火部] | 落 떨어질락 |

| 樂 즐시울락 풍류악 | 瑯 법랑랑 | 樑 들보량 | 諒 믿을량 | 慮 생각려 | |

黎 검을 려	閭 이문 려	練 익힐 련	魯 노둔할 로	論 의론할 론	漏 샐 루
樓 다락 루	劉 묘금도 류	輪 바퀴 륜		凜 찰 름	履 신 리
[마音 水部]	瑪 옥돌 마	漠 아득할 막	滿 가득할 만	慢 거만할 만	萬 일만 만
漫 흩어질 만	賣 팔 매	慕 사모할 모	摸 본뜰 모	模 법 모	暮 저물 모
廟 사단 묘	墨 먹 묵	[바音 水部]	盤 소반 반	磐 반석 반	髮 터럭 발
輩 무리 배	罰 벌줄 벌	範 법 범	軿 부인의수레 병	腹 배 복	複 겹칠 복	鋒 칼날 봉
部 나눌 부	敷 펼 부	墳 무덤 분	[사音 金部]	寫 쏠 사	賜 줄 사	箱 상자 상
賞 상줄 상	署 쓸 관청 서	緒 실마리 서	奭 클 석	線 줄 선
嬋 선연할 선	墡 하얀흙 선	數 셈 수	誰 누구 수	諄 도울 순	熟 익을 숙	醇 술 순
陞 오를 승	審 살필 심	[아音 土部]	樂 풍류악 좋아할요	樣 모양 양	養 기를 양
漁 고기잡을 어	億 억 억	緣 인연 연	演 넓을 연	閱 볼 열	熱 더울 열	葉 잎 엽
瑩 옥영 맑을형	影 그림자 영	銳 날카로울 예	瑥 사람이름 온	緩 늦을 완	腰 허리 요
瑤 아름다울옥 요	慾 욕심낼 욕	瑢 옥소리 용	憂 넉넉할 우	郵 우편 우

- 342 -

誘 꾈유	院 집원	慰 위로할위	衞 모실위	誾 화평할은
儀 거동의	誼 옳을의	疑 의심할의	毅 굳셀의	逸 평안일
[자音金部] 磁 자석자	暫 잠깐잠	箴 바늘잠	暲 햇살장	腸 창자장
葬 장사지낼장	漳 물이름장	樟 예장나무장	著 나타날저	摘 딸적
敵 대적할적	滴 물방울적	漸 점점점	蝶 나비접	鋌 쇠덩이정
靚 단장할정	除 제할제	調 고루조	駐 말머물주	週 주일주
儁 준걸준	增 더할증	摯 잡을지	稷 피직	陣 진칠진
進 나아갈진	震 진동할진	瑨 옥돌진	瑱 옥진	質 바탕질
徵 부를징	[차音金部] 慘 슬플참	慙 부끄러울참	廠 헛간창	陟 올릴척
踐 밟을천	賤 천할천	徹 관철할철	請 청할청	締 맺을체	樞 가운데추	築 쌓을축
衝 찌를충	趣 뜻취	醉 취할취	層 층층대층	齒 이치	漆 칠할칠
[타音火部] 墮 떨어질타	彈 탄환탄	歎 탄식할탄	[파音水部] 編 엮을편
篇 책편	幣 비단폐	褒 기릴포	弊 폐단폐	陛 천자폐	癈 폐할폐	葡 포도포

| 暴 사나울 폭 | 漂 뜰 표 | 標 표할 표 | [하音 土部] | 漢 한수 한 | 墟 언덕 허 |

| 賢 어질 현 | 瑩 옥빛 형 | 慧 지혜 혜 | 嬅 고울 화 | 確 확실 확 | 萱 원추리 훤 | 輝 빛날 휘 |

| 興 일어날 흥 | 嬉 희롱할 희 | 熙 화할 희 |

― 16 劃 ―

| [가音 木部] | 諫 간할 간 | 墾 개간할 간 | 鋼 강철 강 | 彊 강할 강 | 蓋 덮을 개 | 憩 쉴 게 |

| 潔 맑을 결 | 曔 밝을 경 | 憬 동경할 경 | 錕 붉은금 곤 | 過 지날 과 | 舘 객사 관 | 橋 다리 교 |

| 龜 거북 구 | 窺 엿볼 규 | 橘 귤 귤 | 瑾 옥 근 | 錦 비단 금 | 機 베틀 기 |

| 冀 바랄 기 | 器 그릇 기 | 錤 호미 기 | 墍 고깔꾸미개 기 | 錧 보습 관 | 錡 세발가마 기 |

| [나音 火部] 諾 허락 낙 | [다音 火部] 壇 단 단 | 達 통달할 달 | 潭 연못 담 | 糖 사탕 당 |

| 陶 질그릇 도 | 道 길 도 | 導 인도할 도 | 都 도읍 도 | 篤 두터울 독 | 燉 불성할 돈 |

| 暾 날처음돋을 돈 | 潼 물결높을 동 | 頭 머리 두 | 遁 피할 둔 | 燈 등불 등 |

| [라音 火部] 歷 지날 력 | 曆 책력 력 | 璉 호련 련 | 憐 가련할 련 | 盧 성 로 |

| 錄 기록할 록 | 賴 힘입을 뢰 | 龍 용 룡 | 陸 뭍 륙 | 陵 큰언덕 릉 | 璃 유리 리 |

霖	장마 림	潾	믉맑을 린	[마音 水部]	磨	갈 마	謀	꾀 모	穆 화할 목
蒙	무릅쓸 몽			撫	어루만질 무	默	잠잠할 묵	憫	불쌍할 민
[바音 水部]	撲	부딛칠 박	潘	성 반	潑	활발할 발	壁 벽 벽	陪 모실 배	辨 분별할 변
鉼	금덩이 병	憤	분할 분	奮	떨칠 분	頻	자주할 빈	憑	의지할 빙
[사音 金部]	錫	주석 석	膳	반찬 선	璇	옥이름 선	暹 나아갈 섬	醒 술깰 성	燒 불살을 소
遂	드디어 수	輸	보낼 수	樹	나무 수	錞	사발종 순	[아音 土部]	餓 굶을 아
謁	보일 알	鴨	집오리 압	鴛	원앙새 앙	諺	속담 언	業	산높을 업
餘	남을 여	燃	불탄 연	曄	빛날 엽	燁	빛날 엽	豫 미리 예	叡 밝을 예
雍	막을 옹	蓉	연꽃 용	遇	만날 우	運	운수 운	澐 물결 운	謂 이를 위
緯	씨 위	違	어길 위	儒	선비 유	遊	놀 유	潤 부를 윤	融 화할 융
陰	그늘 음	凝	엉킬 응	彛	떳떳할 이	[자音 金部]	潛	잠길 잠	璋 서옥 장	墻 담 장
縡	일 재	錚	징 쟁	積	쌓을 적	錢	돈 전	戰 싸움 전	整 정제할 정	靜 고요 정
錠	촛대 정	諸	모될 제	潮	밀물 조	琮	옥치는소리 종	輯 모일 집(즙)	憎 미워할 증

| 蒸 찔 증 | 陳 버릴 진 | 滾 샘날 집 | 澄 맑을 징 | [차音 金部] | 錯 섞일 착 |

| 撰 갖출 찬 | 蒼 푸를 창 | 撤 거들 철 | 澈 물맑을 철 | 諦 살필 체 |

| 樵 땔나무 초 | 錘 저울눈 추 | 錐 송곳 추 | 蓄 쌓을 축 | 賰 넉넉할 춘 | 熾 불땔 치 |

| 親 친할 친 | [파音 水部] | 罷 파할 파 | 播 퍼질 파 | 澎 물소리 팽 | 遍 두루 편 |

| [하音 土部] | 學 배울 학 | 翰 깃 한 | 陷 빠질 함 | 憲 법 헌 |

| 縣 고을 현 | 螢 반딧불 형 | 衡 저울대 형 | 澔 넓을 호 | 樺 벗나무 화 |

| 橫 빗낄 횡 | 曉 새벽 효 | 勳 공 훈 | 憙 기쁠 희 | 熹 밝을 희 | 熺 밝을 희 |

| 羲 기운 희 | 噫 슬플 희 |

― 17 劃 ―

| [가音 水部] | 懇 정성 간 | 瞰 굽어볼 감 | 講 외울 강 | 檀 박달나무 강 | 據 웅거할 거 |

| 擧 들 거 | 鍵 자물쇠 건 | 檢 교정할 검 | 擊 칠 격 | 激 격동할 격 | 檄 과격할 격 |

| 遣 보낼 견 | 謙 겸손할 겸 | 璟 옥빛 경 | 擎 받들 경 | 階 섬돌 계 | 館 객사 관 | 矯 바로잡을 교 |

| 膠 아교 교 | 購 살 구 | 鞠 굽으릴 국 | 龜 거북귀 나라이름구 | 璣 구슬 기 | 磯 자갈 기 |

[나音 火部] 濃 걸쭉할 농	[다音 火部] 檀 박달나무 단	鍛 단련할 단	擔 짐 담
隊 떼 대	蹈 밟을 도	鍍 도금할 도	獨 홀로 독
[라音 火部] 勵 힘쓸 려	鍊 단련할 련	聯 연합할 련	蓮 연꽃 련	斂 거둘 렴
廉 경박할 렴	嶺 재 령	隆 높을 륭	璘 옥무늬 린	臨 일할 림
[마音 水部] 蔓 덩쿨 만	錨 닻 묘	彌 많을 미	[바音 水部] 璞 옥덩어리 박
薄 엷을 박	繁 성할 번	蓬 쑥 봉	膚 피부 부	嬪 계집이름 빈	[사音 金部] 謝 사례할 사
霜 서리 상	償 갚을 상	蔘 인삼 삼	鮮 생선 선	禪 전위할 선	燮 불꽃 섭
聲 소리 성	蔬 풋나물 소	溯 거스릴 소	遜 겸손할 손	隋 나라 수	雖 비록 수
穗 이삭 수	瞬 잠깐 순	膝 무릎 슬	[아音 土部] 嶽 뫼 악	壓 누를 압	襄 도울 양	陽 볕 양
憶 생각할 억	檍 참주나무 억	輿 수레 여	嬰 어릴 영	營 지을 영	鍈 방울소리 영
擁 안을 옹	遙 멀 요	謠 노래 요	隅 모 우	優 광대 우	蔚 고을이름 울	遠 멀 원
轅 진문 원	應 응할 응	膺 가슴 응	翼 날개 익	謚 웃을 익	[자音 金部] 齋 집 재
績 길삼 적	點 점 점	操 잡을 조	燥 말릴 조	縱 길이 종	鍾 술잔 종

- 347 -

駿 준마 준	甑 시루 증	璡 옥돌 진	[차音 金部]	燦 빛날 찬	澯 맑을 찬			
蔡 성 채	遞 갈아들일 체	燭 촛불 촉	總 거느릴 총	聰 귀밝을 총				
醜 더러울 추	鄒 나라 추	縮 줄 축	蟄 업딜 칩	[타音 火部]	濁 흐릴 탁			
擇 가릴 택	澤 못 택	[하音 水部]	霞 놀 하	韓 나라 한	澣 빨 한	轄 다스릴 할		
鄕 시골 향	壕 성밑해자 호	鴻 기러기 홍	闊 넓을 활	璜 반달옥 황	闊 넓을 활			
澮 도랑 회	檜 저나무 회	燻 흙풍류 훈	徽 아름다울 휘	戱 희롱 희	禧 복 희			

— 18 劃 —

[가音 木部]	簡 편지 간	隔 멀 격	鵑 두견 견	鎌 낫 겸				
舊 예 구	軀 몸 구	歸 돌아갈 귀	闕 대궐 궐	隙 틈 극				
謹 삼갈 근	騎 말탈 기	騏 준마 기	[다音 火部]	斷 끊을 단				
戴 이을 대	濤 물결 도	燾 덮을 도	擡 들 대					
[라音 火部]	濫 넘칠 람	糧 량식 량	禮 예도 례					
[마音 水部]	謨 꾀 모	[바音 水部]	璧 구슬 벽	馥 향기 복				

濱 물가 빈	[사音 金部] 雙 쌍쌍 곡식거둘색	曙 새벽 서	繕 기울 선	繡 수놓을 수
鎖 자물쇠 쇄	濕 젖을 습	[아音 土部] 顏 얼굴 안		額 이마 액
曜 빛날 요	鎔 녹일 용	魏 위나라 위	醫 의원 의	擬 비길 의
鎰 무게의단위 일	[자音 金部] 爵 벼슬 작	雜 섞일 잡		適 귀양갈적 마침적
蹟 사적 적	轉 구를 전	題 글 제	濟 건늘 제	遭 만날 조	濬 깊을 준
織 짤 직	職 직분 직	鎭 진압할 진	[차音 金部] 璨 옥 찬	遷 옮길 천	瞻 볼 첨
蕉 파초 초	礎 주춧돌 초	蟲 벌레 충	叢 떨기 총	[타音 火部] 濯 씻을 탁
擢 뽑을 탁	[파音 水部] 蔽 가릴 폐	豊 풍년 풍	[하音 土部] 爀 빛날 혁	蕙 난초 혜
濠 물호	鎬 호경 호	環 돌릴 환	繪 그림 회	獲 얻을 획	燻 불기운 훈

— 19 劃 —

[가音 木部] 鯨 고래 경	鏡 거울 경	曠 빌 광	關 집 관	壞 무너뜨릴 괴
襟 옷깃 금	譏 나무랄 기	麒 기린 기	[나音 火部] 難 어려울 난
[다音 火部] 膽 담 담	譚 말씀 담	禱 빌 도	鄧 성 등	[라音 火部] 麗 고을 려

簾 발 렴	獵 사냥할 렵		類 나눌 류	離 떠날 리	
[마音 水部] 霧 안개 무	鏋 금 만	薇 고비 미	[바音 水部] 薄 엷을 박		
簿 누에발박 문서부	譜 족보 보	鵬 새 붕	[사音 金部] 辭 말씀 사	選 가릴 선	
璿 고운옥 선	蟾 두꺼비 섬	獸 짐승 수	璹 옥그릇 숙	繩 노 승	識 알 식	薪 섶 신
[아音 土部] 艶 탐스러울 염	穩 평안할 온	鏞 큰쇠북 용	韻 운 운	遺 끼칠 유	
願 원할 원	[자音 金部] 鵲 까치 작	障 막힐 장	薔 장미꽃 장	鄭 나라 정	際 지음 제
疇 밭 주	遵 좇을 준	櫛 빗 즐	贈 줄 증	證 증거 증	遲 더딜 지
懲 징계할 징	[차音 金部] 贊 도울 찬	薦 천거할 천	轍 바퀴자국 철	寵 사랑할 총	
[파音 水部] 爆 불터질 폭	[하音 土部] 瀅 물맑을 형	穫 거둘 확	擴 넓힐 확		

－ 20 劃 －

[가音 木部] 覺 깨달을 각	遽 급할 거	競 다툴 경	警 경계할 경	瓊 붉을옥 경	
勸 권할 권	繼 이을 계	[다音 火部] 騰 오를 등	黨 무리 당	[라音 火部] 羅 벌릴 라	
藍 쪽 람	齡 나이 령	露 이슬 로	爐 하로 로	瀧 적실 롱	隣 이웃 린

| [바音
水部] 寶 보배
보 | 譬 비유할
비 | [사音
金部] 薩 보살
살 | 釋 놓을
석 |

騷 소동할
소　[아音
土部] 壤 흙덩이
양　嚴 엄할
엄　孃 아씨
양　譯 번역할
역

耀 빛날
요　議 의논
의　[자音
金部] 藉 빙자할
자　籍 호적
적　鐘 쇠북
종　瓆 사람이름
질

[차音
金部] 纂 모을
찬　觸 닿을
촉　[타音
火部] 鬪 싸움
투　[파音
水部] 避 피할
피

[하音
土部] 瀚 질펀할
한　艦 싸움배
함　獻 드릴
헌　懸 달
현　馨 향기
형

還 돌아올
환　懷 품을
회　薰 향플
훈　曦 햇빛
희　櫶 나무
헌

— 21 劃 —

[가音
木部] 鷄 닭
계　顧 돌아볼
고　驅 몰
구　[다音
火部] 鐺 북소리
당　藤 덩쿨
등

[라音
火部] 爛 찬란할
란　欄 난간
란　瀾 큰물결
란　瓏 환할
롱

[바音
水部] 飜 뒤칠
번　闢 열
벽　辯 말씀
변　[사音
金部] 續 이을
속

屬 붙일
속　隨 좇을
수　[아音
土部] 鶯 꾀꼬리
앵　藥 약
약　躍 뛸
약

濙 물소리
영　藝 재주
예　譽 기릴
예　瀷 스며흐를
익　饒 배부를
요

[차音
金部] 鐵 쇠
철　[타音
火部] 鐸 방울
탁　[파音
水部] 霸 으뜸
패　驃 날쌜
표

| [하音
金部] | 鶴 학
학 | 險 험할
험 | 護 호위
호 | 顥 클
호 | 鐶 고리
환 |

― 22 劃 ―

| [가音
木部] | 鑑 거울
감 | 灌 관물
관 | 鷗 갈매기
구 | 懼 두려울
구 | 權 권세
권 |

| [다音
火部] | 讀 읽을
독 | [라音
火部] | 瓓 옥무늬
란 | 覽 볼
람 | 籠 농
롱 | [바音
水部] |

| 邊 갓
변 | [사音
金部] | 攝 잡을
섭 | 蘇 들깨
소 | 襲 입을
습 | [아音
土部] | 隱 숨을
은 |

| [자音
金部] | 鑄 부을
주 | [차音
金部] | 聽 들을
청 | [하音
土部] | 響 소리
향 |

| 歡 기쁠
환 | 驍 날랠
효 | 譿 살필
혜 |

― 23 劃 ―

| [가音
木部] | 驚 놀랠
경 | 瓘 서옥
관 | 鑛 쇳덩이
광 | [라音
火部] | 蘭 란초
란 |

| 戀 생각
련 | 麟 기린
린 | [바音
水部] | 變 변할
변 | [사音
金部] | 纖 가늘
섬 | 髓 골
수 |

| [아音
土部] | 巖 바위
암 | 驛 역말
역 | [차音
金部] | 體 몸
체 |

| [타音
火部] | 灘 여울
탄 | [하音
土部] | 驗 증험할
험 | 顯 나타날
현 |

― 24 劃 ―

- 352 -

[라音 火部] 靈 신령 령	鷺 백로 로	[아音 土部] 讓 사양할 양	鹽 소금 염
鷹 매 응	[자音 金部] 蠶 누에 잠	臟 오장 장	[차音 金部] 瓚 옥그릇 찬

— 25 劃 —

[가音 木部] 觀 볼 관	[마音 水部] 蠻 오랑캐 만	[차音 金部] 纘 이을 찬
廳 관청 청	[하音 土部] 灝 끝없을 호	

— 26 劃 —

[가音 木部] 驥 준마 기	[차音 金部] 讚 도을 찬

— 27 劃 —

[차音 金部] 鑽 뚫을 찬

同字 俗字 略字 허용 한자

鑑	強	個	蓋	劍	考	館	教	亘	年	德	龍
裏	無	杯	裵	栢	飜	幷	竝	晒	峯	秘	挿
床	敍	棲	增	晟	修	雁	巖	煙	艶	叡	衛
彝	姊	潜	莊	墻	點	晋	瑢	濬	賛	讃	慚
册	草	沖	蟲	豊	廈	恒	畵	潤	效	勲	

추가된 人名한자

[가] 伽(절)　　　[거] 鉅(클)　　　[경] 冏(빛날)　　　[광] 昿(비칠, 밝을)
　　[구] 耉(명길)　　　[규] 葵(아욱)　　　[근] 劤(강할)　　　[금] 昑(밝을)
　　[기] 伎(재주)　　　[나] 挐(잡을)　　　[뉴] 鈕(인꼭지)　　　[담] 澹(물모양)
罩(미칠)　　　[동] 垌(항아리) 瞳(눈동자)　　　[라] 螺(소라)
[령] 怜(영리할)　　　[류] 瑠(유리)　　　[리] 悧(영리할)　　　[림] 淋(물뿌릴)　　　[말] 茉(말리꽃)　　　[묘] 畝(이랑)　　　[무] 懋(힘쓸)　　　[미]
嵋(산)　　　[민] 忞(마음다잡을) 慜(총명할) 敃(강할)　　　[박] 鉑(금박)
　　[방] 厖(클)　　　[번] 蕃(번성할)　　　[보] 菩(보살)　　　[복] 鍑(아구리큰솥)　　　[사] 嗣(이을)　　　[상] 垧(땅넓고밝은곳)　　　[색] 穡(거둘)
　　[서] 偦(지혜)　　　[선] 琁(옥돌)　　　[설] 楔(문설주) 薛(다북쑥)
[섭] 葉(땅이름)　　　[소] 柖(나무흔들릴) 玿(아름다운옥)　　　[솔] 帥(거느릴)　　　[송] 淞(물)　　　[숙] 橚(길고 꼿꼿할)　　　[숭] 嵩(높을)
[슬] 璱(진주)　　　[시] 侍(의지할)　　　[심] 沈(성)　　　[애] 艾(쑥)
[연] 瑌(옥돌)　　　[영] 穎(이삭) 瑛(옥돌)　　　[예] 乂(어질)　　　[요]
姚(예쁠)　　　[용] 墉(담)　　　[우] 潩(물소리)　　　[운] 耺(김맬)　　　[원]
婉(고울)　　　[유] 濡(젖을) 愉(기쁠) 楢(무성할) 攸(바) 柚(유자)
[윤] 阭(높을) 奫(물깊고 넓을)　　　[은] 濦(물소리)　　　[의] 懿(클)
[이] 頤(턱)　　　[익] 翌(명일)　　　[일] 佾(춤출)　　　[장] 蔣(과장풀)
　　[저] 楮(닥나무)　　　[전] 奠(둘) 荃(향풀) 翦(새살찔)　　　[절] 晢(밝을)　　　[정] 鋥(칼날세울) 晸(빛날)　　　[주] 姝(예쁠) 澍(물쏟을)
[준] 隼(새매)　　　[지] 鋕(새길)　　　[진] 禛(복받을) 塡(누를) 診(볼)
紾(맺을) 賑(넉넉할)　　　[집] 鏶(쇳조각)　　　[차] 瑳(옥빛깨끗할)
[채] 綵(비단)　　　[침] 琛(보배)　　　[탁] 拓(박을)　　　[필] 鉍(창자루)
化(점잖을)　　　[혁] 奕(클)　　　[현] 眩(현황할)　　　[형] 熒(밝을)
[혜] 憓(밝을) 憓(사랑할)　　　[호] 頀(퍼질)　　　[홍] 鉷(쇠뇌고동)
[환] 驩(기뻐할)　　　[황] 熀(불빛이글거릴)　　　[회] 誨(가르칠)　　　[횡]
鐄(큰쇠북)　　　[효] 斆(가르칠)　　　[훈] 纁(금빛투색할)